会计学

（第4版）

21世纪经济管理类创新教材

桂良军 俞 宏 ◎ 主 编
贺旭玲 陈 智 张海君 ◎ 副主编

清华大学出版社
北京

内 容 简 介

本教材是针对非会计学专业读者的需要编写的，全书共分六章：第一章、第二章和第三章主要介绍了会计的基本理论、基本方法以及财务会计的相关知识，并结合会计准则的最新变化，以制造企业为例介绍了企业对外财务信息的生成过程；第四章主要介绍了财务信息的具体使用方法，介绍了财务分析时使用的主要财务指标及财务分析方法；第五章介绍了企业筹资与对外投资的基本理论和决策方法；第六章讲述了管理会计领域最重要的有关企业内部经营决策及全面预算管理的内容。

本教材全面介绍了经济管理工作中常用的会计学原理、财务会计、管理会计和财务管理的相关知识，结构清晰、内容简练，反映会计准则的最新变化；每章后均设置了一定数量的思考题、业务计算题和思政案例讨论题（读者可通过扫描章后所附相应的二维码获取参考答案），能够满足非会计学专业读者对会计相关知识的学习要求。

本书封面贴有清华大学出版社防伪标签，无标签者不得销售。
版权所有，侵权必究。举报：010-62782989 beiqinquan@tup.tsinghua.edu.cn。

图书在版编目（CIP）数据

会计学 / 桂良军，俞宏主编．—4 版．—北京：清华大学出版社，2022.8
21 世纪经济管理类创新教材
ISBN 978-7-302-61723-5

Ⅰ．①会… Ⅱ．①桂… ②俞… Ⅲ．①会计学—高等学校—教材 Ⅳ．①F230

中国版本图书馆 CIP 数据核字（2022）第 155921 号

责任编辑：邓 婷
封面设计：刘 超
版式设计：文森时代
责任校对：马军令
责任印制：刘海龙

出版发行：清华大学出版社
    网 址：http://www.tup.com.cn, http://www.wqbook.com
    地 址：北京清华大学学研大厦 A 座 邮 编：100084
    社 总 机：010-83470000 邮 购：010-62786544
    投稿与读者服务：010-62776969，c-service@tup.tsinghua.edu.cn
    质量反馈：010-62772015，zhiliang@tup.tsinghua.edu.cn
印 装 者：小森印刷霸州有限公司
经 销：全国新华书店
开 本：185mm×260mm 印 张：16.25 字 数：404 千字
版 次：2009 年 1 月第 1 版 2022 年 9 月第 4 版 印 次：2022 年 9 月第 1 次印刷
定 价：55.00 元

产品编号：096675-01

第4版前言

《会计学》教材已先后出版了三版，每一版均贯彻了逻辑结构清晰、内容深入浅出的编写理念，受到了广大读者的欢迎和称赞，我们倍感欣慰和自豪，非常感谢大家的鼓励。

《会计学（第4版）》从信息使用者理解和使用会计信息的角度出发，有别于市面上很多会计学教材多以会计要素及其核算为核心内容的编写方式，以会计信息的生成、会计报表的解读和分析为线索，为非会计类的经济管理类专业（除会计学、财务管理、审计学以外的专业）的读者提供了一种全新的、易于理解的学习视角。

本次改版对原教材的内容和逻辑顺序均进行了较大幅度的调整。每章章首均设置本章导读、学习目标和问题导引，个别章节嵌入了相关链接，并在章后附有思考题、业务计算题和思政案例讨论题，旨在帮助读者拓展思维、开阔视野，并尽可能地淡化会计核算的内容，让深奥的会计专业知识以更便于理解的形式呈现出来，以便达到学以致用的目的。考虑到组织的管理者并不都精通会计专业财务管理和管理会计的相关知识，但在经营管理中经常遇到全面预算和投资决策问题，因此本教材增加了相关内容。基于以上考虑，本书由四部分组成：会计学的基础知识，主要会计报表的解读与分析，筹资与对外投资管理（属于财务管理），以及经营决策与全面预算（属于管理会计）。

《会计学（第4版）》具有如下几个特点。

（1）重新调整教材内容体系。结合非会计类专业学生的认知特点，将原第二章和第三章进行了重组，分为"日常会计信息处理"和"期末会计信息生成"两章介绍，便于读者理解会计信息的生成过程，进而了解会计人员日常和期末的具体工作内容。

（2）注重课程思政育人，加入课程思政元素，达到立德树人的教育目的。将社会主义核心价值观、职业理想和会计职业道德等思政教育贯穿教材之中，如从以诚信为本的会计基本职业道德出发，强调会计的职业道德素养教育。

（3）加大案例讨论力度。通过了解公司财务案例的来龙去脉，分析问题产生的原因，从而加深对财务业务、会计政策、法律法规和会计诚信的理解，以提高非会计类专业学生综合运用会计知识分析现实问题的能力。

（4）每章后的业务计算题的参考答案和思政案例讨论题的提示可通过扫描章后相应的二维码获得，减少了纸质教材的篇幅。

为便于教师讲授该课程，更好地为教学提供服务，本教材免费提供PPT课件。

参与本书修订的人员共五人，具体分工如下：桂良军修订了第一章、第三章的第五节以及第四章的第一节和第五节；俞宏修订了第二章的第三节、第三章的第四节以及第四章的第四节；贺旭玲修订了第六章及第四章的第三节；陈智修订了第五章以及第四章的第二节；张海君修订了第二章的第一节、第二节、第四节和第三章的第一节、第二节、第三节。各章的思考题、业务计算题和思政案例讨论题及参考答案由相应的人员选编。全书由桂良军、俞宏负责拟定编写提纲、总纂和审稿。

本书是"山东省高等学校精品课程"的配套教材。多年来，清华大学出版社对本书的修订和发行给予了大力支持，在此表示感谢。

本书参考了部分学者的教材和文献，在此表示衷心感谢。由于编者自身水平和编写时间所限，教材中难免有不当甚至错误之处，恳请读者批评指正。

编 者

2022 年 4 月于山东烟台

第3版前言

《会计学》教材已先后出版了第1版和第2版，内容循序渐进、深入浅出、更新及时，受到了读者的欢迎和称赞，我们倍感欣慰，非常感谢大家的鼓励。财政部于2014年对《企业会计准则》进行了第一次大规模修订和增补；2017年又进行了第二次大规模修订和增补，对《企业会计准则第14号——收入》《企业会计准则第16号——政府补助》《企业会计准则第22号——金融工具确认和计量》《企业会计准则第23号——金融资产转移》《企业会计准则第24号——套期会计》《企业会计准则第37号——金融工具列报》六项准则进行了修订，新增了《企业会计准则第42号——持有待售的非流动资产、处置组和终止经营》一项准则，并对一般企业财务报表格式进行了修订。同时，随着财税体制改革力度的加大，营业税退出了历史舞台，增值税更加规范，特别是2018年5月1日起调整增值税税率，统一了增值税小规模纳税人标准。这些改变对企业会计核算产生了重要影响，因此会计学教材的内容也必须及时进行更新，才能满足非会计学的经济管理类相关学科和专业的学生以及会计工作者的需要。本次修订是在《会计学（第2版）》的基础上进行的，第3版教材简化了会计信息的生成过程，强调会计信息的使用，更加注重提高读者利用会计信息进行预算管理、投资决策、融资决策和财务分析的能力。本次改版对原教材的内容和逻辑顺序均进行了较大幅度的调整。

《会计学（第3版）》具有如下几个特点。

第一，内容上的变化具体表现为：(1)增加了IT环境下会计信息生成过程的相关内容。随着大数据、智能化、移动互联、云计算等IT技术的不断发展，会计信息化和智能化是大势所趋，传统的会计信息生成过程必将发生改变，了解并掌握IT环境下会计信息的生成过程是现代会计学习的必然选择。(2)修改了一般企业会计报表格式和编制内容。(3)调整了第三章会计业务核算的叙述顺序，使得初学者更易理解和掌握。(4)精简了第四章筹资与对外投资管理的内容。

第二，结构上仍然延续第2版的结构与风格，注重基本知识、理论和技能的阐述，文字表述力求"易于理解"，内容上追求"便于掌握"，以便非会计学的经济管理类专业学生学习和掌握，从而能正确地获取和使用会计信息。

第三，本书每章后案例分析题和业务计算题的参考答案可通过扫描章后相应的二维码获得。

参与本书编写和修订的人员共六人，具体分工如下：桂良军编写第一章和第二章的第五节，张海君编写第二章（除第五节外），俞宏编写第三章，陈智编写第四章，贺旭玲编写第五章，毛剑芬编写第六章。各章的练习题和参考答案由相应的人员选编。全书由桂良军、俞宏负责拟定编写提纲、总纂和审稿。

本书是"山东省高等学校精品课程"的配套教材。多年来，清华大学出版社对本书的修订和发行给予了大力支持，在此表示感谢。

由于编者水平和编写时间有限，教材难免有不当甚至错误之处，恳请读者批评指正。

编　者

2018 年 5 月

第 2 版前言

《会计学》教材自 2009 年 1 月正式出版以来，已先后印刷了 9 次，受到了读者的肯定和赞誉，作为教材编写者，我们深受鼓舞，也非常感谢大家的鼓励。在 2009—2014 年使用教材的过程中，我们愈来愈深切地感受到来自多方面的变革：一是会计准则的变革。自 2011 年以来，国际会计准则理事会先后发布、修订了公允价值计量、合并财务报表等一系列会计准则，发起了国际财务报告准则的新一轮变革。为保持我国会计准则与国际财务报告准则的持续趋同，财政部在 2012 年发布了一系列准则征求意见稿后，于 2014 年正式修订了 5 项、新增了 3 项企业会计准则，发布了 1 项准则解释，并修改了《企业会计准则——基本准则》中关于公允价值计量的表述。会计准则的一系列变化对于企业会计核算产生了重大影响。二是会计学教学理念的更新。"会计学"课程是教育部确定的高等院校经济学类、管理学类专业的核心课程，其授课对象是非会计学的经济管理类相关学科和专业的本科生。在《会计学》第 1 版中，侧重讲授企业财务会计信息的生成原理及过程，从制造企业的不同业务环节入手，按照经济业务过程组织会计核算，具有较好的连贯性和完整性。经过多年的教学实践，我们感受到：非会计学专业学生不仅需要掌握财务会计信息的生成过程及结果，更需要了解企业整体的运营及管理，了解全面预算管理和如何使用财务信息进行财务分析，进而更好地进行风险管理，做出正确的投资、融资决策，为企业持续经营发展和获利服务。

基于以上考虑，我们组织人员对《会计学》的内容做出以下修订：进一步简化会计信息的生成过程，重点讲述会计信息的使用，强调利用会计信息进行预算管理、投融资决策和财务分析。教材在整体框架上进行了较大的调整，目的是使读者看懂会计报表，理解会计信息，运用会计思维，辅助管理决策。

《会计学（第 2 版）》在内容和结构上具有如下几个特点。

第一，扩充了运用会计信息的内容，使得教材知识体系更加适合非会计学专业学生学习。我们将第 1 版教材的五章内容压缩为新版教材的前三章，从会计信息使用者的信息需求与质量要求出发，引出会计报表，分析报表组成要素及要素间的内在关系，提出会计核算的基本前提与基础；在介绍了会计信息生成过程后，简要、系统地介绍了制造企业的经济业务环节，并提供了企业典型经济业务核算示例，直至最终形成会计报表信息。本书后三章作为第 1 版教材的补充和完善部分，主要讲述了企业筹资与投资管理的基本知识，企业进行经营决策和全面预算的方法和程序，使读者了解如何使用会计报表信息进行各种财务分析，为各类决策提供依据。新版教材增加了部分有关财务管理、财务分析及管理会计的内容，教材知识体系更加适合非会计学专业学生学习，强化了学生对"如何用会计"理念的理解。

第二，延续了第 1 版教材的风格，注重介绍基本知识、理论和技能，文字表述力求"易于理解"，内容上不追求"深"和"难"，有助于非会计学专业的学生学习和掌握，使其对会计学有更基本的了解，从而能正确地获取和使用会计信息。

第三，课后增加了案例分析题。教材每章后面提供了复习思考题、案例分析题和业务计算题，同时附有参考答案，帮助同学们复习、巩固所学的知识，以培养学生的实际操作能力和分析判断能力。

参与本书编写和修订的人员共六人，具体分工如下：桂良军编写第一章，张海君编写第二章，俞宏编写第三章，陈智编写第四章，贺旭玲编写第五章，毛剑芬编写第六章。各章的练习题和参考答案由相应的人员选编。全书由桂良军负责拟定编写提纲，桂良军、俞宏负责总纂和审稿。

本书是"山东省高等学校精品课程"的配套教材。清华大学出版社对本书的修订和发行给予了大力支持，在此表示感谢。

由于编者水平和编写时间有限，教材难免有不当甚至错误之处，恳请读者批评指正。

编　者
2015 年 4 月

第1版前言

"会计学"课程是教育部确定的高等院校经济学类、管理学类专业的核心课程,其授课对象是非会计学的经济管理类相关学科和专业的本科生。开设这门课程的目的是让经济管理类专业学生掌握必要的会计知识和技能,了解会计信息在企业管理和决策中的重要作用,能在市场经济环境中充分利用会计信息,以帮助他们在今后的经营管理中做出正确的决策。

从掌握会计知识的角度来说,对非会计学专业的学生与会计学专业的学生的要求是不同的。非会计学专业的学生主要是从会计信息使用者的角度而非会计工作人员的角度来理解会计,对非会计学专业学生的要求是:能够阅读会计报告并能正确地获取、利用、分析会计信息以帮助其做出管理决策;掌握会计信息生成的程序和方法,正确地理解会计信息的内涵。如何利用会计信息分析市场信息和企业内部的财务、成本信息,做好企业管理和经济工作,是时代的迫切要求,也是学生成才的基础。基于以上认识,结合多年的教学经验和科研成果,并以财政部2006年最新颁布的《企业会计准则》为依据,我们组织人员编写了这部《会计学》教材。本教材不仅可以作为非会计学专业学生教学之用,而且可以作为从事经济管理工作人员的培训教材。

本书在内容和结构上具有如下几个特点。

第一,注重基础,创新安排教材内容。本书在内容安排上,注重基本知识、理论和技能,在文字表述上,力求"易于理解",内容上不追求"深"和"难",将重点放在会计基本理论、基本知识、会计信息的生成程序和方法的介绍上,有助于非会计学专业的学生对会计信息有更全面和基本的认识与了解,从而能正确地获取和使用会计信息。

第二,从信息使用者的角度,创新安排教材结构。本书从会计的目标出发,阐明需要向信息使用者提供会计报告,再讲到会计报表及其构成要件,进一步引出会计要素。本书改变了目前国内多数《会计学》教材按会计要素介绍会计核算的编写模式,取而代之的是按照企业经济业务过程来组织企业会计核算的内容,使得非会计学专业的学生更容易学习和理解。

第三,强调实用,重视学生的实际操作技能的培养。本书所涉及的经济业务的核算,提供了企业实际发生的各业务过程的一个完整的例子,有助于学生更好地了解企业会计信息生成的过程和结果。同时,每章提供了思考题、自测题、业务计算题和参考答案,以帮助同学们复习、巩固所学的知识,培养和提高学生的实际操作技能。

参与本书编写的人员共八人，具体分工如下：桂良军、陈智编写第一章，王风华编写第二章，张海君编写第三章，俞宏、韩存编写第四章，贺旭玲、李雪芳编写第五章，各章的练习题和参考答案由相应的编写人员选编。全书由桂良军负责拟定编写提纲，桂良军、俞宏负责总纂和审稿。

本书是山东省"高等学校基础学科建设专项资金项目"的阶段性成果之一。清华大学出版社对本书的出版和发行给予了大力支持，在此表示感谢。

由于受编者水平和编写时间的限制，教材中难免有不当甚至错误之处，恳请读者批评指正。

编　者
2008 年 12 月

目　　录

第一章　总论 ... 1
第一节　会计的概念和职能 ... 2
一、会计的概念 ... 2
二、会计的职能 ... 5
第二节　企业经济活动与会计信息 ... 6
一、企业组织的形式和目标 ... 6
二、企业组织的经济活动 ... 9
三、会计信息：从企业经济活动到财务报表 ... 9
第三节　会计信息的需求者与质量要求 ... 15
一、会计信息的需求者 ... 15
二、会计信息的质量要求 ... 16
第四节　会计要素与会计等式 ... 19
一、会计要素 ... 19
二、会计等式 ... 26
第五节　会计核算的基本前提与基础 ... 28
一、会计核算的基本前提 ... 28
二、会计核算的基础 ... 30
第六节　企业会计准则和会计法律法规体系 ... 31
一、企业会计准则体系 ... 31
二、会计法律法规体系 ... 32

延伸阅读　会计职业发展与会计职业道德规范 ... 33
思考题 ... 33
业务计算题 ... 34
思政案例讨论题 ... 36
习题参考答案 ... 36

第二章　日常会计信息处理 ... 37
第一节　会计循环概述 ... 38

一、会计循环的含义 38
　　二、会计循环的内容 38
第二节　账户与复式记账 39
　　一、会计科目与会计账户 39
　　二、复式记账 42
第三节　制造企业主要经济业务的核算 47
　　一、资金筹集业务的核算 48
　　二、供应业务的核算 51
　　三、产品生产业务的核算 53
　　四、产品销售业务的核算 60
　　五、对外投资业务的核算 63
　　六、企业利润的形成与分配业务的核算 65
第四节　会计凭证与会计账簿 70
　　一、会计凭证 70
　　二、会计账簿 75
延伸阅读　会计核算程序 77
思考题 78
业务计算题 78
思政案例讨论题 80
习题参考答案 81

第三章　期末会计信息生成 82

第一节　期末账项调整 83
　　一、期末账项调整的含义 83
　　二、期末账项调整的事项 83
第二节　财产清查 85
　　一、财产清查概述 85
　　二、财产清查结果的处理 86
第三节　对账与结账 89
　　一、对账 89
　　二、结账 90
第四节　财务报表编制 90
　　一、财务报表概述 90
　　二、财务报表的编制 91
第五节　IT环境下会计信息生成过程 112
　　一、手工会计信息生成过程和不足 113
　　二、计算机会计信息生成过程 113
思考题 116

业务计算题··116

思政案例讨论题··118

习题参考答案···118

第四章　主要财务报表解读与分析···119

第一节　财务报表分析的目的与方法··120
一、财务报表分析的目的··120
二、财务报表分析的方法··121

第二节　资产负债表的解读与分析···124
一、资产负债表的性质、作用及局限性··124
二、资产负债表的解读···125
三、资产负债表的分析···128

第三节　利润表的解读与分析···137
一、利润表的性质与作用··137
二、利润表的解读··138
三、利润表的分析··141

第四节　现金流量表的解读与分析···144
一、现金流量表的性质和作用··144
二、现金流量表的解读···146
三、现金流量表的分析···149

第五节　综合分析··153
一、杜邦分析法···153
二、沃尔综合评分法··154

思考题···155

业务计算题··155

思政案例讨论题··156

习题参考答案···157

第五章　筹资与对外投资管理···158

第一节　筹资管理··159
一、筹资的含义及分类···159
二、筹资渠道与筹资方式··160
三、企业筹资决策方法···166
四、企业筹资案例分析···177

第二节　企业对外投资管理···179
一、对外投资的概念和种类···179
二、企业对外投资方式···179
三、企业对外投资决策方法···180

四、对外投资案例分析 188
思考题 190
业务计算题 190
思政案例讨论题 192
习题参考答案 193

第六章 经营决策与全面预算 194

第一节 经营决策 195
一、经营决策概述 195
二、短期经营决策 197
三、长期经营决策 208

第二节 全面预算 214
一、全面预算概述 214
二、全面预算的编制程序和编制方法 215

思考题 223
业务计算题 223
思政案例讨论题 225
习题参考答案 225

参考文献 226

附录 A 复利终值系数表 227

附录 B 复利现值系数表 229

附录 C 年金终值系数表 231

附录 D 年金现值系数表 233

附录 E 一般企业财务报表格式（适用于已执行新金融准则、新收入准则和新租赁准则的企业） 235

第一章 总 论

本章导读

本章主要介绍了会计的概念和职能，企业组织的形式和目标、企业组织的经济活动以及与主要财务报表之间的关系；阐述了会计信息的需求者与会计信息的质量要求；介绍了会计要素、会计等式、会计核算的基本前提与基础以及我国企业会计准则体系和会计法律法规体系；延伸阅读部分介绍了会计职业发展与会计职业道德规范。

学习目标

1. 了解会计的产生过程，掌握会计的本质和会计的职能。
2. 了解企业组织的形式、主要经济活动以及与主要财务报表之间的关系。
3. 了解会计信息的需求者和会计信息的质量要求。
4. 掌握会计要素和会计等式。
5. 掌握会计核算的基本前提和基础。
6. 掌握我国企业会计准则体系和会计法律法规体系。

问题导引

小王来到大学后发现很多同学饭后喜欢喝奶茶，打算开一家山商奶茶店，经调查了解，开设一家奶茶店需要购置以下设备和材料。

（1）基本设备，包括操作台、制冰机、封口机、冰柜、豆浆机、榨汁机、保温箱、加热器和过滤器。

（2）基本原料，包括纯净水、珍珠、椰果、红豆、布丁和巧克力。

（3）盛奶茶的奶茶杯、盖子和吸管。

每杯奶茶的平均成本约为5元，平均售价约为15元。试问：奶茶店的主要经营活动包括哪些？制作奶茶包括哪些基本工艺流程？会计如何核算和反映奶茶店的经营情况？

第一节　会计的概念和职能

一、会计的概念

（一）会计的雏形：生产过程的附带职能

会计起源于人类的生产活动。在社会发展过程中，生产活动是人类最基本的实践活动，它不仅满足了人类最基本的物质需求，同时也为社会发展奠定了基础。人类的生产活动包括生产、交换、分配和消费四个环节，生产活动的整个过程既是人力、物力和财力的耗费过程，同时也是产品的提供过程。如果社会的生产效率低下，生产的产品在人们消费之后没有剩余，社会再生产就只能维持原来的生产规模而难以扩大和发展；如果社会的生产效率不断提高，生产的产品除满足人们的生产、生活消费之外还有剩余，社会再生产就能够以扩大的规模进行。生产效率越高，剩余产品越多，社会的发展也就越快。早在原始社会人们就认识到，有必要在生产的同时把生产活动的内容记录下来，以帮助人们了解劳动成果和剩余产品的数量。

这种记录主要是从数量上表示人们经济生活中的财产变化，并提供与此相关的经济信息。例如，在原始社会，人类出于掌握生产成果的需要，逐渐产生了"结绳记事"等简单的计量行为，由此产生了会计的雏形。文字出现以后，人类开始对物质资料的生产与耗费进行专门的记载，如我国古代的"书契"就是用文字来刻记有关经济事项的记录，这可以说是最初形态的会计。但是，由于当时的生产力低下，生产规模不大，与之相适应用来计算生产和耗费的会计也极为简单，它只能作为生产活动的附带部分，由生产者在生产时间之外附带地把收入、支出等记载下来。

（二）会计的产生：财产的保管和记录

人类进入奴隶社会以后，随着财产私有制的确立、阶级的产生和国家的建立，有关财富计算、分配等各个环节的经济关系日趋复杂。这种复杂的经济关系促进了会计核算技术的发展和会计工作职责的变革，原先作为附带工作就可以完成的核算任务发展到必须建立一个专门的会计职能部门才能完成的程度。在资本主义产生以前的奴隶社会和封建社会，占主导地位的经济是自给自足的自然经济，民间的生产规模相对较小，对会计工作的要求仅限于积累经济数据并将这些数据定期报告给财产的所有者，即所谓"月计岁会"（零星算之为计，总合算之为会）。用于记录和报告财产收支结存情况的"官厅会计"是古代会计的主要形式。据史料记载，我国早在西周时代就有了为朝廷服务的官厅会计。会计在当时的含义既包括日常的零星核算，又包括岁终的总核算，通过日积月累到岁会的核算以达到正确考核王朝财政经济收支的目的。

官厅会计在国外的历史也很悠久，如马克思在《资本论》中指出："原始的印度公社里，就有一个记账员，登记农业账目，登记和记录与此有关的一切事项。"

古代会计的另一种重要形式是庄园会计。庄园会计在古代埃及、古代印度、古代巴比伦、古代中国、古希腊、古罗马等文明古国均有着漫长的发展历程，其中以古希腊的奴隶主庄园和欧洲中世纪早期的封建领主庄园的会计最具代表意义。当时，各个庄园主逐渐把各自的封地变为世袭领地，从而不同程度地出现了马克思所说的"硬化了的私有财产"。私有财产的硬化，使得国家主权削弱，各封建庄园相对独立。西欧各国的封建庄园有两个基本特征：一是经济自给自足，每个庄园都包括一个农场和几个小手工作坊，几乎可以满足庄园内全部人员的一切生活需要；二是出现委托代理关系，多数作为庄园主的封建贵族，不可能自己管理庄园的一切事务，对拥有多个庄园的庄园主来说更是如此，于是庄园主将庄园委托给他所信任的管家进行管理，这样，在庄园主和管家之间就形成了典型的委托代理关系，管家因此承担了相应的代理责任。管家为了能够更好地履行自己的职责，需要定期地向庄园主报告庄园的财产管理情况，这就促使了庄园会计的产生。尽管庄园会计的记账方法十分简单，但是这一时期出现的会计思想，如受托责任思想、定期报告制度，均对以后会计实务和会计理论的发展产生了深刻的影响。

无论是官厅会计还是庄园会计，其主要任务都是对财产的保管和记录。簿记是该阶段会计的重要特征。我国这一阶段的单式簿记方法曾处于世界领先水平，如秦汉时期，经济生活中钱、物的进出使用固定的一对行为动词——"入"和"出"或"收"和"付"作为记账符号，这是会计记录规范化的一个重大进步。又如宋朝时期创造的"四柱清册"结算法，在当时是官吏报告钱粮数额或办理财产移交时必须采用的核算方法。四柱，即"旧管""新收""开除"和"实在"四个要素，相当于现在会计术语的期初结存、本期收入、本期支出和期末结存。每到期末，人们按"旧管+新收-开除=实在"的公式进行试算平衡，以报告财产物资的增减和结存情况。

13 世纪以后，世界商业中心由东方转到以意大利为核心的欧洲。意大利的威尼斯、热那亚等城市成为商业贸易的集散地，经济十分发达。在这些地方，资本借贷业务悄然兴起，标志着资本主义生产关系的萌发，相应地，传统的簿记方法已不能满足核算资本借贷这类经济业务的需要。1494 年，意大利数学家、会计学家卢卡·帕乔利（Luca Pacioli）在他的著作《算术、几何、比及比例概要》（*Summade Arithmetica Geometria, Proportioniet Proportionalita*）中正式详细介绍了复式簿记理论，这标志着近代会计的诞生，也是会计发展史上第一个里程碑。

（三）会计的演进：一门艺术

15—19 世纪，会计理论与方法的发展比较缓慢。直到 19 世纪，英国、美国等国家相继完成工业革命，这一局面才得以改变。社会化大生产以及新的企业组织形式——股份有限公司的广泛出现对会计工作提出了新的要求，从而引起了会计核算方法和内容的深刻变化，主要体现在以下三个方面。

（1）会计服务对象范围的扩大。过去会计只服务于单个企业，在这一时期通过职业会计师的活动逐渐发展到为所有企业服务，使会计成为一种社会活动。

（2）会计工作内容的扩大。过去会计主要是记账和算账，在这一时期逐渐增加了编制和审查报表等工作任务；与此同时，为了满足编制财务报表的需要，对资产计价理论和方法的研究逐渐受到重视。

（3）企业会计报告的信息必须接受外界的监督。企业的账目只有通过外界，特别是独立执业会计师的监督，才能取信于企业外部的投资人和其他利益相关方。1854 年，世界上第一个会计师职业团体——英国爱丁堡会计师公会的成立，被认为是近代会计发展史上第二个里程碑。

20世纪初，法律制度的建设进程相对落后于生产力和生产关系的发展速度。在许多资本主义国家，特别是在美国，尚未建立与股份有限公司这一企业组织相适应的法律体系，也没有制定与股份有限公司相匹配的会计准则和制度。因此，各企业按照各自利益需求编制财务报表的行为司空见惯。这种情况下盛行的观点是：会计是一门艺术，而不是一门科学。所谓"艺术"，一般是指通过经验、学习或观察而获得的完成一定行为的能力。如果把会计理解为艺术，则强调会计不是规范化的行为准则或会计必须遵循的客观规律，相反，强调的是会计人员拥有经验、技巧和独立判断与解决具体问题的本领。

"会计艺术论"的形成有一定的社会实践背景，那就是会计交易或会计事项包含很大的"不确定性"。为了将会计业务数据按照人们的要求加工成有用信息，需要进行判断，这种判断在一定程度上只有靠会计人员的经验和技巧才能完成。但是，过分强调会计的"艺术性"容易使会计成为企业操纵利润的工具。特别是20世纪二三十年代，多种资产计价方法并存，在实务中对收益的认识和界定存在很大差异。有些企业管理者为了吸引更多的外部投资，利用会计工作中人员的主观判断和分析操控会计数据，提供虚假的财务报告，欺骗投资者。这些混乱的会计处理方式对20世纪二三十年代的世界经济大危机起到了推波助澜的作用。

（四）会计的本质：经济信息系统

自20世纪60年代起，科学技术的进步和经济形势的变化促使人们开始重新探索和认识会计的本质和作用，并力图使其成为一门科学。在中外会计界，人们对会计的认识主要有三种观点：会计管理活动论、会计信息系统论和会计控制系统论。

1. 会计管理活动论

会计管理活动论大约形成于20世纪80年代，代表人物是我国著名的会计学家杨纪琬、阎达五教授。会计管理活动论认为，会计是"人们管理生产过程中的一种社会活动"，这一观点否定了此前认为会计是一种方法或工具的看法，强调会计具有反映和监督等管理职能。

会计的产生固然与生产活动有关，是一种社会现象，但这一社会现象属于管理范畴，是人的一种管理活动，如果离开作为管理者之一的会计人员，离开对经济活动行使诸如反映（核算）、监督（控制）以至预测、决策等这些管理职能，会计也难以为继。

会计管理活动论还强调会计工作是一种管理工作。会计工作中属于信息处理的部分，也是伴随着对会计信息反映的经济业务进行不同程度的管理活动而进行的，从严格意义上来说，处理会计数据和加工会计信息本身也是一种管理工作。从这个角度出发可以认为，会计是人们利用特定的方法和程序，以统一的计量尺度对经济活动进行连续、全面、综合的反映和控制，以达到最佳经济效果的一种管理活动。

2. 会计信息系统论

会计信息系统论认为，不能将会计等同于会计工作。虽然会计工作是一项管理工作，但不能因此认为会计的本质是一种管理活动。会计活动不生产产品或提供劳务，只生产信息，主要是财务信息。会计生产并提供信息，需要一系列相互联系的加工步骤，形成一个数据输入和信息输出系统。从历史上来看，现代会计自产生以来就始终以提供信息为主，为经济管理服务,即会计作为一个信息系统,它通过提供客观的科学信息为管理服务,本身并不参与管理。

概而言之,会计信息系统论首先将会计定义为一个系统,因为它是由会计核算、会计分析和会计检查等相互关联的部分所组成的集合;其次,将会计定义为一个人工系统,因为它是人们为了加强经济管理、提高经济效益而建立的系统;最后,将会计定义为一个信息系统,因为它旨在向信息使用者提供各种有用的经济信息,如各种财务报告等,为了区别于提供其他类型信息的信息系统,称之为会计信息系统。从信息系统角度考虑,会计是旨在提高微观经济效益、加强经济管理而在企业范围内建立的一个以提供财务信息为主的经济信息系统。

3. 会计控制系统论

会计控制系统论是由我国会计学家杨时展教授和郭道扬教授所倡导的,它是继会计管理活动论和会计信息系统论之后出现在我国的认识会计的新观点。杨时展教授认为:"现代会计是一种以受托责任为目的,以决策为手段,对一个实体的经济事项按货币计量及公认原则与标准,进行分类、记录、汇总、传达的控制系统。"郭道扬教授认为:"会计是管理者通过对会计信息系统与会计控制系统的协同运作,实现对市场经济中的产权关系、价值运动过程及其结果系统控制的一种具有社会意义的控制活动。"

随着人们认识的不断深化,会计管理活动论和会计信息系统论这两种观点日趋接近。会计管理活动论也承认信息系统的存在,只是强调这个系统的主要职能是控制和监督,而不是反映;会计信息系统论同样承认会计系统是管理系统的一个部分,只是强调其主要职能是提供信息,为决策提供咨询服务,对决策起到支持的作用。其实这两种观点虽然在表达上有一定的差异,但并无本质上的矛盾。会计信息系统论侧重于会计的目标,按照现代会计理论的基本观点,会计的目标就是向信息使用者提供对决策有用的信息;会计管理活动论侧重于会计的内容和过程,会计在形成会计信息的过程中,要采用适当的手段对企业的经济活动过程进行控制和反映,这种控制和反映本质上就是一种管理活动。

综上所述,可以把会计定义为旨在提高企业和各单位经营活动的经济效益,为加强经营管理而建立的一个以提供财务信息为主的经济信息系统。这个经济信息系统将会计主体已经发生和预期发生的经济活动所产生的数据,通过科学的程序和方法加工成以财务信息为主的经济信息,供信息使用者用于经济决策,并据以实行必要的控制。

二、会计的职能

会计职能是指会计在经济管理过程中所具有的功能,具体地讲,就是会计能够做什么。作为一个会计信息系统,会计的基本职能是会计核算和会计监督,随着环境的变化,会计还具有评价、预测和决策等扩展职能。

(一)基本职能

1. 会计核算

会计核算是以货币为主要计量单位,通过价值量对经济活动进行确认、计量、记录,并进行完整报告,也称为会计的反映职能。会计核算是会计的基本职能,也是全部会计管理工作的基础。

2. 会计监督

会计监督是以会计法规为依据，利用价值指标，按照一定的目的和要求对经济活动进行控制、考核和指导。会计监督伴随会计核算进行，包括合法性监督和效益性监督两大方面。

（二）扩展职能

1. 评价

财务会计可以通过定期编制财务报表，揭示一个企业的财务状况及其变动情况和最终经营业绩，人们还可以通过对财务报告的分析，肯定业绩，找出差距，提出解决措施，因此，会计具有分析、评价企业经营业绩的职能。

2. 预测

预测经济前景主要是在对会计提供的核算资料分析评价的基础上，利用科学的预测方法，对企业的经济活动前景进行描述和规划。面对日益激烈的竞争和瞬息万变的市场情况，企业需要建立高度科学的管理体制，并利用会计所提供的信息预测企业活动的前景。

3. 决策

决策是在预测结果的基础上，拟定几种可以达到的目标和方案，通过评价各方案的经济效果，从中选出最优方案的过程。决策过程要利用大量的会计信息作为决策的依据，会计实质上起到了提供有助于决策的信息、支持和参与决策的作用，会计人员则是决策的参与者和支持者。

第二节　企业经济活动与会计信息

一、企业组织的形式和目标

企业是指从事生产、流通、服务等经济活动，以生产或服务满足社会需要，实行自主经营、独立核算、依法设立的一种营利性的经济组织。

通常，按企业财产的组织形式和所承担的法律责任可将企业分为独资企业、合伙企业和公司企业，这是按照法定标准进行的分类。公司企业又称作股份制企业，是由两个以上投资人（自然人或法人）依法出资组建，有独立的法人财产，自主经营，自负盈亏的法人企业，公司企业的所有权和经营权分离，出资者按出资额对公司承担有限责任。公司企业主要包括有限责任公司和股份有限公司。

（一）公司治理结构

公司治理结构是指为实现资源配置的有效性，所有者（股东）对公司的经营管理和绩效进行监督、激励、控制和协调的一整套制度安排，它反映了决定公司发展方向和业绩的各参与方之间的关系。

典型的公司治理结构是由所有者、董事会和执行经理层等形成的相互关系的框架。根据国际惯例，规模较大的公司，其内部治理结构通常由股东大会、董事会、经理层和监事会组成，它们依据法律赋予的权利、责任、利益进行分工并相互制衡。公司的最高权力机构是股东大会，由全体股东组成。公司决策机构和执行机构由董事会、监事会和总经理组成，分别履行公司战略决策职能、纪律监督职能和经营管理职能，在遵照职权相互制衡的前提下，客观、公正、专业地开展公司治理活动，并对股东大会负责，以维护和争取实现最佳经营业绩。公司治理结构如图1-1所示。

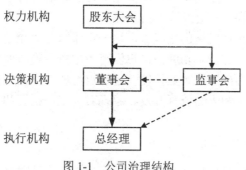

图1-1 公司治理结构

（二）公司组织结构

通常所说的组织结构是指为了实现组织的目标，在组织理论指导下，经过组织设计形成的组织内部各个部门、各个层次之间固定的排列方式，即组织内部的构成方式。不同企业，由于性质不同，其组织结构也不完全一样，如直线型组织结构、职能型组织结构、事业部制组织结构等。某制造企业的组织结构如图1-2所示。

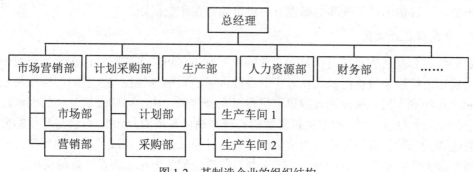

图1-2 某制造企业的组织结构

（三）企业组织的目标

从管理学来看，任何组织都是为了实现一个或多个特定目标而存在的。企业作为一个契约性组织，也必然具有其特定的目标。企业的目标既是企业存在的基本条件，也是企业不断发展的动力源泉。

从本质上讲，企业是以营利为目的的经济组织。无论在任何社会形态下，企业进行生产经营活动时，总是力求以尽可能少的耗费取得尽可能多的成果，即收入大于支出。因此，企业生产经营活动的出发点与归宿都是为了获取利润，创造社会财富。随着市场经济的发展，特别是在现代企业制度下，企业的目标已日益呈现出多元化特征，不仅在学术界存在着利润最大化、企业价值最大化、股东权益最大化、相关者利益最大化等多种主张和诸多争议，而且不同企业通常也确立有不同导向的个性化目标。

1. 利润最大化

利润最大化目标是基于对企业本质的认识提出的。企业开展经济活动的目的是创造更多的财富，财富的多少可以用利润指标直接衡量，只有每个企业都最大限度地获取利润，整个社会的财富才可能实现最大化，进而促进社会的发展与进步。将利润最大化作为企业的目标，不仅具有直接、明了的特点，易被企业接受，而且可以强化企业的成本观念，促进资源的合理配置，有利于社会经济效益的提高。

但从管理学理论和企业发展的实践看，这一主张只是对企业目标浅层次的认识，它未能将所获得的利润与投入的资本相联系，也没有考虑资金的时间价值和预期利润的风险因素。在利润最大化目标导向下，企业往往会忽视自身所应承担的社会责任，导致企业的短期行为，如轻视安全生产和人力资源开发、忽视对环境的损害和对环境污染的控制、过度使用自然资源等。

2. 企业价值最大化

企业价值最大化目标是依据风险管理理论提出的。企业经济活动所创造的财富首先表现为企业的价值。企业价值不是会计账面上财产的总价值，而是企业全部资产的市场价值。与利润最大化目标相比，企业价值最大化目标强调风险与报酬的均衡，充分考虑了资金的时间价值和投资的不确定性因素，有利于克服企业的短期行为，实现社会资源的合理配置。但在管理实践中，对如何科学地计量企业价值尚存在一些争议。对于上市公司，虽然可通过股票价格的变动反映企业价值，但股价的变动受诸多因素的影响，当前市场上的股价不一定能确切反映企业的获利能力。对于众多的非上市公司，则需要通过专门的评估才能确定其价值，而评估的科学性和准确性方面也可能存在一些问题。

3. 股东权益最大化

企业生存和发展的直接目标是为企业的股东创造尽可能多的财富，在上市公司中具体表现为股东所持股票价格的最大化。企业经理人员的报酬也往往与股票的价格相关，股东权益和企业经理人员的报酬通过股票市值得以充分体现。由于影响股价变动的因素较多，不仅包括企业的经营业绩，也包括投资者的心理预期以及政治、经济、社会等环境的变化，受这些因素的影响，易使股东权益最大化目标的计量缺乏客观标准和统一的尺度。此外，股东权益最大化在规范企业行为、经理人参与收益分配等方面也存在一定的问题。

4. 相关者利益最大化

相关者利益最大化目标是20世纪60年代在美国、英国等国家公司治理实践中发展起来的一种企业目标理论。企业是一个多元利益的共同体，其发展仅仅依靠股东是不够的，必然要有众多的利益相关者参与，如政府、债权人、雇员、消费者、供应商，甚至社区居民等。不同利益相关者对企业的要求不同，如投资者要求股东权益最大化、经营者要求加薪、雇员要求工作稳定和薪酬较高等。企业不仅要为股东利益服务，同时也要保障其他相关者的利益，实现相关者利益的最大化，这样才能促进企业的长远发展。

二、企业组织的经济活动

不管何种形式的企业组织，企业的经营管理者为了企业更好地发展，首先必须根据企业所面临的内外部环境制定企业发展战略，然后，在企业发展战略的指引下，考虑应该做什么（投资决策），从哪种渠道和以什么方式解决资金问题（筹资决策），以及如何运用这些资金开展经营活动（经营决策）。由此，任何企业组织的经济活动都可以大致分为筹资活动、投资活动和经营活动。

1. 筹资活动

筹资活动可以看成企业财务管理中首要的、基本的环节。事实上，无论公司的创立，还是成长壮大，包括公司日常经营活动，都可能遇到资金的筹集问题。筹资活动对公司经营者而言，就是要分析研究如何以较低的代价筹集到足够的资金，以满足公司生产经营的需要。由于筹资方式的多样性，不同筹资渠道的资金来源，其资金成本、使用期限、风险程度、筹资灵活性等都大不相同，对公司未来产生的影响也是不同的。公司筹资决策所要解决的问题是如何取得企业经营发展所需要的资金，包括什么时候筹资、筹集多少、怎样筹资、向谁筹资等问题。筹资决策的关键在于决定各种资金来源在总资金中所占的比重，即注重资本结构的合理安排，以使筹资风险、筹资成本与期望资金收益相匹配。

2. 投资活动

投资活动是指公司投放资金，以期在未来获取收益的经济行为。公司的投资范围比较广泛，既可以通过购买厂房、设备等进行内部投资，也可以进行对外投资。公司开展投资活动的关键就是进行科学的投资决策，即在若干待选方案中选择投资成本小、收益大的方案。在投资决策分析过程中，决策者要充分考虑投资的现金流动情况以及投资的风险。任何一个重大投资决策的失误往往会使一个公司陷入困境，甚至破产。在进行投资之后，还要注意加强投资跟踪管理和控制，以确保投资预期效果的实现。

3. 经营活动

经营活动是指企业投资活动和筹资活动以外的所有交易和事项，如购买材料、支付工资等。

企业组织的筹资活动、投资活动和经营活动三者不是孤立存在的，而是相互联系的。筹资活动是投资活动和经营活动的基础，公司如果筹集不到资金，就无法进行投资和生产经营，也就无法获得用来向投资者分配的净利润。

三、会计信息：从企业经济活动到财务报表

（一）任何经济组织的经济活动都离不开会计

在现代社会经济生活中，几乎每个经济组织，如公司、企业等营利性组织以及政府机构、学校、社会团体等非营利性组织都承担着各种各样的使命，为社会大众提供相应的产品或服务，这些组织要完成使命就必定要使用各种人力、物资、服务、设备、信息等资源，

这些资源的取得必定需要花费金钱。各组织的管理者必须能够回答以下问题才能保证组织的运作效率：取得各种资源的资金从哪里来？钱花在什么地方？会产生怎样的效果？如果不使用科学系统的方法来处理这些事情，这个组织的管理必定是混乱的。承担该重任的就是这个组织的会计人员，他们从事会计核算，或是利用会计核算资料及其他资料进行预测、决策、规划、控制以及分析评价等更复杂的经济管理工作。因此，经济组织的任何经济活动都需要会计信息的支持，而经济组织的任何经济活动也会影响会计信息。

（二）从企业经济活动到企业财务报表

企业经济活动是会计进行核算和披露的对象。会计试图用国际通用的语言形式去揭示企业纷繁复杂的经济活动原貌。会计的最终产品是企业财务报表，企业的经济活动被提炼、浓缩在财务报表中。企业财务报表以会计特有语言描述企业的基本财务状况、经营成果和现金状况，它是企业经理人及其他会计信息使用者理解企业经济活动过程及结果的载体。无论企业的组织结构、业务内容、经营规模、经营业绩有何不同，所有的企业都通过资产负债表、利润表和现金流量表等财务报表反映财务状况、经营成果和现金流动状况。

企业财务报表用"会计特有语言"总结了企业经济活动的财务后果。企业会计系统提供了一种机制，通过这种机制对企业的经济活动进行确认、计量，以财务报表的形式对外报告，从而完成了从企业经济活动到企业财务报表的转化过程。企业从经济活动到财务报表的转化过程如图1-3所示。

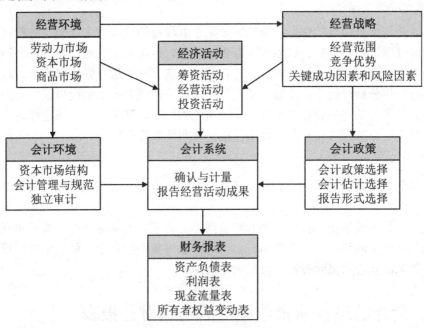

图1-3　企业从经济活动到财务报表的转化过程

图1-3描述了企业基于特定经营环境和经营战略所从事的经济活动，经过会计环境、会计系统和会计政策的影响、加工，最终形成财务报表的过程。

由图1-3可见，企业经济活动是财务报表试图反映的经济实质，财务报表只是用来反映经济活动的一面美妙的"镜子"。如果财务报表的分析者不了解企业所面临的经营环境、经营战略、会计环境和会计政策，仅看会计数据是难以把握和理解企业经济活动的实质的。

下面我们通过一家企业的会计信息产生过程,说明企业经济活动对财务状况、经营成果的影响。

(三)企业经济活动与资产负债表

资产负债表反映企业在某一特定时点(如20××年12月31日)的财务状况。资产负债表是一幅企业财务状况的静态图画,它是报表编制日企业财务结构的"快照"。一般来说,企业过去的经营、投资和融资等活动的结果都会反映在资产负债表上。资产负债表的左边列示了各项资产,右边列示了各种负债及所有者权益(或股东权益)。从经营角度来理解,企业筹资活动的结果体现在资产负债表的右边,企业投资活动的结果体现在资产负债表的左边。

1. 筹资活动与资产负债表右边

假设小王来到大学后发现很多同学饭后喜欢喝奶茶,于是在学校附近开了一家山商奶茶店。山商奶茶店自创立以后,随着经济业务的发生,会计信息被记录,以下为记录的分析过程。

(1)20××年1月1日,山商奶茶店正式注册成立。你作为投资者投入资金20万元,存入银行。

这属于典型的股权融资。企业承诺未来向投资者进行利润分红换取投资者当前的资金投入。企业收到投资者投入资金20万元,仅仅在资产负债表左边的"货币资金"(包括"库存现金""银行存款"等)"金额"项目中填入20万元是不够的,还需要解释这笔资金的来源,这是所有者投入的"实收资本"。因此,该笔业务应在资产负债表的"资产"项目和"所有者权益"项目分别进行登记,在资产负债表的左边和右边同时填入,保持平衡。山商奶茶店20××年1月1日资产负债表(简表)如表1-1所示。

表1-1 山商奶茶店20××年1月1日资产负债表(简表)　　　　单位:元

项目	金额	项目	金额
资产:		负债:	
货币资金	200 000	短期借款	
应收账款		应付账款	
存货		所有者权益:	
固定资产		实收资本	200 000
在建工程		资本公积	
无形资产		留存收益	
资产总计	200 000	负债和所有者权益总计	200 000

(2)20××年2月15日,为了扩大经营,向银行借款10万元,还款期限6个月。

这是典型的债务融资业务,企业承诺未来向银行还本付息以换取当前的资金投入。企业获取银行期限6个月的贷款10万元,取得借款使得"货币资金"增加10万元的同时,负债中的"短期借款"也增加10万元。资产负债表的左边和右边同时增加,保持平衡。山商奶茶店20××年2月15日资产负债表(简表)如表1-2所示。

表 1-2　山商奶茶店 20××年 2 月 15 日资产负债表（简表）　　　　　　　单位：元

项　目	金　额	项　目	金　额
资产：		负债：	
货币资金	300 000	短期借款	100 000
应收账款		应付账款	
存货		所有者权益：	
固定资产		实收资本	200 000
在建工程		资本公积	
无形资产		留存收益	
资产总计	300 000	负债和所有者权益总计	300 000

从表 1-2 可以看出，资产负债表的右边反映了企业的筹资结果。企业货币资金 30 万元来源于两个渠道：所有者投入资金 20 万元和银行短期借款 10 万元。两种不同的筹资方式会给企业带来不同的筹资成本和风险。

2. 投资活动与资产负债表左边

接上例，20××年 3 月 20 日，购买制作奶茶的封杯机等专业设备支付 6 万元，预计可以使用 6 年，款项用银行存款支付。

这是典型的投资活动，即为了将来赚取更多的收益而在当前预先支付资金。其财务后果为：购买制作奶茶的专业设备支付 6 万元，导致企业的货币资金减少 6 万元，同时，固定资产增加 6 万元。该业务导致资产负债表左边资产项目内部不同资产之间发生增减变化，反映了企业资金形态的转变，货币资金转化为固定资产，资产总额保持不变，资产负债表右边没有发生变化，最终资产负债表依然保持平衡。山商奶茶店 20××年 3 月 20 日资产负债表（简表）如表 1-3 所示。

表 1-3　山商奶茶店 20××年 3 月 20 日资产负债表（简表）　　　　　　　单位：元

项　目	金　额	项　目	金　额
资产：		负债：	
货币资金	240 000	短期借款	100 000
应收账款		应付账款	
存货		所有者权益：	
固定资产	60 000	实收资本	200 000
在建工程		资本公积	
无形资产		留存收益	
资产总计	300 000	负债和所有者权益总计	300 000

从表 1-3 可以看出，资产负债表的左边反映了企业投资的结果和企业资金的去向，货币资金 30 万元中的 6 万元被用于购买生产设备，流动性最强的现金资产转化为固定资产，为长期生产经营做准备。

3. 经济活动与资产负债表

接上例，20××年 4 月 5 日，购买一批制作奶茶的原材料（冲粉、牛奶、珍珠球等）支付 2 万元。

这是供应阶段材料采购的业务过程。其财务后果为：购买原材料支付 2 万元，导致企业货币资金减少 2 万元，同时，企业存货（包括原材料、产成品等项目）增加 2 万元；资产负债表左边资产项目内部不同资产之间发生增减变化，反映了企业资金形态的转变，货币资金转化为存货，资产总额保持不变，而资产负债表右边没有发生变化，最终资产负债表依然保持平衡。山商奶茶店 20××年 4 月 5 日资产负债表（简表）如表 1-4 所示。

表 1-4 山商奶茶店 20××年 4 月 5 日资产负债表（简表） 单位：元

项　目	金　额	项　目	金　额
资产：		负债：	
货币资金	220 000	短期借款	100 000
应收账款		应付账款	
存货	20 000	所有者权益：	
固定资产	60 000	实收资本	200 000
在建工程		资本公积	
无形资产		留存收益	
资产总计	300 000	负债和所有者权益总计	300 000

企业购买原材料花费 2 万元，也是为正常生产经营做准备。但是，原材料和机器设备在企业生产经营中发挥着不同的作用，原材料将会构成未来产品（奶茶）实体，计入"存货"项目；而机器设备代表企业的生产能力，并不构成未来产品实体，计入"固定资产"项目。

（四）企业经济活动与利润表

利润表是一家企业在一段时间内财务绩效（企业赚钱能力）的记录。从广义上说，利润表记录在某个时期内，企业所创造的所有收入减去这个时期所发生的成本费用之后的余额，由此得到这个时期的利润，即"利润=收入−成本费用"（如果发生的成本费用大于收入，那么企业将出现亏损）。利润表的基本结构据此而设计，企业经济活动的结果直接体现在利润表中。

接上例，20××年 4 月 30 日，经过一个月的经营，销售了 2000 杯奶茶，每杯奶茶定价 15 元，总共收入现金 3 万元；每杯奶茶消耗原材料成本（冲粉、牛奶、珍珠球等）5 元，总共消耗原材料 1 万元。

企业通过销售奶茶获得营业收入 3 万元，为此付出的代价是消耗了原材料成本 1 万元，计入营业成本，如果不考虑其他人工、设备的损耗、房租等费用和税收因素，奶茶店 4 月份的利润为 2 万元。山商奶茶店 20××年 4 月利润表（简表）如表 1-5 所示。

表 1-5 山商奶茶店 20××年 4 月利润表（简表） 单位：元

项　目	金　额
一、营业收入	30 000
减：营业成本	10 000
税金及附加	
期间费用等	

续表

项　　目	金　　额
二、营业利润	20 000
加：营业外收入	
减：营业外支出	
三、利润总额	20 000
减：所得税费用	
四、净利润（净亏损以"-"号填列）	20 000

同时，将该财务后果体现在资产负债表中，销售奶茶获得现金，导致货币资金增加 3 万元，在制作和销售奶茶过程中消耗原材料 1 万元，导致存货减少 1 万元，总资产增加 2 万元，与此同时，由于实现销售利润 2 万元导致资产负债表中的留存收益（包括盈余公积、未分配利润等）增加 2 万元，最终资产负债表依然保持平衡状态。山商奶茶店 20××年 4 月 30 日资产负债表（简表）如表 1-6 所示。

表 1-6　山商奶茶店 20××年 4 月 30 日资产负债表（简表）　　　　单位：元

项　　目	金　　额	项　　目	金　　额
资产：		负债：	
货币资金	250 000	短期借款	100 000
应收账款		应付账款	
存货	10 000	所有者权益	
固定资产	60 000	实收资本	200 000
在建工程		资本公积	
无形资产		留存收益	20 000
资产总计	320 000	负债和所有者权益总计	320 000

由此可见，资产负债表体现了一个重要的平衡关系：资产=负债+所有者权益。实际上可以理解为，投资活动结果=筹资活动结果。也就是说，资产负债表左边反映了企业资金的来源，右边反映了这些资金的去向，实际上是从两个侧面来反映同一项资金，两者必然相等。

任何企业要从事生产经济活动，必定要有一定数量的资产，而每一项资产，一方面表现为一种实际存在，如机器设备、现金、银行存款等；另一方面，这些资产都是按照一定的渠道进入企业的，或由投资者投入，或通过银行借入等，即每项资产必定有其提供者，谁提供了资产，谁就对资产拥有索偿权，这种索偿权在会计上称为权益。这样就形成了最初的会计等式：资产=权益。权益通常分为两种：一是以投资者的身份向企业投入资产而形成的权益，称为所有者权益；二是以债权人的身份向企业提供资产而形成的权益，称为负债或债权人权益。这样，上述等式又可表示为：资产=负债+所有者权益。因为该等式是资产负债表（静态报表）中蕴含的，因此，该等式又称为"静态等式"，它反映的数量关系和经济关系是会计学中极为重要的内容，是设置账户、复式记账和编制资产负债表的重要依据。

利润表体现了一个平衡关系：收入-成本费用=利润。我们把所有对利润的增加有贡献的项目称为"收入"，包括与经营直接相关的营业收入以及与经营无直接关系的营业外收入；把所有对利润的减少有贡献的项目称为"成本费用"，包括为取得收入而需要支付的营业成本和在经营过程中发生的销售费用、管理费用，以及与经营无关的其他支出。净利润是收入和费用的差额，如果成本费用大于收入，则称为净亏损。

会计用一系列数字将企业的融资活动、投资活动和经营活动通过财务报表加以集中反映，从而帮助与企业利益相关的投资者、债权人等决策者进行各种决策。

第三节　会计信息的需求者与质量要求

会计信息一般是通过财务会计报告提供给信息使用者的，因此，我国《企业会计准则——基本准则》第一章第四条将财务会计报告的目标描述为："财务会计报告的目标是向财务会计报告使用者提供与企业财务状况、经营成果和现金流量等有关的会计信息，反映企业管理层受托责任履行情况，有助于财务会计报告使用者做出经济决策。"

一、会计信息的需求者

会计信息的需求者可以分为外部需求者和内部需求者。

（一）会计信息的外部需求者

会计信息的外部需求者主要包括政府及其有关部门，投资者、债权人和社会公众。

1. 政府及其有关部门

政府及其有关部门是指为会计主体提供服务并实施管理和监督的监管部门。这些政府部门使用会计信息主要有两个目的：一是借以了解会计主体的经营状况和财务收支情况，评价会计主体的经营业绩，同时，检查会计主体的经营活动是否符合国家的各项方针政策；二是通过会计信息掌握会计主体各项经济指标的完成情况，从而掌握国民经济和社会发展的基本状况，调整和完善各项宏观经济政策，进一步发挥宏观调控的职能。例如，税务机关在征税时一般以会计资料为基础再做适当调整，它们需要决定企业是否依法纳税、依法应缴纳多少税款、企业未来纳税的前景如何等；上市公司的监管部门需要依赖财务报告判断企业公开的会计信息是否真实、充分，是否容易被投资者理解，是否会误导投资者，会计核算是否符合有关规定等。

2. 投资者、债权人和社会公众

投资者、债权人和社会公众是最重要的会计信息使用者，他们与企业有着直接或间接的经济利益关系。

投资者是企业的出资人，是企业的所有者，他们十分关注企业的经营状况，因为企业经营绩效的好坏会直接影响他们的投资回报。投资前后，投资者都需要了解被投资企业的偿债能力、盈利能力、营运能力的优劣和变化情况，以便在若干个投资方案中进行决策，从而要求企业对外公布财务信息来满足他们的决策需要。企业的投资者可以是国家（或其代理人）、企业法人、事业单位，也可以是自然人。由于企业所有权和经营权的分离，投资者大多不参与企业的经营活动，他们委托经营者去经营和管理企业，在这种情况下，他们就必须通过会计信息来了解企业的经营状况，评价经营者的工作业绩。

债权人是将资金出借给企业的法人或自然人，是企业重要的利害关系人。债权人将资金借给企业以后，就失去了对资金的支配权，因此他们需要在借出资金之前利用会计信息做出与借款相关的一系列决策，如是否应向企业借款，利息率如何确定，企业是否有能力根据合约还本付息，借款给企业是否存在信用风险，是否有必要让企业提供借款担保等。会计信息是债权人了解企业的最主要的依据。

除了投资者和债权人，对上市公司来说，社会公众也是重要的会计信息使用者，他们是企业潜在的投资者或债权人，需要了解企业的财务情况来帮助他们做出相应的决策。

（二）会计信息的内部需求者

会计信息的内部需求者包括企业内部管理者和企业职工。

企业内部管理者是指企业的经营者，包括企业董事会成员，企业经理，企业计划、财务、人事、供应、市场营销、技术等方面的管理人员，他们是会计信息的主要使用者。企业内部管理人员需根据会计信息做出一系列与经济活动相关的决策，比如筹资决策，管理者应该考虑企业经营需要多少资金，以什么方式筹集，负债期限多长，融资成本控制在何种水平上等；又如在企业进行投资决策时，企业资源应该如何配置，如何选择投资方案，是否有可能利用闲置资金购买短期证券等。管理者要想及时、完整地把握企业的经营状况，就必须利用会计信息。

此外，企业职工也需要使用会计信息，他们需要考虑企业是否有能力按劳付酬，企业的财务状况与获利能力是否足以保障职工就业稳定，是否能在劳动保护上投入足够资金，是否有能力不断提高职工福利待遇等。

应当看到，上述列举的会计信息需求者，其决策重点和所需信息并不完全相同，甚至存在较大的差异。对投资者来说，有关企业经营成果的信息是他们最为关心的，因为企业的经营成果直接影响着其自身的投资效益；对债权人而言，企业的财务状况是他们关注的重点，因为财务状况的好坏直接影响企业的偿债能力，进而影响债权人借出资金的安全性；而政府及其有关部门主要是了解企业重要经济指标的完成情况和企业经济活动的真实性、合法性等方面的信息；企业的经营者对会计信息的需求较为广泛，他们需要掌握企业各个方面的情况，包括财务状况、经营成果和现金流量等方面的信息，以及反映企业经济活动的其他经济信息。若按不同需求提供财务报告，其成本较高且无法满足及时性的要求，因此，会计提供的主要是对各类需求者都有用的信息，即通用财务报告，这种财务报告主要服务于股东和债权人等外部信息使用者，当然也可用于企业内部管理。会计部门根据需要也可提供产品生产成本、费用开支等方面的报表，用于内部成本控制、预算控制、定价决策等。此外，为了满足企业内部管理的临时性需要，会计部门也会提供一些特殊的信息，但是这些信息一般不对外公开。

二、会计信息的质量要求

会计信息质量要求是对企业财务报告中所提供会计信息质量的基本要求，要求提供的会计信息对信息使用者的决策有用。根据《企业会计准则——基本准则》的规定，会计信息质量要求包括可靠性、相关性、可理解性、可比性、实质重于形式、重要性、谨慎性和及时性等。

1. 可靠性

可靠性要求企业应当以实际发生的交易或者事项为依据进行确认、计量和报告，如实反映符合确认和计量要求的各项会计要素及其他相关信息，保证会计信息真实可靠、内容完整。它具体包括以下几方面要求。

（1）企业应当以实际发生的交易或者事项为依据进行会计确认、计量和报告，将符合会计要素定义及其确认条件的资产、负债、所有者权益、收入、费用和利润等如实反映在财务报表中，不得根据虚构的、没有发生的或者尚未发生的交易或者事项进行确认、计量和报告。

（2）企业应当在符合重要性和成本效益原则的前提下，保证会计信息的完整性。企业编报的报表及其附注内容等应当保持完整，不能随意遗漏或者减少应予披露的信息，与使用者决策相关的有用信息都应当充分披露。

例如，某公司于20×2年年末发现公司销售额萎缩，无法实现年初订立的销售收入目标，但考虑到在20×3年春节前后，公司销售额可能会出现较大幅度的增长，该公司根据预估的库存商品销售额，在20×2年年末制作了若干虚假的存货出库凭证，并确认销售收入实现。该公司的这一会计处理就不是以其实际发生的交易事项为依据的，是公司虚构的交易事项，因此违背了会计信息质量要求中的可靠性原则，也违反了《中华人民共和国会计法》（以下简称《会计法》）的规定。

2. 相关性

相关性要求企业提供的会计信息应当与投资者等财务报告使用者的经济决策需要相关，有助于投资者等财务报告使用者对企业过去、现在或者未来的情况做出评价或者预测。

会计信息是否有用，是否具有价值，关键是看其与财务报告使用者的决策需要是否相关，是否有助于决策或者提高决策水平。相关的会计信息应当有助于财务报告使用者评价企业过去的决策，证实或者修正过去的有关预测，因而具有反馈价值。相关的会计信息还应当具有预测价值，有助于财务报告使用者根据财务报告所提供的会计信息预测企业未来的财务状况、经营成果和现金流量。

会计信息质量的相关性要求企业在确认、计量和报告会计信息的过程中，应充分考虑财务报告使用者的决策模式和信息需要。但是，相关性是以可靠性为基础的，两者之间并不矛盾，不应将两者对立起来。也就是说，会计信息在可靠性的前提下，尽可能地保证相关性，以满足投资者等财务报告使用者的决策需要。

3. 可理解性

可理解性要求企业提供的会计信息应当清晰明了，便于财务报告使用者理解和使用。

企业编制财务报告、提供会计信息的目的在于使用，而要让使用者有效地使用会计信息，应当能让其了解会计信息的内涵，弄懂会计信息的内容，这就要求财务报告所提供的会计信息应当清晰明了，易于理解。只有这样，才能提高会计信息的有用性，实现财务报告的目标，满足向投资者等财务报告使用者提供对其决策有用信息的要求。

当然，会计信息毕竟是一种专业性较强的信息产品，在强调会计信息的可理解性要求的同时，还应假定财务报告使用者具有一定的企业经营活动和会计方面的知识，并且愿意付出努力去研究这些信息。对于某些复杂的信息，如交易本身较为复杂或者会计处理较为复杂，但其是与财务报告使用者的经济决策相关的，企业也应当在财务报告中予以充分披露。

4. 可比性

可比性要求企业提供的会计信息应当相互可比，它主要包括以下两层含义。

（1）同一企业不同时期可比。为了便于投资者等财务报告使用者了解企业财务状况、经营成果和现金流量的变化趋势，比较企业在不同时期的财务报告信息，全面、客观地评价过去、预测未来，从而做出决策，会计信息质量的可比性要求同一企业不同时期发生的相同或者相似的交易或者事项，应当采用一致的会计政策，不得随意变更。

（2）不同企业相同会计期间可比。为了便于投资者等财务报告使用者了解企业财务状况、经营成果和现金流量及其变动情况，会计信息质量的可比性要求不同企业相同会计期间发生的相同或者相似的交易或者事项，应当采用规定的会计政策，确保会计信息口径一致、相互可比，以使不同企业按照一致的确认、计量和报告基础提供有关会计信息。

5. 实质重于形式

实质重于形式要求企业应当按照交易或者事项的经济实质进行会计确认、计量和报告，不应仅以交易或者事项的法律形式为依据。企业发生的交易或事项在多数情况下，其经济实质和法律形式是一致的，但在有些情况下也会出现不一致。如果企业仅仅以交易或者事项的法律形式为依据进行会计确认、计量和报告，那么就容易导致会计信息失真，无法如实反映经济业务的实际情况。

在实务中，交易或者事项的法律形式并不能完全真实地反映其实质内容。因此，会计信息要想反映其所应反映的交易或事项，就必须根据交易或事项的实质和经济现实来判断，而不能仅仅根据它们的法律形式来判断。

例如，企业以融资租赁方式租入固定资产，虽然从法律形式讲企业对其并不拥有所有权，但是由于租赁合同中规定的租赁期都相当长，接近于该资产的使用寿命，租赁期结束时承租企业有优先购买该资产的选择权，在租赁期内承租企业有权支配该资产并从中受益等，因此，从其经济实质来看，企业能够控制融资租入固定资产所创造的未来经济利益。依据实质重于形式原则，在进行会计确认、计量和报告时，企业应当将融资租赁租入的固定资产视为企业的资产，反映在企业的资产负债表上。

6. 重要性

重要性要求企业提供的会计信息应当反映与企业财务状况、经营成果和现金流量有关的所有重要交易或者事项。

如果企业财务报告中提供的会计信息省略或者错报会影响投资者等信息使用者据此做出经济决策的，该信息就具有重要性。企业应当根据其所处环境和实际情况，从项目的性质和金额大小两方面来判断会计信息的重要性。

7. 谨慎性

谨慎性要求企业对交易或者事项进行会计确认、计量和报告时应当保持应有的谨慎，不应高估资产或者收益、低估负债或者费用。

在市场经济环境下,企业的生产经营活动面临着许多风险和不确定性,如应收款项的可收回性、固定资产的使用寿命、售出存货可能发生的退货或者返修等。会计信息质量的谨慎性要求企业在面临不确定因素的情况下做出职业判断时,应保持应有的谨慎,充分估计到各种风险和损失,既不高估资产或者收益,也不低估负债或者费用。

但是,谨慎性的应用也不允许企业设置秘密准备,如果企业故意低估资产或者收入,或者故意高估负债或者费用,将违背会计信息的可靠性和相关性要求,损害会计信息质量,扭曲企业实际的财务状况和经营成果,从而对财务报告使用者的决策产生误导,这是《企业会计准则》所不允许的。

8. 及时性

及时性要求企业对于已经发生的交易或者事项,应当及时进行确认、计量和报告,不得提前或者延后。

会计信息的价值在于帮助使用者做出经济决策,因此要求信息具有时效性。即使是可靠、相关的会计信息,如果不及时提供,也就失去了时效性,对于财务报告使用者的效用就大大降低,甚至不再具有任何意义。在会计确认、计量和报告过程中贯彻及时性,一是要求及时收集会计信息,即在经济交易或者事项发生后,及时收集、整理各种原始单据或者凭证;二是要求及时处理会计信息,即按照《企业会计准则》的规定,及时对经济交易或者事项进行确认或者计量,并编制财务报告;三是要求及时传递会计信息,即按照国家规定的有关时限,及时地将编制好的财务报告传递给财务报告使用者,便于其及时使用和做出决策。

第四节 会计要素与会计等式

一、会计要素

会计要素是对会计主体(通常理解为一个企业)所发生的交易和事项按照经济业务的性质所做的具体分类,它是财务报告的内容框架和设计基础。交易泛指一个会计主体与外界一切单位之间发生的每一项往来,只要这些往来含有会计信息,能够用货币形式加以计量、记录和反映,都称为交易。事项是指会计主体对内形成的,可以用货币形式加以计量、记录和反映的内部经济业务。我国《企业会计准则——基本准则》规定,会计要素包括资产、负债、所有者权益、收入、费用和利润六个方面。

(一)资产

1. 资产的定义

资产是指企业过去的交易或事项形成的、由企业拥有或者控制的、预期会给企业带来经济利益的资源。

根据资产的定义,资产具有以下几个特征。

（1）资产是企业在过去发生的交易或事项形成的。企业过去的交易或者事项包括购买、生产、建造行为或其他交易或者事项。预期在未来发生的交易或者事项不形成资产，如企业购置资产仅仅是一种计划，或者该交易仍在谈判中，会计核算时就不能将其确认为资产。

（2）资产是为企业所拥有或者所控制的。企业拥有的资产是指所有权属于企业的资产；企业控制的资产是指企业在形式上无所有权，但实质上具有控制权的资产，如融资租赁合同规定的租赁期限接近于该资产的使用寿命，租期结束时承租企业有优先购买这些资产的权力，在租期内企业有权支配该资产并从中受益，因此融资租入固定资产应当视为企业的资产。

（3）资产预期能够给企业带来经济利益。资产作为一项经济资源，可在以下任何一种情况下提供未来收益：① 它们是现金或可转换为现金；② 它们是预期能够销售出去并能获得现金的商品；③ 它们是预期能够在未来产生现金流入的各种资源。但是，因损坏或陈旧过时而卖不出去的产品，即使归企业所有，也不属于资产，因为它们不能产生现金流入。因此，企业拥有资产的主要目的是为了从该项资源的使用中获得经济利益，不能产生经济利益的资源不属于资产。

2. 资产的确认条件

将一项资源确认为资产，需要符合资产的定义，同时还应满足以下两个条件。

（1）与该资源有关的经济利益很可能流入企业。

（2）该资源的成本或者价值能够可靠地计量。

符合资产定义和资产确认条件的项目，应当列入资产负债表；符合资产定义，但不符合资产确认条件的项目，不应当列入资产负债表。

3. 资产的分类

按照不同的标准，可对资产进行不同的分类。按资产的流动性，资产可分为流动资产和非流动资产（或称为长期资产）两大类。这样的分类有助于掌握企业资产的变现能力，从而进一步分析企业的偿债能力。

（1）流动资产。根据《企业会计准则第30号——财务报表列报》的规定，流动资产是指符合下列条件之一的资产：① 预计在一个正常营业周期中变现、出售或耗用；② 主要为交易目的而持有；③ 预计在资产负债表日起一年内（含一年，下同）变现；④ 自资产负债表日起一年内，交换其他资产或清偿负债的能力不受限制的现金或现金等价物。

资产负债表中的流动资产主要包括货币资金、以公允价值计量且其变动计入当期损益的金融资产、应收票据、应收账款、存货等。

货币资金是指处于货币形态，可以随时用作购买手段和支付手段的资金，包括库存现金、银行存款及其他货币资金。库存现金是存放在企业可以随时动用的货币资金，具有极强的流动性，很容易被挪用或侵吞，必须加强管理和控制，以确保库存现金的安全与完整。银行存款是指企业存放于银行或其他金融机构的随时可以支取的货币资金。凡是独立核算的单位都必须按规定在当地的银行开设账户。企业除按核定的限额保留库存现金外，超过限额的现金必须存入开户银行。除在规定的范围内可以用库存现金直接支付外，企业在生产经营活动过程中所发生的一切货币资金收支业务，都必须通过银行存款账户进行结算。其他货币资金是指除库存现金和银行存款以外的货币资金。

以公允价值计量且其变动计入当期损益的金融资产主要是指企业为了短期内出售而持

有的金融资产。

应收票据及应收账款反映资产负债表日以摊余成本计量的、企业因销售商品或提供服务等经营活动应收取的款项，以及收到的商业汇票，包括银行承兑汇票和商业承兑汇票。

存货是指企业在日常活动中持有以备出售的产成品或商品、处在生产过程中的在产品、在生产过程或提供劳务过程中耗用的材料和物料等，包括库存的、加工中的、在途的各种原材料、燃料、周转材料、在产品、产成品、商品等。存货是企业流动资产的重要组成部分，在企业资产中占有较大的比重。

（2）非流动资产。非流动资产是指除流动资产以外的资产。资产负债表中的非流动资产应当按其性质分类列报，主要包括长期股权投资、固定资产、无形资产等。

长期股权投资是指企业持有的期限在一年以上（不含一年）的各种股权性质的投资，包括购入的股票和其他股权投资等。对长期股权投资，企业一般以控制其他企业为目的而准备长期持有。会计核算中的长期股权投资包括两部分：一是企业对子公司、联营企业及合营企业的投资；二是对被投资单位不具有共同控制或重大影响、在活跃市场中没有报价、公允价值不能可靠计量的权益性投资。

固定资产是指企业为生产产品、提供劳务、出租或经营管理持有的使用寿命超过一个会计期间的有形资产。固定资产是用于生产经营活动，而不是为了出售，这一特征是区别固定资产与存货等流动资产的重要标志。固定资产是一般制造企业最重要的非流动资产，在企业资产中占有很大的比重。

无形资产是指企业拥有或者控制的没有实物形态可辨认的非货币性资产，包括专利权、商标权、土地使用权、著作权、特许权、非专利技术等。

企业的非流动资产除前面介绍的长期股权投资、固定资产、无形资产以外，还有可供出售金融资产、持有至到期投资、长期应收款、投资性房地产、生产性生物资产、油气资产、长期待摊费用、递延所得税资产等。这些资产中，投资性房地产、生产性生物资产、油气资产是特殊企业才拥有或控制的；长期应收款反映企业融资租赁产生的应收款项和采用递延方式分期收款、实质上具有融资性质的销售商品和提供劳务等生产性经营活动产生的应收款项；递延所得税资产是采用纳税影响会计法处理可抵扣暂时性差异形成的所得税资产。

（二）负债

1. 负债的定义

负债是指企业过去的交易或者事项形成的，预期会导致经济利益流出企业的现时义务。

负债实际上是企业的一种资金来源，负债经营已经成为现代企业的一种重要经营思想。如果把资产理解为企业的权利，那么，负债就可以理解为企业所承担的义务。

根据负债的定义，负债具有以下几个特征。

（1）负债是由过去的交易或者事项引起的、企业在现行条件下已承担的义务。未来发生的交易或者事项形成的义务，不属于现时义务，不应当确认为负债。

（2）负债将要由企业在未来某个时日加以清偿。

（3）为了清偿债务，企业往往需要在将来转移资产，如用现金或实物资产清偿，或者通过提供劳务来偿还，或者同时转移资产和提供劳务偿还，也有可能将债务转为所有者权益。

2. 负债的确认条件

将一项现时义务确认为负债，需要符合负债的定义，还应当同时满足以下两个条件。

（1）与该现时义务有关的经济利益很可能流出企业。

（2）未来流出的经济利益的金额能够可靠地计量。

符合负债定义和负债确认条件的项目，应当列入资产负债表；符合负债定义但不符合负债确认条件的项目，不应当列入资产负债表。

3. 负债的分类

按照不同的标准，可对负债进行不同的分类。按负债的流动性，可将负债分为流动负债和非流动负债两大类。

（1）流动负债。符合下列条件之一的负债，应当归类为流动负债：① 预计在一个正常营业周期中清偿；② 主要为交易目的而持有；③ 自资产负债表日起一年内到期应予以清偿；④ 企业无权自主地将清偿推迟至自资产负债表日后一年以上。

资产负债表中的流动负债一般应包括以下项目：短期借款、以公允价值计量且其变动计入当期损益的金融负债、应付票据、应付账款、应交税费、应付职工薪酬等。

短期借款是指企业向银行或其他金融机构等借入的期限在一年以下（含一年）的各种借款。企业借入的短期借款，无论用于哪一方面，只要借入了就构成一项负债。归还短期借款时，除了归还本金，还要支付利息。

以公允价值计量且其变动计入当期损益的金融负债主要是指企业为了短期内回购而承担的金融负债，包括企业承担的以公允价值计量且其变动计入当期损益的金融负债和直接指定为以公允价值计量且其变动计入当期损益的金融负债。

应付票据及应付账款反映资产负债表日企业因购买材料、商品和接受服务等经营活动应支付的款项，以及开出、承兑的商业汇票，包括银行承兑汇票和商业承兑汇票。

应交税费是指企业按照税法规定应缴纳的各种税费，包括增值税、消费税、企业所得税、城市维护建设税及教育费附加等。这些税费在尚未缴纳之前暂时存放在企业，形成一项负债。

应付职工薪酬是企业尚未支付的职工薪酬。职工薪酬是指企业为获得职工提供的服务或解除劳动关系而给予的各种形式的报酬或补偿。职工薪酬包括短期薪酬、离职后福利、辞退福利和其他长期职工福利。企业提供给职工配偶、子女、受赡养人、已故员工遗属及其他受益人等的福利，也属于职工薪酬。

（2）非流动负债。非流动负债是指除流动负债以外的负债。资产负债表中非流动负债应当按其性质分类列报，主要包括长期借款、应付债券、长期应付款等。

长期借款是指企业向银行或其他金融机构等借入的期限在一年以上（不含一年）的各种借款。

应付债券是企业为筹集长期资金而发行的债券。这里企业发行的债券是指一年以上（不含一年）的长期债券，企业发行的一年及一年以内的短期债券不包含在这个项目中。除了长期债券的本金，其按期预提的利息也包含在应付债券项目内。

长期应付款是指企业除长期借款和应付债券以外的其他各种长期应付款项，包括以分期付款方式购入固定资产和无形资产发生的应付账款、应付融资租入固定资产的租赁费等。

需要指出的是，上述判断流动资产、流动负债时所称的一个正常营业周期，是指企业从购买用于加工的资产起至获得现金或现金等价物的期间。一般企业的一个正常营业周期通常短于一年，即在一年内有几个营业周期。因生产周期较长等导致正常营业周期长于一年的，尽管相关资产往往超过一年才变现、出售或耗用，仍应当划分为流动资产。企业正常营业周期中的经营性负债项目即使在资产负债表日后超过一年才予以清偿的，仍应当划分为流动负债。

（三）所有者权益

1. 所有者权益的定义

所有者权益是指企业资产扣除负债后由所有者享有的剩余权益。根据所有者权益的定义，所有者权益具有以下几个特征。

（1）所有者权益通常不需要偿还，除非发生减资、清算。

（2）所有者权益只有在清偿所有的负债之后才返还给所有者。

（3）所有者权益能够分享利润，而负债不能参与利润的分配。所有者权益在性质上体现为所有者对企业资产的剩余利益，在数量上体现为资产减去负债后的余额。

2. 所有者权益的来源

所有者权益的来源包括所有者投入的资本、直接计入所有者权益的利得和损失、留存收益等，通常由实收资本（或股本）、其他权益工具、资本公积、其他综合收益、盈余公积和未分配利润构成。

所有者投入的资本是指所有者投入企业的资本部分，它既包括构成企业注册资本或股本部分的金额（即实收资本），也包括投入资本超过注册资本或股本部分的金额（即资本公积）。实收资本是指投资者作为资本投入企业中的权益份额，资本公积包括资本溢价、股本溢价和其他资本公积。

直接计入所有者权益的利得和损失是指不应计入当期损益、会导致所有者权益发生增减变动的、与所有者投入资本或者向所有者分配利润无关的利得或者损失。其中，利得是指由企业非日常活动形成的、会导致所有者权益增加的、与所有者投入资本无关的经济利益的流入，包括直接计入所有者权益的利得和直接计入当期利润的利得。损失是指由企业非日常活动形成的、会导致所有者权益减少的、与向所有者分配利润无关的经济利益的流出，包括直接计入所有者权益的损失和直接计入当期利润的损失。

留存收益是企业历年实现的净利润留存于企业的部分，包括累计计提的盈余公积和未分配利润。盈余公积是企业按规定从净利润中提取的积累资金，可以分为两种：一是法定盈余公积，按照《中华人民共和国公司法》（以下简称《公司法》）等有关法规的规定，企业应当提取税后利润的10%作为公司法定公积金，公司法定公积金累计额超过公司注册资本50%的，可以不再提取；二是任意盈余公积，任意盈余公积金按照股东大会上确定的比例提取。未分配利润是企业留待以后年度进行分配的结存利润，从数量上来看，未分配利润是期初未分配利润加上本期实现的净利润，减去提取的各种盈余公积和分配利润后的余额。

（四）收入

1. 收入的定义

收入是指企业在日常活动中形成的、会导致所有者权益增加的、与所有者投入资本无关的经济利益的总流入。收入是企业持续经营的基本条件,也是企业利润的主要来源。

根据收入的定义,收入具有以下几个特征。

(1) 收入是企业在日常活动中形成的。日常活动是指企业为完成其经营目标所从事的经常性活动以及与之相关的其他活动。例如,制造企业制造并销售产品、商业企业销售商品等,均属于企业为完成其经营目标所从事的经常性活动,由此产生的经济利益的总流入构成收入;制造企业转让无形资产使用权、出售原材料等,属于与经常性活动相关的其他活动,由此产生的经济利益的总流入也构成收入;但是制造企业处置固定资产、无形资产等活动,不属于企业为完成其经营目标所从事的经常性活动,也不属于与经常性活动相关的其他活动,由此产生的经济利益的总流入不构成收入。

(2) 收入会导致所有者权益的增加。与收入相关的经济利益的流入会导致所有者权益的增加,但是,导致所有者权益增加的经济利益的流入不一定是收入。例如,企业向银行借入的款项,尽管也导致了企业经济利益的流入,但该流入并不导致所有者权益的增加,反而使企业承担了一项现时义务。企业对于因借入款项所导致的经济利益的增加,不应将其确认为收入,而应当确认为一项负债。同时,导致所有者权益增加的不一定都是企业的收入,如接受外单位或个人的捐赠,它会导致企业所有者权益的增加,但会计上不能将其确认为日常活动的收入,而应确认为营业外收入。

(3) 收入是与所有者投入资本无关的经济利益的总流入。收入应当会导致经济利益的流入,从而导致资产的增加或者负债的减少,如收入能增加银行存款,或形成应收账款;也可能表现为企业负债的减少,如销售商品抵偿债务。但是,经济利益的流入有时是所有者投入资本的增加所导致的,所有者投入资本的增加不应当确认为收入,而应当将其直接确认为所有者权益。

2. 收入的确认条件

根据《企业会计准则第14号——收入》的规定,当企业与客户之间的合同同时满足下列条件时,企业应当在客户取得相关商品控制权时确认收入:

(1) 合同各方已批准该合同并承诺将履行各自义务;

(2) 该合同明确了合同各方与所转让商品或提供劳务相关的权利和义务;

(3) 该合同有明确的与所转让商品相关的支付条款;

(4) 该合同具有商业实质,即履行该合同将改变企业未来现金流量的风险、时间分布或金额;

(5) 企业因向客户转让商品而有权取得的对价很可能收回。

在企业会计核算中,通常按各项日常活动所处的地位不同,将收入区分为主营业务收入和其他业务收入。

(五) 费用

1. 费用的定义

费用是指企业在日常活动中发生的、会导致所有者权益减少的、与向所有者分配利润无关的经济利益的总流出。企业在生产经营活动中,一方面通过销售商品、提供劳务取得营业收入;另一方面发生各种耗费,导致经济利益流出企业,这种耗费就是会计上所说的费用。收入与费用配比相抵后的差额,即为企业在一段期间所取得的经营成果。

根据费用的定义,费用具有以下几个特征。

(1)费用是企业在日常活动中形成的。费用必须是企业在其日常活动中形成的,这些日常活动的界定与收入定义中涉及的日常活动的界定相一致。费用是企业在销售商品、提供劳务等日常活动中发生的经济利益的流出,是为取得收入而发生的经济利益的流出。

(2)费用会导致所有者权益的减少。与费用相关的经济利益的流出应当会导致所有者权益的减少,但导致所有者权益减少的经济利益的流出不一定是费用。例如,企业用银行存款购买原材料,尽管购买行为使得企业有经济利益流出,但并没有导致所有者权益减少,而是增加了另一项资产(存货),因此它不是费用。同样应注意的是,导致所有者权益减少的并不一定都是费用,如股利的分配会引起所有者权益的减少,但股利支出并不是费用。

(3)费用是与向所有者分配利润无关的经济利益的总流出。费用的发生应当会导致经济利益的流出,从而导致企业资产的减少或负债的增加,其表现形式包括现金或现金等价物的流出,存货、固定资产和无形资产等的流出或者消耗等。但是,并不是任何资产的减少或负债的增加都是费用,如企业偿还债务,会使企业的资产减少,但它不是费用。

2. 费用的确认条件

费用的确认除了应当符合定义,还要满足严格的条件,即费用只有在经济利益很可能流出,从而导致企业资产的减少或者负债的增加且经济利益的流出额能够可靠计量时才能予以确认。因此,费用的确认至少应当符合以下条件:

(1)与费用相关的经济利益很可能流出企业;
(2)经济利益流出企业的结果会导致资产的减少或者负债的增加;
(3)经济利益的流出额能够可靠计量。

会计核算中的费用是指与本期销售商品、提供劳务等营业收入相配比的各项费用,主要包括营业成本、税金及附加、管理费用、销售费用、财务费用等。

(六)利润

1. 利润的定义

利润是指企业在一定期间的经营成果。通常情况下,如果企业实现了利润,表明企业的所有者权益将增加,业绩得到了提升;反之,如果企业发生了亏损(即利润为负数),表明企业的所有者权益将减少,业绩下滑了。利润往往是评价企业管理层业绩的一项重要指标,也是投资者等财务报告使用者进行决策时的重要参考依据。

2. 利润的构成

利润是企业在一定经营期间的最终经营成果,包括收入减去费用后的净额、直接计入当期利润的利得和损失等,是综合反映企业经济利益的一个重要指标。当前我国利润表中的利润为综合收益,包括净利润与其他综合收益的税后净额。

净利润是指企业实现的利润总额扣除所得税费用以后的金额。其他综合收益的税后净额包括以后不能重分类进损益的其他综合收益和以后将重分类进损益的其他综合收益。

二、会计等式

（一）会计等式的含义

会计等式，即会计恒等式，也称为会计方程式，它反映资产、负债、所有者权益之间的数量关系。任何企业要开展生产经营活动都必须拥有一定的资产，这些资产分布在企业经济活动的各个环节，有不同的表现形态，如货币资金、原材料、房屋建筑物等。根据资产负债表的来源与运用观点，企业资产均有其来源，要么来源于投资者，形成企业的所有者权益；要么来源于债权人，形成企业的债权人权益，即企业的负债。因此，资产与负债和所有者权益实际上是同一价值运动的两个方面，两者必然相等。从数量上看，有一定数额的资产，就有一定数额的权益（包括所有者权益和债权人权益）；有一定数额的权益，就有一定数额的资产。资产和权益的这种相互依存的关系，决定了资产总额必然等于权益总额。这一基本平衡关系可以用计算公式表示为

$$资产=权益$$

或

$$资产=负债+所有者权益$$

上式为会计等式的基本形式，又称为静态会计（恒）等式，该等式揭示了会计要素之间的规律性联系，它是设置会计科目、复式记账和编制资产负债表的理论基础。

（二）经济业务的发生对会计等式的影响

经济业务又称为会计事项，是指在企业的生产经营活动中发生，引起会计要素增减变动的事项。发生于企业的经济业务可分为两大类：一类为外部经济业务，即因某一会计主体发生对外经济往来所产生的经济业务，如向银行取得借款、向供货单位购货、向客户销售产品等；另一类为发生于某一会计主体内部的经济业务，如生产过程中领用材料、支付职工工资等。企业在生产经营过程中发生的经济业务虽然多种多样，但是从它们引起会计要素变动的情况来看，不外乎表1-7中所示的几种类型。

表1-7　各项经济业务的发生对会计等式的影响

经济业务	资产=	负债+	所有者权益	变动类型
1	增加		增加	同时增加
2	增加	增加		
3	减少		减少	同时减少
4	减少	减少		
5	增加、减少			有增有减
6		增加、减少		
7			增加、减少	
8		增加	减少	
9		减少	增加	

下面结合企业经营过程中发生的经济业务，举例说明资产、负债、所有者权益的增减

变化及其对会计等式的影响。

【例 1-1】张三、李四和王五三人共同出资开办滨海打印社，从事打印、复印等业务。按照协议约定，张三出资作价 80 000 元的房屋，李四出资作价 50 000 元的计算机、复印机，王五出资 20 000 元的现金。三人按出资比例享有对企业的所有权。

这笔经济业务使得该企业的资产总额增加 150 000 元，其中，房屋 80 000 元，计算机、复印机 50 000 元，现金 20 000 元，所有者权益增加 150 000 元。会计等式的两边同时增加 150 000 元，双方总额保持平衡。

【例 1-2】为开展业务，滨海打印社向银行借入短期借款 30 000 元，存入银行。

这笔经济业务使得滨海打印社的资产增加了 30 000 元，同时，负债增加了 30 000 元，会计等式的两边同时增加 30 000 元，双方总额仍保持平衡。

【例 1-3】将上一年利润的一部分以现金股利的形式分派给股东 100 000 元，用银行存款支付。

这笔经济业务使得资产和所有者权益同时减少 100 000 元，会计等式两边同时减少，等式平衡关系不变。

【例 1-4】偿还上一年的短期借款 30 000 元，用银行存款支付。

这笔经济业务使得资产和负债同时减少 30 000 元，会计等式两边同时减少，等式平衡关系不变。

【例 1-5】收到客户所欠的货款 120 000 元，已存入银行。

这笔经济业务使得资产内部项目一增一减，金额均为 120 000 元，等式平衡关系不变。

【例 1-6】向银行借入 200 000 元短期借款，直接偿还供货方的欠款。

这笔经济业务使得负债内部项目一增一减，金额均为 200 000 元，等式平衡关系不变。

【例 1-7】经董事会研究决定，将盈余公积金 50 000 元用于转增资本。

这笔经济业务使得所有者权益内部项目一增一减，金额均为 50 000 元，等式平衡关系不变。

【例 1-8】经董事会研究决定，发放现金股利 40 000 元，尚未支付。

这笔经济业务一方面使得负债方的应付股利增加 40 000 元，另一方面使得所有者权益方的未分配利润减少 40 000 元，会计等式右边有增有减，等式平衡关系不变。

【例 1-9】经与甲供应商协商，甲供应商同意将滨海打印社所欠货款 160 000 元转为对滨海打印社的投资。

这笔经济业务一方面使得负债方的应付账款减少 160 000 元，另一方面使得所有者权益方的实收资本增加 160 000 元，会计等式右边有增有减，等式平衡关系不变。

通过上述分析可以看出：不论发生何种经济业务，在任何时点上，"资产=负债+所有者权益"这个会计等式都成立。

随着经营活动的进行，企业将取得各项收入，同时也必然发生相关的费用。企业在一定时期的收入扣除相关的费用后，即为企业的利润。企业利润的取得，表明企业资产总额和净资产的增加。由于利润只归属于所有者，利润的实现意味着企业所有者权益的增加；反之，若企业发生亏损，就意味着企业所有者权益的减少。用等式表示为

$$资产=负债+所有者权益+利润$$

或

$$资产=负债+所有者权益+（收入-费用）$$

上式为会计等式基本形式的扩展形式，动态地反映了企业财务状况和经营成果之间的关系。财务状况反映了企业在特定日期资产的存量情况，而经营成果则反映了企业在一定期间内资产的增量或减量。企业的经营成果最终会影响企业的财务状况，企业实现利润将使企业资产存量增加或负债减少，发生亏损将使企业资产存量减少或负债增加。待期末结账后，利润归入所有者权益项目，会计等式又恢复成基本形式，即"资产=负债+所有者权益"。因此，会计等式的扩展形式又称为动态等式。

取得收入表现为资产和收入同时增加，或者取得收入的同时负债减少；发生费用表现为资产的减少，或者发生费用的同时负债增加。但不管怎样，均不会破坏会计等式的恒等关系。

通过上述分析，可以得出如下结论：企业在生产经营过程中发生的每一项经济业务，都必然会引起会计等式中一方或双方发生等额的变化，当涉及等式双方时，必然会出现同方向的变化（同增同减）；当只涉及等式一方时，则必然出现方向相反的变化（一增一减）。由此可见，企业任何一项经济业务的发生都不会影响或破坏资产、负债和所有者权益之间的恒等关系。

第五节 会计核算的基本前提与基础

一、会计核算的基本前提

会计核算的基本前提又称为会计假设，是对会计核算所处的时间、空间范围所做的合理设定。因为这些设定都是根据合理推断或人为规定做出的，所以也称为会计假设。

会计假设不是毫无根据的虚构设想，而是在长期的会计实践中人们通过逐步认识和总结形成的，是对客观情况合乎事理的推断。会计假设规定了会计核算工作赖以存在的一些基本前提条件，是企业设计和选择会计方法的重要依据，只有规定了这些会计假设，会计核算才能得以正常进行下去。因此，会计假设既是会计核算的基本依据，也是制定会计准则和会计核算制度的重要指导思想。

会计假设通常包括会计主体、持续经营、会计分期和货币计量四个假设。

（一）会计主体

会计主体是指会计工作为之服务的特定单位或组织，它确定了会计核算的空间范围，即在会计核算中，会计确认、计量和记录所加工整理的会计数据均被界定在一个独立核算的经济实体之内。基于这一假设，会计反映的只能是它所在的特定单位的经济活动，而不包括企业所有者的经济活动和其他单位的经济活动。

一般来讲，凡是独立核算的单位在会计上都设定为一个会计主体，它包括独立核算的企业及企业内部的独立核算单位。会计只记录本主体的账，只核算和监督本主体发生的经济业务。只有明确会计主体这一基本前提，才能使会计的核算范围得以清楚界定；才能使企业的财务状况、经营成果独立地反映出来；企业的所有者及债权人，以及企业的管理人员和企业会计报表的其他使用者，才有可能从会计记录和会计报表中获得有价值的会计信息，从而做出是否对企业进行投资或改善企业经营管理的决策。

会计主体作为一个经济实体与企业法人主体是不完全相同的。法人是指在政府部门注册登记、有独立的财产、能够独立承担民事责任的法律实体，它强调企业与各方面的经济法律关系；而会计主体则是按照正确处理所有者与企业的关系，以及正确处理企业内部关系的要求设立的。会计主体不同于法律主体。一般来说，法律主体必然是一个会计主体，但会计主体不一定都是法律主体。会计主体可以是一个法律主体内部的各个单位，也可以是由若干法人单位组成的一个集团。

（二）持续经营

持续经营是指在可以预见的未来，企业按照既定的经营方针和目标继续经营下去，不会停业，也不会大规模削减业务。会计核算应当以企业持续、正常的生产经营活动为前提，每个企业从开始营业起，从主观愿望上看，都希望能永远地正常经营下去。但是在市场经济条件下，竞争非常激烈，每个企业都有被淘汰的危险，这是不以人们的意志为转移的。在此情况下，会计应如何进行核算和监督呢？应立足于持续经营还是立足于即将停业清理呢？两者的会计处理方法完全不同。在一般情况下，持续经营的可能性比停业清理大得多，尤其是现代化大生产和经营客观上要求持续，因此，会计应立足于持续经营这一假设。

会计正是在持续经营这一前提条件下，才可能建立起会计确认和计量的原则，使会计方法和程序建立在非清算的基础之上，解决了很多财产计价和收益确认的问题，保持了会计信息处理的一致性和稳定性。

（三）会计分期

持续经营的假定意味着企业经济活动在时间的长河中无休止地运行，那么，在会计实践活动中，会计人员提供的会计信息应从何时开始，又在何时终止？显然，要等到企业的经营活动全部结束时再进行盈亏核算和编制财务报表是不可能的。因此，会计核算应当划分会计期间，即人为地将持续不断的企业生产经营活动划分为一个个首尾相接、等间距的会计期间，通常为一年，这里的一年既可以是日历年，也可以是营业年。我国规定以日历年作为企业的会计年度，即以公历1月1日至12月31日作为一个会计年度。此外，企业还需按半年、季度、月份编制报表，即把半年、季度、月份也作为一种会计期间。

（四）货币计量

货币计量是指企业在会计核算过程中采用货币作为计量单位，记录、反映企业的经营情况。企业在日常的经营活动中，有大量错综复杂的经济业务。在企业的整个生产经营活动中所涉及的业务又表现为一定的实物形态，如厂房、机器设备、现金、各种存货等。由于它们的实物形态不同，可采用的计量方式也多种多样。为了全面反映企业的生产经营活动，会计核算客观上需要一种统一的计量单位作为会计核算的计量尺度。因此，会计核算就必然选择货币作为会计核算的计量单位，以货币形式来反映企业生产经营活动的全过程。这就产生了货币计量这一会计核算前提。因此，我国《会计法》规定，"会计核算以人民币为记账本位币"。业务收支以人民币以外的货币为主的企业，可以选定其中一种货币作为记账本位币，但是编制财务报告时应当折算为人民币。在境外设立的中国企业向国内报送的财务报告也应当折算为人民币。

依据《企业会计准则——基本准则》第四十二条，会计计量属性主要包括以下几项。

（1）历史成本。在历史成本计量下，资产按照购置时支付的现金或者现金等价物的金额，或者按照购置资产时所付出的对价的公允价值计量。负债按照因承担现时义务而实际收到的款项或者资产的金额，或者承担现时义务的合同金额，或者按照日常活动中为偿还负债预期需要支付的现金或者现金等价物的金额计量。

（2）重置成本。在重置成本计量下，资产按照现在购买相同或者相似资产所需支付的现金或者现金等价物的金额计量。负债按照现在偿付该项债务所需支付的现金或者现金等价物的金额计量。

（3）可变现净值。在可变现净值计量下，资产按照其正常对外销售所能收到现金或者现金等价物的金额扣减该资产至完工时估计将要发生的成本、估计的销售费用以及相关税费后的金额计量。

（4）现值。在现值计量下，资产按照预计从其持续使用和最终处置中所产生的未来净现金流入量的折现金额计量。负债按照预计期限内需要偿还的未来净现金流出量的折现金额计量。

（5）公允价值。在公允价值计量下，资产和负债按照在公平交易中，熟悉情况的交易双方自愿进行资产交换或者债务清偿的金额计量。

企业在对会计要素进行计量时，一般应当采用历史成本计量，采用重置成本、可变现净值、现值、公允价值计量的，应当保证所确定的会计要素金额能够取得并能够可靠计量。

二、会计核算的基础

《企业会计准则——基本准则》第九条规定，企业应当以权责发生制为基础进行会计确认、计量和报告。权责发生制是指凡是当期已经实现的收入和已经发生或应负担的费用，不论款项是否收付，都应作为当期收入和费用处理；凡是不属于当期的收入和费用，即使款项已经在当期收付，也不应作为当期的收入和费用处理。按照权责发生制，对于收入的确认应以实现为原则，判断收入是否实现，主要看产品是否已经完成销售过程、劳务是否已经提供，如果产品已经完成销售过程、劳务已经提供，并已取得收款的权利，收入就算实现，而不论是否已经收到货款，都应计入当期收入。对费用的确认应以发生为原则，判断费用是否发生，主要看与其相关的收入是否已经实现，费用是否与收入相配比。如果某项收入已经实现，那么与之相关的费用就已经发生，而不论这项费用是否已经付出。与权责发生制相对应的是收付实现制，在收付实现制下，对收入和费用的入账，完全按照款项实际收到或支付的日期为基础来确定它们的归属期。根据权责发生制进行收入与成本费用的核算，能够更加准确地反映特定会计期间企业真实的财务状况及经营成果。下面通过例子来说明权责发生制和收付实现制的区别与联系。

假设某公司20××年5月发生如下经济业务：

（1）支付本月水电费450元；

（2）预付下季度保险费600元；

（3）本月负担房屋租金 300 元，尚未支付；

（4）本月负担、下月才支付的借款利息 80 元；

（5）支付上月负担的修理费 100 元；

（6）计提本月设备折旧费 750 元；

（7）本月应计佣金收入 560 元；

（8）收到上月提供劳务收入 240 元；

（9）本月销售商品收到货款 1500 元；

（10）本月销售商品，货款 900 元尚未收到。

按照权责发生制和收付实现制对以上经济业务确认的收入和费用如表 1-8 所示。

表 1-8　权责发生制和收付实现制确认的收入和费用　　　　　　　　　　单位：元

业务序号	权责发生制		收付实现制	
	收　入	费　用	收　入	费　用
（1）		450		450
（2）				600
（3）		300		
（4）		80		
（5）				100
（6）		750		
（7）	560			
（8）			240	
（9）	1500		1500	
（10）	900			
合计	2960	1580	1740	1150

由表 1-8 可以看出，同样的经济业务，在两种核算基础下确认的收入和费用是不相同的。

第六节　企业会计准则和会计法律法规体系

一、企业会计准则体系

会计准则是会计人员从事会计工作必须遵循的基本原则，它规范了会计核算工作。企业会计准则对经济业务的具体会计处理做出规定，以指导和规范企业的会计核算，保证会计信息的质量。我国的企业会计准则体系分为三个层次，如图 1-4 所示。

（一）基本准则

基本准则在准则体系中起统驭作用，它规定了整个准则体系的目的、假设和前提条件、基本原则、会计要素及其确认与计量、会计报表的总体要求等内容。

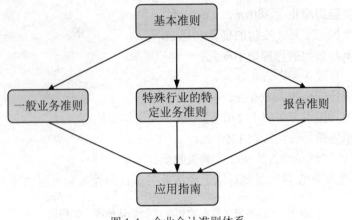

图 1-4 企业会计准则体系

（二）具体准则

具体准则是按照基本准则的内容要求，针对各种经济业务和报告做出的具体规定。它的特点是操作性强，可以根据其直接组织该项业务的核算，如固定资产、公允价值计量等。具体准则分为一般业务准则、特殊行业的特定业务准则和报告准则三类。一般业务准则要解决如货币性资产、应收账款等各行业共同业务的处理；特殊行业的特定业务准则主要解决外币业务、租赁业务等特殊业务的会计处理；报告准则主要是规范企业的会计报表编制方法和信息披露的准则。目前，具体准则包括《企业会计准则第 1 号——存货》《企业会计准则第 2 号——长期股权投资》等共 42 个[①]。

（三）应用指南

会计准则应用指南是根据基本准则、具体准则制定的，用以指导会计实务的操作性指南。它有助于会计人员完整、准确地理解和掌握会计准则，确保其贯彻实施。

二、会计法律法规体系

会计法律法规是组织会计工作、处理会计事务应遵循的有关法律、制度、规章的总称。如要规范会计工作，维护社会主义市场经济秩序，就需要加强会计工作的法制建设，建立健全会计法规体系。

我国的会计法律法规体系可分为三个层次，如图 1-5 所示。

首先是会计法律，即《中华人民共和国会计法》。它经全国人民代表大会通过后颁布，是会计法律制度中层次最高的法律规范，是制定其他会计法规的依据，也是指导会计工作的最高准则。

其次是会计行政法规。它是调整经济生活中某些方面会计关系的法律规范。会计行政法规的制定依据是《中华人民共和国会计法》，由国务院制定并颁布或者由国务院有关部门拟定经国务院批准后颁布。

[①] 执行新收入准则的企业，不再执行《企业会计准则第 15 号——建造合同》（因为其已与 14 号准则合并）。

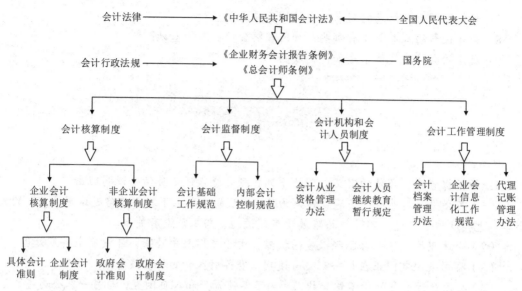

图 1-5　会计法律法规体系

最后是会计部门规章制度。它是指由主管全国会计工作的行政部门——财政部依据会计法律和会计行政法规,就会计工作中某些方面内容所制定的规范性文件。国务院有关部门根据其职责制定的会计方面的规范性文件,如实施国家统一的会计制度的具体办法等,也属于会计规章,但必须报财政部审核批准。

延伸阅读　会计职业发展与会计职业道德规范

思 考 题

1. 为什么说会计是随着生产实践和经济管理的客观需要而产生和发展的?
2. 什么是企业?企业的组织形式有哪些?企业的主要经济活动包括哪些内容?
3. 如何从会计的视角理解企业经济活动?如何从企业经济活动的视角理解财务报表信息?
4. 会计信息的使用者有哪些?如何利用会计信息做出决策?
5. 会计的职能有哪些?请分别说明。
6. 会计要素有哪些?它们之间有何关系?

7. 如何理解会计信息的需求与会计信息质量要求？
8. 会计核算的基本前提有哪些？如何理解会计核算的基础？
9. 我国的会计法规体系是如何构成的？

业务计算题

1. 请根据资产、负债的定义，确认下列各项是资产还是负债并说明理由。
   （1）某公司大门外有一条笔直的大马路，工厂的工人上下班都要路过这里，工厂的大小车辆也要从这里经过。不过该马路属于市政设施，与工厂没有关系。
   （2）仓库里堆放了一台已经报废的机器，由于工厂人手紧张，还没有来得及处理。
   （3）公司采购部门正在与一家公司谈判，准备引入新的机器设备。
   （4）公司最近业务处于不饱和状态，为了不使资产和人员闲置，与另一家公司签订了一项来料加工合同，委托方已经把各种材料物资运抵公司。
   （5）公司采用融资租赁的方式租入设备2台。
   （6）公司用银行存款购入了3辆汽车。
   （7）公司售出一批价值10万元的货物，但货款尚未收到。
   （8）公司为了提高产品的竞争力储备了大批研发人才。
   （9）公司采用赊购的方式购入一批办公设备，签发了一张为期3个月的票据。
   （10）月末，公司按工人加工服装的数量计算应付职工的工资，但工资发放日在下个月。
   （11）公司向银行借入30 000元，期限为3个月，年利率为5%。
   （12）公司在销售商品的同时，附有一张产品质量保证书，在6个月之内，对所售产品全部实行"包修、包退、包换"的"三包"协议。
   （13）由于公司拖欠供货商的货款，供货商聘请法律顾问将公司告上法庭，案件正在进一步审理过程中，对方胜诉的可能性很大。

2. A公司本月发生以下收入与费用业务：
   （1）销售商品并收到货款100 000元；
   （2）本月应计为收入但未收到货款60 000元；
   （3）收到上个月已计收入的款项30 000元；
   （4）预收销售款10 000元；
   （5）实现以前月份预售货物的销售收入50 000元；
   （6）本月支付并负担的费用20 000元；
   （7）本月负担但需下个月支付的费用6000元；
   （8）本月负担以前月份已预付的费用12 000元；
   （9）支付上个月应负担的费用3000元；
   （10）预付下个月应负担的费用4000元。

要求：
   （1）根据上述资料分别确定在权责发生制和收付实现制下本月的收入与费用。
   （2）说明两种计算方法对收入、费用和盈亏的影响。

3. ABC 公司某月末各项目余额如下：
（1）出纳员处存放现金 0.2 万元；
（2）存入银行的存款 250 万元；
（3）投资者投入的资本金 1250 万元；
（4）向银行借入三年期的借款 50 万元；
（5）向银行借入半年期的借款 30 万元；
（6）原材料库存 45 万元；
（7）生产车间正在加工的产品 35 万元；
（8）产成品库存 52 万元；
（9）应收外单位产品货款 4.3 万元；
（10）应付外单位材料货款 4.5 万元；
（11）持有交易性金融资产 6 万元；
（12）公司办公楼价值 570 万元；
（13）公司机器设备价值 420 万元；
（14）公司运输设备价值 53 万元；
（15）公司的资本公积金共 96 万元；
（16）公司的盈余公积金共 44 万元；
（17）欠某企业商品款 20 万元；
（18）拥有某企业发行的三年期公司债券 65 万元；
（19）上年尚未分配的利润 6 万元。

要求：划分各项目的类别（资产、负债或所有者权益），并将各项目金额填入表 1-9 中，并计算资产、负债、所有者权益各要素金额的合计值。

表 1-9　ABC 公司某月末各项目余额　　　　　　　　　　　　　　　　　　　单位：万元

资产		负债		所有者权益	
序号	金额	序号	金额	序号	金额
合计		合计		合计	

4. 假设 BCD 公司 20××年 12 月 31 日的资产、负债和所有者权益的情况如表 1-10 所示。

表 1-10　BCD 公司资产负债表　　　　　　　　　　　　　　　　　　　　　　单位：元

资产	金额	负债及所有者权益	金额
库存现金	1000	短期借款	10 000
银行存款	27 000	应付账款	32 000
应收账款	35 000	应交税费	9000
原材料	45 000	长期借款	B
长期股权投资	A	实收资本	240 000
固定资产	200 000	资本公积	20 000
合计	355 000	合计	C

要求：
(1) 计算表 1-10 中 A、B、C 的数值。
(2) 计算该企业的流动资产总额。
(3) 计算该企业的流动负债总额。
(4) 计算该企业的净资产总额。

思政案例讨论题

1. 20××年12月，因产品销售不畅，滨海公司的新产品研发受阻。公司财务部预测公司本年度将亏损500万元。刚刚上任的公司总经理责成总会计师张某一定要想办法实现当年盈利目标，并授意说："实在不行，可以对会计报表做一些技术处理。"总会计师张某很清楚公司本年度亏损已成定局，要落实总经理的盈利目标，只能在财务报表上做手脚。他左右为难：如果不按总经理的意见办，自己以后在公司待不下去；如果按总经理的意见办，自己也有风险。为此，张某思想负担很重，不知如何是好。

请问：
如果你是总会计师张某，会如何处理？

2. 《孟子·万章下》记载："孔子尝为委吏矣，曰：'会计当而已矣'；尝为乘田矣，曰：'牛羊茁壮长而已矣'。"

请问：
(1) "会计当而已矣"这句话中的"当"字该如何理解？
(2) 在当今社会，这句话对会计工作有什么启示？

资料来源：会计趣闻——"会计"一词的起源探究[EB/OL]．（2015-10-27）．http://www.360doc.com/content/15/1027/12/28622605_508702243.shtml.

习题参考答案

第二章　日常会计信息处理

本章导读

本章主要介绍了会计信息的生成过程中所运用的各种会计核算方法，重点介绍了运用借贷记账法处理日常的会计业务，并以制造企业为例，依据最新企业会计准则，按照制造企业的主要业务环节，分别介绍了制造企业资金筹资、采购、生产、销售、对外投资以及利润的形成与分配等主要经济业务的核算。此外，在延伸阅读部分介绍了会计核算程序的相关内容。

学习目标

1. 了解会计循环的含义和内容。
2. 了解经济业务的含义，掌握会计凭证填制与审核以及会计账簿登记的方法。
3. 正确理解复式记账的概念、特点，熟练掌握借贷记账法的基本原理与应用。
4. 了解制造企业的主要业务环节，把握各环节的主要经济业务。
5. 正确使用账户，掌握各业务环节中典型经济业务的会计处理方法。

问题导引

小郑是刚分配到公司财务部门的一名会计，主要负责核算岗位的工作，公司各部门有大量单据要经由小郑处理和传递。小郑每天拿到各部门转来的单据后，首先按照要求对原始单据进行审核。他在审核采购员小周20××年6月5日提供的住宿发票时，发现住宿发票金额栏数字有更改的迹象，因此，不能依据此凭证进行相应的业务处理。小郑联系了小周，告诉其需要联系住宿发票开具单位，更正住宿发票后再来办理报销业务。小周与住宿发票开具单位沟通后重新开具了发票，并连同其他需要提交的单据一起再次提交给小郑审核，小郑按照原始凭证审核要求重新审核了新发票，并依据审核无误的相关单据，运用借贷记账法填制记账凭证，填好后又将凭证传递给会计主管进行审核，而此时将这一切看在眼里的采购员小周很好奇小郑是如何判断住宿发票是否符合规定，又是如何将其处理为会计信息的。

第一节 会计循环概述

一、会计循环的含义

企业每天发生的经济业务成百上千,会计人员作为会计信息的提供者应如何处理这些经济业务,并通过加工这些经济业务数据来满足会计信息使用者的需要呢?要实现向会计信息的使用者提供他们所需的会计信息,会计人员需要按照一定的程序加工处理会计信息,这一程序就涉及本章将要介绍的会计循环问题。

所谓会计循环,是指会计人员将企业一定时期内所发生的经济业务,按照一定的程序和方法加以记录、归类、汇总直至编制成会计报表为止的一系列会计处理程序,也是企业从一个会计期间期初开始至期末结束,周而复始地进行会计核算的工作程序。通过会计循环能够将企业发生的错综复杂的经济业务以货币的形式有条不紊地加以综合,从而形成系统的、有用的会计信息。

二、会计循环的内容

由于每个企业的规模大小、经济业务的性质和繁简程度各有特点,在具体进行会计核算工作时,其要求有所不同,但一个完整的会计循环应该包括如下基本步骤。

(1)取得或填制原始凭证。经济业务发生后,会计部门首先应取得或填制能够证明经济业务发生的原始凭证,并审核其合法性和合理性。

(2)编制记账凭证。分析原始凭证上记载的每项或每类经济业务,根据其内容,按照规定的会计科目和借贷记账法的要求,确定应借、应贷会计科目和金额,确定会计分录,编制记账凭证。

(3)登记账簿。将会计凭证的内容登记到日记账、分类账中,以便分类、连续地反映发生的经济业务。

(4)试算平衡。每一会计期末,根据各账户的发生额和余额,编制试算平衡表,主要是对全部账户借方、贷方发生额和余额进行平衡试算,用以检查会计分录和过账中有无错误。

(5)账项调整。每一会计期末,根据权责发生制的要求,划清应归属和不应归属于本期的收入和费用,进行账项调整,编制调整分录,并过入分类账。

(6)结账。会计期末,经过试算确认账簿记录无误后即进行结账,一般将收入和费用等过渡性账户予以结清转入"本年利润"账户,于下年度重新开设此类账户。同时,将资产、负债和所有者权益账户年末结算后转入下年度作为期初数。

(7)编制会计报表。会计期末,根据账簿编制资产负债表、利润表和现金流量表等,以反映企业财务状况、经营成果和现金流量，为会计信息使用者提供必要的信息。

一个完整的会计循环的基本步骤如图 2-1 所示。

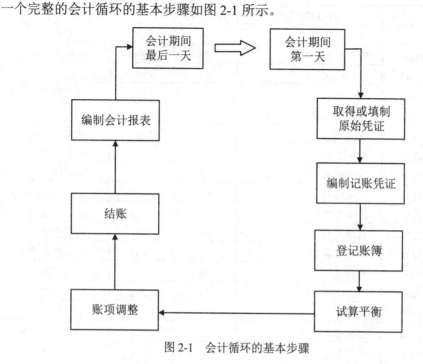

图 2-1　会计循环的基本步骤

第二节　账户与复式记账

一、会计科目与会计账户

（一）会计科目

会计科目是对会计对象的具体内容（会计要素）进行分类核算的项目。每个会计科目都应明确反映特定的经济内容。通过设置会计科目，可以对会计要素的具体内容进行科学归类，以便更加系统地反映和监督企业的各类经济活动，从而有利于会计信息的对比、分析和汇总，提高会计工作的质量和效率，也便于会计信息的使用者掌握和分析企业的财务状况、经营成果和现金流量。会计科目可以按不同标准进行分类，比较常用的分类标准有两个：一是按照会计科目反映的经济内容分类；二是按照会计科目反映经济业务内容的详细程度分类。

1. 按照会计科目反映的经济内容分类

在《企业会计准则应用指南——会计科目和主要账务处理》中规定了会计科目包括资产类、负债类、共同类、所有者权益类、成本类、损益类六大类。制造企业常用的会计科目（已简化）如表 2-1 所示。

表2-1 制造企业常用的会计科目

顺序	编号	会计科目名称	顺序	编号	会计科目名称
		一、资产类	39	1605	工程物资
1	1001	库存现金	40	1606	固定资产清理
2	1002	银行存款	41	1701	无形资产
3	1015	其他货币资金	42	1702	累计摊销
4	1101	交易性金融资产	43	1703	无形资产减值准备
5	1121	应收票据	44	1711	商誉
6	1122	应收账款	45	1801	长期待摊费用
7	1123	预付账款	46	1811	递延所得税资产
8	1131	应收股利	47	1901	待处理财产损溢
9	1132	应收利息			二、负债类
10	1221	其他应收款	48	2001	短期借款
11	1231	坏账准备	49	2101	交易性金融负债
12	1401	材料采购	50	2201	应付票据
13	1402	在途物资	51	2202	应付账款
14	1403	原材料	52	2203	预收账款
15	1404	材料成本差异	53	2211	应付职工薪酬
16	1405	库存商品	54	2221	应交税费
17	1406	发出商品	55	2231	应付利息
18	1407	商品进销差价	56	2232	应付股利
19	1408	委托加工物资	57	2241	其他应付款
20	1411	周转材料	58	2245	持有待售负债
21	1421	消耗性生物资产	59	2401	递延收益
22	1461	融资租赁资产	60	2501	长期借款
23	1471	存货跌价准备	61	2502	应付债券
24	1481	持有待售资产	62	2701	长期应付款
25	1482	持有待售资产减值准备	63	2702	未确认融资费用
26	1501	债权投资	64	2801	预计负债
27	1502	债权投资减值准备	65	2901	递延所得税负债
28	1503	其他债权投资			三、共同类
29	1504	其他权益工具投资			略
30	1511	长期股权投资			四、所有者权益类
31	1512	长期股权投资减值准备	66	4001	实收资本
32	1521	投资性房地产	67	4002	资本公积
33	1531	长期应收款	68	4101	盈余公积
34	1532	未实现融资收益	69	4103	本年利润
35	1601	固定资产	70	4104	利润分配
36	1602	累计折旧			五、成本类
37	1603	固定资产减值准备	71	5001	生产成本
38	1604	在建工程	72	5101	制造费用

续表

顺 序	编 号	会计科目名称	顺 序	编 号	会计科目名称
73	5301	研发支出	83	6402	其他业务成本
		六、损益类	84	6403	税金及附加
74	6001	主营业务收入	85	6601	销售费用
75	6051	其他业务收入	86	6602	管理费用
76	6061	汇兑损益	87	6603	财务费用
77	6101	公允价值变动损益	88	6701	资产减值损失
78	6111	投资收益	89	6702	信用减值损失
79	6115	资产处置损益	90	6711	营业外支出
80	6117	其他收益	91	6801	所得税费用
81	6301	营业外收入	92	6901	以前年度损益调整
82	6401	主营业务成本			

2. 按照会计科目反映经济业务内容的详细程度分类

会计科目按其所提供指标的详细程度不同，可分为总分类科目和明细分类科目两类。

（1）总分类科目，也称为一级科目或总账科目，是对会计要素具体内容进行总分类核算的科目，如库存现金、短期借款、管理费用等。目前，总分类科目由财政部统一制定，详情参见《企业会计准则应用指南——会计账目和主要账务处理》。

（2）明细分类科目，也称为明细科目或细目，是对总分类科目的经济内容所做的进一步分类，是进行明细分类核算的依据，如在银行存款总分类科目下设置中国建设银行存款、中国银行存款等明细科目，详细反映银行存款的具体情况。明细分类科目一般由企业根据自身需要进行设置，但是一些较为重要的、涉及国家统筹安排的经济业务是由国家统一设置科目，如应交税费的明细分类科目等。

（二）会计账户

1. 账户的概念

所谓账户，就是根据会计科目开设的，具有一定的结构，用来系统地、连续地记载各项经济业务的一种载体。每个账户都有一个简明的名称，用以说明该账户的经济内容。会计科目就是账户的名称，会计科目所反映的经济内容就是账户所要登记的内容。

正确地设置和运用账户，可以系统地、分门别类地反映和监督企业经济业务的发生情况，以及由此而引起的资产、负债、所有者权益、收入、费用和利润各要素的变动情况，便于提供经济业务所引起的有关会计要素具体内容增、减变动及变动结果的数据，从而向会计信息使用者提供有用的会计信息，对投资者做出正确的投资决策、债权人做出正确的信贷决策、企业管理部门加强内部管理都具有重要的意义。

2. 账户的基本结构

为了全面、系统地记录各项经济业务，账户除了要有明确的经济内容，还需要有一定的结构，借以登记经济业务所引起的资金数量的变化及变化结果。从数量上看，不外乎增加和减少两种情况，因此，账户的结构也相应地划分为两个基本部分，即左右两方，分别记录增加额和减少额。至于哪一方记录增加，哪一方记录减少，则取决于所采用的记账方法和所记录的经济业务的内容。增减相抵后的差额称为账户余额,余额通常与增加额在同一方向。账户的余额按照表示时间的不同,可分为期初余额和期末余额。会计期间内的增加额和减少额称为发生额。因此,账户记录中可以列出期初余额、本期增加额、本期减少额和期末余额,它们之间的关系可以用公式表示为

$$期末余额=期初余额+本期增加额-本期减少额$$

任何一个账户所包含的基本内容包括:① 账户的名称(即会计科目);② 经济业务发生的日期和凭证的编号(账户记录的时间及来源);③ 经济业务的内容摘要;④ 增加或减少的金额和余额。会计实务中账户的一般格式如表 2-2 所示。

表 2-2 账户名称(会计科目)

年		凭证编号	摘 要	借 方	贷 方	借 或 贷	余 额
月	日						

为了便于说明账户的基本结构,在会计教学中往往用简化了的 T 字形账户表示,如图 2-2 所示。

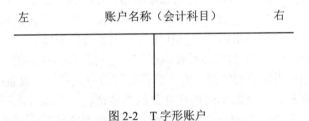

图 2-2 T 字形账户

会计科目与会计账户是两个不同的概念,两者之间既有联系又有区别。两者的联系在于:会计账户是依据会计科目设置的,会计科目是会计账户的名称;会计账户是会计科目的具体运用,会计科目所要反映的经济内容就是会计账户所要登记的内容。两者的区别在于:会计科目是对会计要素进行分类核算的项目,会计科目本身没有结构,因而不能用来记录经济业务及其增减变化情况;而会计账户不仅要有明确的经济内容,而且要有一定的结构,并通过账户的结构来核算会计要素的增减变动情况。

二、复式记账

复式记账法是指对于发生的每一笔经济业务都要以相等的金额,同时在两个或两个以上相互联系的账户中进行登记的一种记账方法。复式记账法一般分为借贷记账法、增减记账法和收付记账法三种。目前在世界各国普遍采用借贷记账法。

(一)借贷记账法

1. 借贷记账法的含义

借贷记账法是以"借""贷"作为记账符号,对发生的每项经济业务以相等的金额,在

两个或两个以上相互联系的账户中记录增减变化情况的一种复式记账方法。

在借贷记账法下,"借""贷"两字的含义最初是从借贷资本家的角度解释,但随着商品经济的发展,"借""贷"两字逐渐失去原来的含义,转化为纯粹的记账符号,用以标明记账的方向。

2. 借贷记账法下的账户结构

在借贷记账法下,账户的左边是借方,右边是贷方,分别用来登记增加或减少的金额,其基本格式如图 2-3 所示。

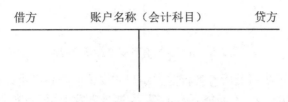

图 2-3 借贷记账法账户结构

采用借贷记账法时,账户的借贷两方必须做相反方向的记录,即对于每个账户来说,如果规定借方用来登记增加额,则贷方就必然用来登记减少额;如果规定借方用来登记减少额,则贷方就必然用来登记增加额。究竟哪一方登记增加额,哪一方登记减少额,取决于账户的性质。不同性质的账户,其结构是不同的。

(1)资产类账户的结构。资产类账户的借方记录资产的增加,贷方记录资产的减少,余额一般在借方,表示期末资产的结余数。

资产类账户结构用 T 字形账户表示,如图 2-4 所示。

借方	资产类会计科目	贷方
期初余额		
本期增加额		本期减少额
本期借方发生额		本期贷方发生额
期末余额		

图 2-4 资产类账户结构

通常,把在一个会计期间(如月、季、年)内借方记录的合计数称为本期借方发生额,把贷方记录的合计数称为本期贷方发生额,将期初余额、本期借方发生额、本期贷方发生额、期末余额称为账户四要素。在借贷记账法下,资产类账户四要素的关系可用计算公式表示为

$$期初余额+本期借方发生额-本期贷方发生额=期末余额$$

(2)负债及所有者权益类账户的结构。由会计等式"资产=负债+所有者权益"可知,负债及所有者权益类账户的性质与资产类账户的性质是相反的,因此,其账户结构与资产类账户的结构也正好相反,即贷方登记负债及所有者权益的增加,借方登记负债及所有者权益的减少,余额一般在贷方。

负债及所有者权益类账户结构用 T 字形账户表示,如图 2-5 所示。

图 2-5　负债及所有者权益类账户结构

在借贷记账法下,负债及所有者权益类账户四要素的关系可用计算公式表示为

期初余额+本期贷方发生额−本期借方发生额=期末余额

(3) 收入类账户的结构。收入类账户的结构与负债及所有者权益类账户的结构相同,即贷方登记增加数,借方登记减少数。会计期末,将本期收入增加额减去本期收入减少额后的差额从该账户全额转出,转入"本年利润"账户,因此,收入类账户期末一般无余额。

收入类账户结构用 T 字形账户表示,如图 2-6 所示。

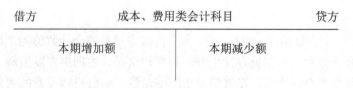

图 2-6　收入类账户结构

(4) 成本、费用类账户的结构。在企业生产过程中所发生的费用和形成的成本,从实质上讲,是资产的转化。因此,成本、费用实质上是处于转化过程或形成过程中的资产,它们的账户结构与资产类账户结构相一致,即借方登记增加数,贷方登记减少数。会计期末,将本期费用增加额减去本期费用减少额后的差额从该账户全额转出,转入"本年利润"账户,因此,成本、费用类账户期末一般无余额,若有余额也应在借方。

成本、费用类账户结构用 T 字形账户表示,如图 2-7 所示。

借方	成本、费用类会计科目	贷方
本期增加额		本期减少额

图 2-7　成本、费用类账户结构

综上所述,对各账户借方、贷方所记录的经济内容进行归纳,如图 2-8 所示。

3. 借贷记账法的记账规则

根据复式记账原理,对于每一项经济业务都必须以相等的金额,在两个或两个以上相互联系的账户中进行登记。既然借贷记账法是一种复式记账方法,那么一项经济业务发生后，按其发生额，一方面应记入一个或几个有关账户的借方，另一方面应记入一个或几个有关账户的贷方，记入借方或贷方账户的数额必然相等，这就形成了借贷记账法的记账规则："有借必有贷，借贷必相等。"

借方	账户名称	贷方
资产的增加 负债的减少 所有者权益的减少 收入的减少 成本、费用的增加		资产的减少 负债的增加 所有者权益的增加 收入的增加 成本、费用的减少

图 2-8　各类账户借方、贷方所记录的经济内容

（二）试算平衡

试算平衡是根据"资产=负债+所有者权益"的恒等关系，按照借贷记账法"有借必有贷，借贷必相等"的记账规则，对本期各账户的全部记录进行汇总计算和比较，来检查账户记录正确性和完整性的一种方法。借贷记账法下，试算平衡的具体方法有发生额试算平衡和余额试算平衡两种。

1. 发生额试算平衡

发生额试算平衡是依据借贷记账法"有借必有贷，借贷必相等"的记账规则进行试算平衡。其试算平衡公式为

全部账户的本期借方发生额合计=全部账户的本期贷方发生额合计

2. 余额试算平衡

余额试算平衡是依据基本会计等式，即"资产=负债+所有者权益"进行试算平衡。其试算平衡公式为

全部账户的借方余额合计=全部账户的贷方余额合计

在实际工作中，试算平衡是通过编制"发生额及余额试算平衡表"进行的，该表的具体格式如表 2-3 所示。

表 2-3　发生额及余额试算平衡表

年　月　日

账户名称	期初余额		本期发生额		期末余额	
	借方	贷方	借方	贷方	借方	贷方
合计						

(三)借贷记账法的应用

1. 账户的对应关系与对应账户

按照借贷记账法的记账规则,一项经济业务必定反映在两个或两个以上账户中,这两个或两个以上账户之间形成的应借、应贷相互关系,通常称之为账户的对应关系。存在着对应关系的账户称为对应账户。

账户的对应关系反映了经济业务发生所引起资金运动的来龙去脉。例如,以银行存款5000元偿还所欠货款,这笔业务的发生就要记入"应付账款"账户的借方和"银行存款"账户的贷方。那么,这笔经济业务的发生使得"应付账款"和"银行存款"两个账户形成应借、应贷的对应关系,这两个账户也就称为对应账户。

为了保证账户对应关系的正确性,有必要在把经济业务记入账户之前先对该项经济业务加以分析,确定该项经济业务应涉及的账户名称、借贷方向和金额,即编制会计分录。借贷记账法的实际应用正是通过编制会计分录来体现的。

2. 会计分录

所谓会计分录,是指对发生的每一项经济业务按照借贷记账法的要求,标明其应借、应贷账户的名称(会计科目)、记账方向与金额的一种记录。会计分录有三个基本要素:记账方向、账户名称和记账金额。在实际工作中,会计分录根据各项经济业务的原始凭证编制并写在具有规定格式的记账凭证中。

会计分录按照其反映经济业务的复杂程度及所运用账户的多少,可分为简单会计分录和复合会计分录。简单会计分录是指只涉及一个账户借方和另一个账户贷方的会计分录,即一借一贷的会计分录。复合会计分录是指由两个以上(不含两个)对应账户所组成的会计分录,即一借多贷、多借一贷和多借多贷的会计分录。需要注意,一般可以将一个复合会计分录拆分成几个简单会计分录,但不允许将几项不相关的经济业务合并编制成一个复合会计分录。

3. 会计分录的编制步骤

在会计实际工作中,经济业务发生后,一般根据以下步骤来编制会计分录:

(1)分析经济业务涉及的有关账户名称、类别和性质;

(2)分析该账户是增加还是减少;

(3)确定应记录账户的方向,即在借方还是在贷方;

(4)确定金额。

4. 会计分录编制举例

【例2-1】甲企业于20××年1月5日用银行存款购买价值80 000元的原材料(为简化核算,暂不考虑增值税),已验收入库。

这项业务的发生使甲企业现金资产减少,原材料资产增加,即这项业务引起企业资产要素内部的一增一减。根据借贷记账法的记账规则,编制会计分录如下:

借:原材料　　　　　　　　　　　　　　　　　　　　　　　80 000
　　贷:银行存款　　　　　　　　　　　　　　　　　　　　　80 000

【例2-2】20××年1月8日,甲企业向乙公司赊购了一辆汽车,价款总额为100 000

元，20 天后付清货款。

这项业务的发生使甲企业资产增加 100 000 元，因为采购时尚未支付货款，使甲企业新增债务 100 000 元，即这项业务引起资产和负债同时增加。根据借贷记账法的记账规则，编制会计分录如下：

  借：固定资产   100 000
    贷：应付账款   100 000

【例 2-3】20××年 1 月 20 日，甲企业用银行存款归还银行短期借款 30 000 元。

这项业务的发生使甲企业现金资产减少 30 000 元，短期借款负债减少 30 000 元，即这项业务引起资产和负债的同时减少。根据借贷记账法的记账规则，编制会计分录如下：

  借：短期借款   30 000
    贷：银行存款   30 000

【例 2-4】20××年 1 月 28 日，甲企业用从银行取得的 100 000 元借款偿还前欠乙公司的汽车款，银行借款期限为一年。

这项业务的发生使甲企业短期借款增加 100 000 元，应付账款减少 100 000 元，即这项业务引起负债内部项目的一增一减。根据借贷记账法的记账规则，编制会计分录如下：

  借：应付账款   100 000
    贷：短期借款   100 000

【例 2-5】20××年 1 月 31 日，甲企业本月出售商品的销售收入为 20 000 元（为简化核算，暂不考虑增值税），收到货款 5000 元存入银行，其余货款尚未收回。

这项业务的发生使甲企业银行存款增加了 5000 元，应收账款增加了 15 000 元，同时，主营业务收入增加了 20 000 元，即这项业务引起资产的增加和收入的增加。根据借贷记账法的记账规则，编制会计分录如下：

  借：应收账款   15 000
    银行存款   5000
    贷：主营业务收入   20 000

【例 2-6】20××年 1 月 31 日，甲企业用现金支付本月管理部门的水电费 300 元。

这项业务的发生使甲企业现金减少了 300 元，同时，管理费用增加了 300 元，即这项业务引起资产的减少和费用的增加。根据借贷记账法的记账规则，编制会计分录如下：

  借：管理费用   300
    贷：库存现金   300

第三节 制造企业主要经济业务的核算

  制造企业是指以产品的加工生产和销售为主要经济活动内容的工业企业。为了顺利地开展企业的生产经营活动，企业首先要进行资金筹集。产品的加工生产过程实际上是劳动耗费的过程，在这个过程中，既有劳动资料的消耗，又有劳动对象的耗费；既有物化劳动的消耗，又有活劳动的耗费。在市场经济条件下，企业生产经营日趋多元化，除传统获利方式外，企业通常还采用投资、收购、兼并、重组等方式拓宽生产经营渠道、提高获利能力。企业通过向被投资单位投放资金的投资行为可达到获得收益或实现资本增值的目的，因此，投资也成为了现代企业重要的经济业务。

制造企业的生产经营过程实际上是以生产过程为中心，实现供应过程、生产过程和销售过程三者的统一。在供应过程中，企业以货币资金购买机器设备、各种材料物资，建造或者购买厂房，为企业进行生产准备劳动资料和劳动对象，这样货币资金就转化为与固定资产、流动资产相对应的固定资金形态和储备资金形态。在生产过程中，企业领用和消耗各种材料产生费用、使用固定资产发生折旧费用、向职工支付薪酬产生费用，这些费用的总和构成了产品成本，在此过程中，资金从固定资金、储备资金和货币资金形态转化为生产资金形态。生产过程结束时，生产资金形态转化为成品资金形态。在销售过程中，企业将产品销售出去，收回货币资金，这时资金从成品资金形态转化为货币资金形态。

为了及时了解和反映企业在一定时期内的经营成果，需将其一个会计期间所取得的全部收入和利得与全部费用和损失相抵，计算企业实现的利润或损失。如果有利润，应按照有关规定进行利润分配；如果发生亏损，还要进行弥补。通过利润分配，一部分资金退出企业，一部分资金重新投入下一个生产经营过程，如此循环，形成了企业周而复始的生产经营过程。

制造企业资金运动的基本流程如图 2-9 所示。

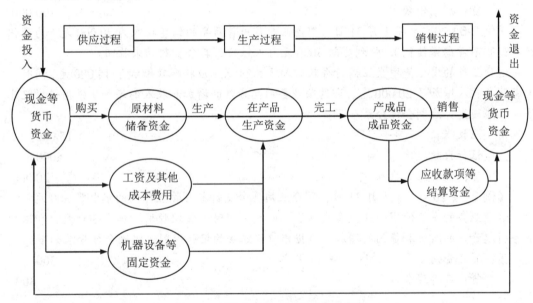

图 2-9　制造企业资金运动的基本流程

一、资金筹集业务的核算

企业进行正常生产经营之初需要大量的资金，这些资金主要由所有者投入和债权人提供，前者形成企业的所有者权益，后者形成企业的负债，通常表现为货币资金、房屋、机器设备、原材料、土地使用权等形式。资金的筹集是制造企业进行生产经营活动的起点，是制造企业的主要经济业务之一，虽然所有者权益和负债都是企业资金的来源，但两者还是存在着明显区别，主要表现在以下几个方面。

第一，对象不同。负债是企业对债权人承担的偿付责任，而所有者权益是企业对所有者承担的经济责任。

第二，性质不同。负债是企业在经营过程中因借贷关系或经济法规定而承担的经济责任，是债权人要求企业清偿的权利；所有者权益是企业所有者享有的对净资产的要求权。

第三，偿还方式不同。负债都有确定的偿还期，并且大部分负债有确切的偿还金额，债务人有无条件偿还的义务；所有者权益一般只有在企业解散或破产清算时才还给投资者，不存在确切的偿还期和偿还金额，可供企业长期周转使用。企业清算时，优先清偿债权人的债务，然后清偿所有者的权益。

第四，权利不同。债权人享有企业资产的优先求偿权，但无权参与企业的生产经营活动，也无权分享企业的盈利，只享有到期收回债权本金及利息的权利；而所有者权益是所有者对企业净资产的要求权，拥有企业经营管理权或将经营管理权委托他人代行的权利。

（一）所有者权益资金筹集业务的核算

1. 概述

所有者投入企业的资金形成所有者权益。所有者权益是指企业资产扣除负债后由所有者享有的剩余权益。企业在资金筹集阶段的经济业务主要涉及收到投资者投入资本，企业会计核算能够反映出投资者在企业中应该享有的权利或承担义务的份额，即企业全部投资者认可的（或默认的）投资者个体的权益份额。

投资者投入资本是指企业的投资者按照企业章程或合同、协议的约定实际投入企业的资本金，投入资本应按照企业实际收到的投资额入账计入实收资本。投资者投入企业的资金包括货币资金投资和非货币资金投资（如固定资产投资、无形资产投资等）。企业对所有者投入资本的核算需设置的基本账户有"实收资本（股本）""资本公积""库存现金""银行存款""固定资产""无形资产"等。企业对于收到的货币资金投资，应以实际收到的投资额入账；对于收到的货币资金以外的其他形式投资，应以投资各方协商确认的价值入账。企业对于实际收到的货币资金投资或其他形式的投资价值超过投资者在注册资本中所占的份额部分，作为超面额缴入资本计入资本公积。

2. 投资者投入资本业务的核算示例

设置"实收资本（股本）"账户的重要性在于记录企业的权益构成情况，企业有必要为其做备查记录。资本公积是企业收到投资者投入的超出其在企业注册资本（或股本）中所占份额的投资，包括资本溢价和股本溢价，形成资本溢价（或股本溢价）的原因有溢价发行股票、投资者超额缴入资本等，企业资本公积主要用于转增资本。

【例2-7】20××年1月1日，甲公司（有限责任公司）收到投资者投入资本30 000 000元，存入银行。该项经济业务应编制会计分录如下：

借：银行存款　　　　　　　　　　　　　　　　　　　30 000 000
　　贷：实收资本　　　　　　　　　　　　　　　　　　30 000 000

【例2-8】乙公司为股份公司，假定20××年7月乙公司委托某证券公司发行普通股3000万股，每股面值1元，发行价格每股8元，按发行收入的2%支付发行手续费。发行股款已全部收到并存入银行。该项经济业务应编制会计分录如下：

发行手续费=30 000 000×8×2%=4 800 000（元）

溢价额=30 000 000×(8-1)-4 800 000=205 200 000（元）

借：银行存款		235 200 000
贷：股本		30 000 000
资本公积——股本溢价		205 200 000

（二）借入资金业务的核算

1. 概述

借入资金是指企业向银行或其他金融机构借入的各种款项。企业进行借款应签订借款合同，按照规定的程序取得借款，并要遵照合同中注明的金额、利率、期限等及时足额还本付息。按照企业借入资金时间的长短以及用途的不同，借款可分为短期借款和长期借款。短期借款是指企业为了满足临时周转的需要，向银行或其他金融机构借入的期限在一年（含一年）以下的各种借款，包括周转借款、临时借款、结算借款等；长期借款是企业向银行或其他金融机构借入的期限在一年以上（不含一年）的借款。长期借款主要是为了满足企业进行长期资产购建的需要，如固定资产的购置和新建、改建或扩建工程等。企业向债权人筹集资金业务的核算需设置的账户主要有"短期借款""长期借款""应付债券""应付账款""应付票据""应付利息""财务费用""在建工程"等。

2. 借入资金业务的核算示例

借款业务主要包括借款本金的取得、利息费的处理、借款本息的偿还三个方面。短期借款的利息，在会计上一般将其作为财务费用加以确认。长期借款利息的确认主要需要解决的是将每期发生的利息计入相关资产的成本，还是计入当期损益（财务费用）的问题。其中，用借款进行的长期资产项目达到预计可使用状态之前发生的利息计入该项目成本；工程达到预计可使用状态后发生的利息计入当期损益（财务费用）。借款利息的计算公式为

$$借款利息 = 借款本金 \times 利率 \times 期限$$

【例2-9】甲公司20××年4月15日从银行取得3个月的借款1 000 000元，年利率为6%，利息按季度结算，款项已存入银行账户。甲公司如期偿还借款本息。

（1）4月15日，取得借款。该项经济业务应编制会计分录如下：

借：银行存款		1 000 000
贷：短期借款		1 000 000

（2）预提4月份借款利息。该项经济业务应编制会计分录如下：

利息费用 = 1 000 000 × 6% ÷ 12 ÷ 2 = 2500（元）

借：财务费用		2500
贷：应付利息		2500

5月、6月利息的计算和处理方法与4月份相同，但利息金额均为5000元。

（3）支付利息。该项经济业务应编制会计分录如下：

6月末支付利息总额 = 2500 + 5000 + 5000 = 12 500（元）

借：应付利息		12 500
贷：银行存款		12 500

（4）7月16日，偿还借款。该项经济业务应编制会计分录如下：

借：短期借款		1 000 000
财务费用		2500
贷：银行存款		1 002 500

二、供应业务的核算

企业需要购置必要的生产设备和一定数量的可供加工的材料，然后通过工人的劳动生产出满足社会需要的产品。在这个过程中，制造企业首先要进行生产采购，包括采购各种材料和各种固定资产（机器设备）等。

（一）材料采购业务的核算

1. 概述

材料是直接用于制造产品并构成产品的实体，或有助于产品形成但不构成产品实体的物品，包括原材料及主要材料、辅助材料、外购半成品、修理用备件、包装材料、燃料等。材料采购业务主要包括企业材料采购成本的确定、与供应单位的款项结算、税金的支付、材料验收入库等。在材料采购这一业务环节中，除材料采购成本的核算，还涉及增值税进项税额的计算。

增值税是以商品（含应税劳务）在流转过程中产生的增值额作为计税依据而征收的一种流转税。从计税原理上说，增值税是对商品生产、流通、劳务服务中多个环节的新增价值或商品的附加值征收的一种流转税。增值税税率是增值税税额占货物或应税劳务销售额的比率，是计算货物或应税劳务增值税税额的尺度。我国现行增值税税率属于比例税率，根据应税行为分为13%、9%、6%三档税率及5%、3%两档征收率，具体征收方式如下：

（1）纳税人销售或者进口货物，除以下第（2）（3）项规定外，税率为13%；

（2）纳税人销售或者进口下列货物，税率为9%：粮食、食用植物油、自来水、暖气、冷气、热水、煤气、石油液化气、天然气、沼气、居民用煤炭制品、图书、报纸、杂志、饲料、化肥、农药、农机、农膜、农业产品以及国务院规定的其他货物；

（3）纳税人出口货物，税率为零，但是，国务院另有规定的除外；

（4）纳税人提供加工、修理、修配劳务，税率为13%。

增值税纳税人分为一般纳税人和小规模纳税人，一般纳税人按销项税额扣减进项税额计算应纳增值税额，小规模纳税人直接用销售额乘以征收税率计算应纳增值税额。增值税实行价外税，增值税的会计处理采取价税分离，如价格为含税价，应换算为不含税价后计算增值税额。允许抵扣的增值税作为进项税额，不能抵扣的增值税计入采购项目成本。

企业购入货物或接受应税劳务支付的增值税（进项税额），可以从销售产品或提供劳务按规定收取的增值税（销项税额）中抵扣。企业材料采购业务可以用实际成本计价核算，在材料品种多、收发频繁的情况下，也可以用计划成本计价核算。材料的采购成本包括采购过程中企业支付给供应单位的材料货款（即买价）和采购费用。其中，买价是指购货发票上开列的金额；采购费用是指材料采购过程中发生的各项费用，包括外地运杂费（运输费、包装费、装卸费、保险费、仓储费等）、运输途中的合理损耗、入库前的挑选整理费用、购入材料所负担的不能抵扣的税金和其他费用。采购人员的差旅费以及专设采购机构的经费等一般作为期间费用（管理费用），不构成材料的采购成本。材料运达企业后由仓库验收并保管，以备生产车间或管理部门领用。在采用实际成本法核算时，需要设置的账户主要有"在途物资""原材料"和"应交税费"账户；在采用计划成本法时，一般使用"材料采购""原材料""应交税费"和"材料成本差异"账户核算。企业采购材料时可以采用不同的结算方式,如支票、汇票、延期付款或预付款等,根据需要可以设置"银行存款""应付票据""应付账款"以及"预付账款"等账户进行核算。

"应交税费"账户核算企业按税法规定应交和实交的各种税费(增值税、消费税、企业所得税等),应按税费种类进行明细分类核算。增值税一般纳税人在采购环节已经支付给销售方的增值税额符合抵扣条件的,作为"进项税额"记入"应交税费——应交增值税"的借方,一般而言,企业销售中应缴纳的增值税"销项税额"扣除"进项税额"后为实际应交增值税额。

2. 材料采购业务的核算示例

【例2-10】20××年10月15日,甲公司向友谊工厂购买A、B两种材料,A材料50 000千克,单价24元;B材料20 000千克,单价19元,增值税税率为13%,价款未付,材料尚未入库。该项经济业务应编制会计分录如下:

借:在途物资——A材料　　　　　　　　　　　　　　　1 200 000
　　　　　　——B材料　　　　　　　　　　　　　　　　380 000
　　应交税费——应交增值税(进项税额)　　　　　　　　205 400
　贷:应付账款　　　　　　　　　　　　　　　　　　　1 785 400

【例2-11】20××年10月22日,甲公司以银行存款70 000元支付上述A、B两种材料的外地运杂费。材料验收入库。

运杂费为间接费用,一般可按采购材料重量的比例分配。本例以A、B两种材料的重量比例作为分配运杂费的标准,分配运杂费如下:

$$\text{运杂费的分摊率} = \frac{\text{共同发生的运杂费}}{\text{购入材料的总重量}} = \frac{70\ 000}{50\ 000 + 20\ 000} = 1$$

A材料应负担的运费=50 000×1=50 000(元)
B材料应负担的运费=20 000×1=20 000(元)

则编制会计分录如下:

借:在途物资——A材料　　　　　　　　　　　　　　　　50 000
　　　　　　——B材料　　　　　　　　　　　　　　　　20 000
　贷:银行存款　　　　　　　　　　　　　　　　　　　　70 000

从上面会计处理可以看出,A材料采购成本为1 250 000(1 200 000+50 000)元,B材料采购成本为400 000(380 000+20 000)元,材料验收入库时,编制会计分录如下:

借:原材料——A材料　　　　　　　　　　　　　　　　1 250 000
　　　　　——B材料　　　　　　　　　　　　　　　　　400 000
　贷:在途物资——A材料　　　　　　　　　　　　　　1 250 000
　　　　　　　——B材料　　　　　　　　　　　　　　　400 000

(二)固定资产购置业务的核算

1. 概述

在符合固定资产定义的前提下,如果与其有关的经济利益很可能流入企业,并且该固定资产的成本能够可靠计量,应当确认为固定资产。制造企业主要的固定资产有使用寿命超过一个会计年度的房屋、建筑物、机器、机械、运输工具,以及其他与生产、经营有关的设备、器具、工具等资产。企业持有固定资产的目的是生产商品、提供劳务、出租或经营管理,而不是用于出售。

与固定资产有关的经济业务主要包括固定资产的取得、固定资产持有期间的折旧及日常维修、固定资产改建及扩建、固定资产减值、固定资产清查和固定资产的处置。在供应环节,固定资产的会计核算涉及固定资产的取得,主要考虑固定资产取得时入账价值的确定。在实务中,企业取得固定资产的方式有许多种,包括外购、自行建造、投资者投入以及非货币性资产交换、债务重组、企业合并和融资租赁等。在取得固定资产时,应按取得的实际成本(即原始价值)入账。固定资产的会计核算需要设置的主要账户有"在建工程""固定资产""应交税费"等。

固定资产购置过程中面临的主要会计问题是固定资产入账价值的确定。《企业会计准则》规定,固定资产在取得时,应按取得的实际成本入账。固定资产的实际成本是指为购建某项固定资产达到预计可使用状态前所发生的一切合理的、必要的支出,包括购买价款,相关税费,使固定资产达到预计可使用状态前所发生的可归属于该项资产的运输费、装卸费、安装费和专业人员服务费等。其中,购置不需要经过建造、安装即可投入使用的固定资产,按购置过程中实际支付的买价、包装费、运杂费以及缴纳的相关税费(不含可抵扣的增值税进项税额)等,作为固定资产的入账价值;自行建造或需要安装完成的固定资产,按照建造或安装该项固定资产达到预计可使用状态前所发生的一切合理的、必要的支出作为其入账价值。对于固定资产取得时发生的可以抵扣的增值税,可按规定计入增值税进项税额。

2. 固定资产购置业务的核算示例

【例 2-12】20××年,甲公司购入需要安装的生产用机器设备 1 台,购买价 22 000 元,税金 2860 元,取得增值税专用发票;包装费和运杂费 680 元;安装费 1900 元。所有款项均以银行存款支付。设备安装完毕,交付使用。

(1)购入设备。该项经济业务应编制会计分录如下:

借:在建工程 22 680
　　应交税费——应交增值税(进项税额) 2860
　　贷:银行存款 25 540

(2)支付安装费用。该项经济业务应编制会计分录如下:

借:在建工程 1900
　　贷:银行存款 1900

(3)工程完工结转工程成本。该项经济业务应编制会计分录如下:

借:固定资产 24 580
　　贷:在建工程 24 580

三、产品生产业务的核算

企业生产环节的主要经济业务包括生产领用材料,发生人工费用、水电费用,机器设备维修、折旧、期末减值,以及完工产品入库等。成本强调"成本对象",即为某一特定服务对象发生的费用总和。生产成本(制造成本)是为生产某一产品或提供某一劳务所消耗的费用,每种产品的生产成本一般由直接材料费用、直接人工费用、制造费用等成本项目构成。产品生产业务核算的主要内容是按照上述成本构成项目归集和分配已发生的各种生产费用,并计算确定产品生产成本(制造成本)。

相关链接 2-1　成本计算的一般程序及方法

(一)概述

在品种法下,生产费用通常分为直接生产费用和间接生产费用。其中,直接生产费用主要核算生产领用直接材料、直接生产工人的职工薪酬;间接生产费用核算车间发生的各项生产间接费用,包括车间领用材料,车间人员的职工薪酬,固定资产折旧,车间发生的修理费、办公费、水电费等。

直接生产费用在核算时将某种产品发生的直接费用直接计入该产品的生产成本,包括直接材料费用和直接人工费用。直接材料费用包括企业在生产产品和提供劳务的过程中所消耗的、直接用于产品生产、构成产品实体的各种原材料及主要材料、外购半成品,以及有助于产品形成的辅助材料等。发出材料在选择合理的存货发出的计价方法计算出成本后,本着谁受益谁负担的原则,将其计入受益对象的"生产成本"中。企业应当在职工为其提供服务的会计期间将应付的职工薪酬确认为负债,除离职后福利及其他长期职工福利外,根据职工提供服务的受益对象,分别计入产品生产成本的直接费用或间接费用、期间费用以及工程或相关资产成本。

相关链接 2-2　存货发出的计价方法

间接生产费用是指发生时无法直接确定受益对象或几种对象共同受益的费用。对于生产中发生的间接费用,应首先在"制造费用"账户进行间接费用的归集,期末再将全部制造费用分配记入"生产成本"账户。月末分配制造费用时,企业可以采用生产工时、生产工人工资、机器工时等标准来进行分配。可用以下公式来计算某种产品应负担的制造费用。

$$制造费用分配率 = \frac{待分配费用总额}{分配标准额}$$

某种产品应负担的制造费用=该产品的分配标准额×制造费用分配率

制造费用构成内容包括工资、福利费、固定资产折旧费、修理费、办公费、水电费、机物料消耗等。其中，固定资产折旧费在制造费用中所占比重较大，其确认和计量也比较复杂。固定资产的价值会随着磨损程度的加大而逐渐地、部分地减少，转移到相关资产成本及当期损益中以折旧方式得到补偿。在会计实务中，固定资产折旧是在固定资产的使用寿命期间，按照确定的方法对应计折旧额进行的系统分摊，应计折旧额为固定资产原值与预计净残值的差额。

企业应当对所有的固定资产计提折旧，但是，已提足折旧仍继续使用的固定资产和单独计价入账的土地除外。在会计实务中，企业确定固定资产计提折旧的范围时应注意以下几点。

（1）固定资产应当按月计提折旧，并根据用途计入相关资产的成本或者当期损益。当月增加的固定资产，当月不提折旧，从下月开始计提折旧；当月减少的固定资产，当月仍计提折旧，从下月起不计提折旧。

（2）固定资产提足折旧后，不论能否继续使用，均不再计提折旧，提前报废的固定资产也不再补提折旧。所谓提足折旧是指已经提足该项固定资产的应计折旧额。

（3）已达到预计使用状态但尚未办理竣工决算的固定资产，应当按照估计价值确定其成本并计提折旧；该固定资产办理竣工决算后再按实际成本调整原来的暂估价值，但不需要调整原已计提的折旧额。

影响固定资产折旧的因素主要包括以下几个方面。

（1）固定资产原价，即固定资产的成本。

（2）预计净残值，即假定固定资产预计使用寿命已满并处于使用寿命终了时的预期状态，企业目前从该项资产处置中获得的扣除预计处置费用后的金额。

（3）固定资产减值准备，即固定资产已计提的固定资产减值准备累计金额。固定资产计提减值准备后，应当在剩余使用寿命内根据调整后的固定资产账面价值（固定资产账面余额扣减累计折旧金额和累计减值准备后的金额）和预计净残值重新计算确定折旧额和折旧率。

（4）固定资产的使用寿命，是指企业使用固定资产的预计期间，或者该固定资产所能生产产品或提供劳务的数量。企业确定固定资产使用寿命时，不仅应考虑固定资产有形损耗，还应考虑固定资产预计的无形损耗，在某些情况下，还应考虑法律或者类似规定对该项资产使用的限制。

企业应当根据与固定资产有关的经济利益的预期实现方式合理选择折旧方法。固定资产折旧方法包括年限平均法、工作量法、双倍余额递减法和年数总和法等。

相关链接 2-3　固定资产的折旧方法

例如，甲公司 2016 年 12 月购入的一台机器设备原价为 5 000 000 元，预计使用寿命为

5年，预计净残值率为4%，则在年限平均法、双倍余额递减法及年数总和法下各年的折旧额计算如表2-4所示。

表2-4　不同方法下折旧额的计算结果　　　　　　　　　　　　　　　单位：元

年份	2017年	2018年	2019年	2020年	2021年	累计折旧合计数
年限平均法	960 000	960 000	960 000	960 000	960 000	4 800 000
双倍余额递减法	2 000 000	1 200 000	720 000	440 000	440 000	4 800 000
年数总和法	1 600 000	1 280 000	960 000	640 000	320 000	4 800 000

其中：

（1）年限平均法下各年折旧额 $=\dfrac{5\,000\,000\times(1-4\%)}{5}=960\,000$（元）

（2）双倍余额递减法下年折旧率 $=\dfrac{2}{5}\times100\%=40\%$，每年折旧额计算如下：

第一年应提的折旧额=5 000 000×40%=2 000 000（元）

第二年应提的折旧额=(5 000 000−2 000 000)×40%=1 200 000（元）

第三年应提的折旧额=(5 000 000−2 000 000−1 200 000)×40%=720 000（元）

从第四年起改按年限平均法（直线法）计提折旧：

第四年、第五年，每年应提的折旧额

$=\dfrac{5\,000\,000-2\,000\,000-1\,200\,000-720\,000-5\,000\,000\times4\%}{2}=440\,000$（元）

（3）年数总和法下各年折旧额计算如下：

第一年应提的折旧额 $=5\,000\,000\times(1-4\%)\times\dfrac{5}{15}=1\,600\,000$（元）

第二年应提的折旧额 $=5\,000\,000\times(1-4\%)\times\dfrac{4}{15}=1\,280\,000$（元）

第三年应提的折旧额 $=5\,000\,000\times(1-4\%)\times\dfrac{3}{15}=960\,000$（元）

第四年应提的折旧额 $=5\,000\,000\times(1-4\%)\times\dfrac{2}{15}=640\,000$（元）

第五年应提的折旧额 $=5\,000\,000\times(1-4\%)\times\dfrac{1}{15}=320\,000$（元）

由上例可见，企业选用不同的折旧方法将影响固定资产使用寿命期内不同时期的折旧费用。因此，固定资产的折旧方法一经确定不得随意变更。在制造费用分配完毕后，每种产品成本组成包括直接材料、直接人工、分配来的制造费用，这部分成本是该种产品在本期所发生的全部生产费用，再加上期初生产费用，扣除已完工结转产品的生产费用，余额即为期末在产品的生产费用。

为了核算企业生产经营过程中所发生的各项生产费用，制造企业一般应设置"生产成本""制造费用""应付职工薪酬""累计折旧""库存商品"等账户。"固定资产"账户要始终反映企业现有固定资产的原价。"累计折旧"账户是"固定资产"账户的调整账户，核算固定资产因磨损而减少的价值。固定资产的净值等于"固定资产"账户的借方余额减"累计折旧"账户的贷方余额。企业固定资产分类方法、使用寿命、预计净残值、折旧方法等一经确定不得随意变更。"库存商品"账户核算企业库存的各种商品的实际成本。

（二）产品生产业务的核算示例

【例2-13】甲公司采用先进先出法核算发出材料的成本，20××年12月末编制的"材料费用分配表"如表2-5所示。

表 2-5 材料费用分配表

20××年12月

用途	C 材料		D 材料		材料耗用合计/元
	数量/个	金额/元	数量/个	金额/元	
X 产品耗用	8000	240 000	6000	120 000	360 000
Y 产品耗用	10 000	300 000	4000	80 000	380 000
小计	18 000	540 000	10 000	200 000	740 000
车间一般耗用	5000	150 000	2000	40 000	190 000
合计	23 000	690 000	12 000	240 000	930 000

该项经济业务编制会计分录如下：

借：生产成本——X产品　　　　　　　　　　　　　　360 000
　　　　　　——Y产品　　　　　　　　　　　　　　380 000
　　制造费用　　　　　　　　　　　　　　　　　　 190 000
　贷：原材料——C材料　　　　　　　　　　　　　　690 000
　　　　　　——D材料　　　　　　　　　　　　　　240 000

【例2-14】20××年12月末，甲公司按本月考勤表计算出应付职工工资总额1 800 000元，其中，生产X产品工人工资600 000元，生产Y产品工人工资800 000元，基本生产车间技术、管理人员工资400 000元。该项经济业务编制会计分录如下：

借：生产成本——X产品　　　　　　　　　　　　　　600 000
　　　　　　——Y产品　　　　　　　　　　　　　　800 000
　　制造费用　　　　　　　　　　　　　　　　　　 400 000
　贷：应付职工薪酬——工资　　　　　　　　　　　1 800 000

【例2-15】20××年12月末，甲公司提取本月的职工福利费如下：生产X产品工人福利费229 600元，生产Y产品工人福利费200 200元，车间管理人员福利费44 800元，合计474 600元。该项经济业务编制会计分录如下：

借：生产成本——X产品　　　　　　　　　　　　　　229 600
　　　　　　——Y产品　　　　　　　　　　　　　　200 200
　　制造费用　　　　　　　　　　　　　　　　　　 44 800
　贷：应付职工薪酬——职工福利费　　　　　　　　 474 600

【例2-16】20××年12月末，甲公司提取固定资产折旧，其中，生产车间固定资产折旧80 000元。该项经济业务应编制会计分录如下：

借：制造费用——××车间　　　　　　　　　　　　 80 000
　贷：累计折旧　　　　　　　　　　　　　　　　　 80 000

【例2-17】20××年12月，甲公司用银行存款支付生产车间的办公费2000元，电话费 4000 元。该项经济业务应编制会计分录如下：

　　借：制造费用　　　　　　　　　　　　　　　　　　　　　　　6000
　　　　贷：银行存款　　　　　　　　　　　　　　　　　　　　　　　　6000

【例 2-18】20××年 12 月末，甲公司按生产工时分配并结转制造费用（X 产品生产工时 40 000 小时，Y 产品生产工时 10 000 小时）。根据例 2-13、例 2-14、例 2-15、例 2-16 和例 2-17 中的资料，编制甲公司本期制造费用归集明细表，如表 2-6 和表 2-7 所示。

表 2-6　制造费用归集明细表

20××年 12 月　　　　　　　　　　　　　　　　　　　　单位：元

序号	项目	本月发生数	本期累计数
1	工资	400 000	
2	职工福利费	44 800	
3	折旧费	80 000	
4	修理费		
5	办公费	2000	
6	劳动保护费		
7	物料消耗	190 000	
8	在产品盘亏与毁损		
9	其他	4000	
10	其中：电话费	4000	
11	合计	720 800	

本月发生制造费用共计 720 800 元。

制造费用分配率=720 800÷(40 000+10 000)=14.416（元/小时）

表 2-7　制造费用分配表

20××年 12 月

产品名称	分配标准/工时	分配率/（元/小时）	分配额/元
X 产品	40 000	14.416	576 640
Y 产品	10 000	14.416	144 160
合计	50 000		720 800

X 产品应分配的制造费用=40 000×14.416=576 640（元）
Y 产品应分配的制造费用=10 000×14.416=144 160（元）
制造费用归集后，编制进行分配的会计分录如下：

　　借：生产成本——X 产品　　　　　　　　　　　　　　　　　576 640
　　　　　　　　——Y 产品　　　　　　　　　　　　　　　　　144 160
　　　　贷：制造费用　　　　　　　　　　　　　　　　　　　　　　720 800

【例 2-19】根据上述有关资料，登记 X、Y 两种产品的生产成本明细账，如表 2-8 和表 2-9 所示。

表2-8 生产成本明细账1

产品品种或类别：X产品　　　　　20××年12月　　　　　　　　　　　　单位：元

20××年		凭证编号	摘要	借方（成本项目）				贷方	余额
月	日			直接材料	直接人工	制造费用	合计		
		略	期初余额	8500	24 000	10 800	43 300		43 300
			生产耗用材料	360 000			360 000		403 300
			生产工人工资		600 000		600 000		1 003 300
			生产工人福利		229 600		229 600		1 232 900
			分配制造费用			576 640	576 640		1 809 540
			结转完工成本					1 809 540	
			本月合计	368 500	853 600	587 440	1 809 540	1 809 540	

表2-9 生产成本明细账2

产品品种或类别：Y产品　　　　　20××年12月　　　　　　　　　　　　单位：元

20××年		凭证编号	摘要	借方（成本项目）				贷方	余额
月	日			直接材料	直接人工	制造费用	合计		
		略	期初余额	6000	30 200	11 420	47 620		47 620
			生产耗用材料	380 000			380 000		427 620
			生产工人工资		800 000		800 000		1 227 620
			生产工人福利		200 200		200 200		1 427 820
			分配制造费用			144 160	144 160		1 571 980
			结转完工成本					1 571 980	
			本月合计	386 000	1 030 400	155 580	1 571 980	1 571 980	

甲公司本月X、Y两种产品的产量和成本计算如表2-10、表2-11和表2-12所示。

表2-10 产品产量资料　　　　　　　　　　　　　　　　　　　　　　单位：件

产品名称	投产数量	本月完工数量	月末在产品数量
X产品	4000	4000	0
Y产品	5000	5000	0

表2-11 X产品成本计算单

20××年12月　　　　　　　　　　　　　　　完工产品4000件

产品品种或类别：X产品　　　　　　　　　　　　　　　　　　　　　单位：元

成本项目	直接材料	直接人工	制造费用	合计
月初在产品成本	8500	24 000	10 800	43 300
本月生产费用	360 000	829 600	576 640	1 766 240
合计	368 500	853 600	587 440	1 809 540
完工产品成本	368 500	853 600	587 440	1 809 540
单位成本	92.13	213.4	146.86	452.39

表 2-12　Y 产品成本计算单

产品品种或类别：Y 产品　　　　　　　　　　20××年 12 月　　　　　　　　　　　　　单位：元

成 本 项 目	直 接 材 料	直 接 人 工	制 造 费 用	合　　计
月初在产品成本	6 000	30 200	11 420	47 620
本月生产费用	380 000	1 000 200	144 160	1 524 360
合计	386 000	1 030 400	155 580	1 571 980
完工产品成本	386 000	1 030 400	155 580	1 571 980
单位成本	77.20	206.08	31.12	314.40

【例 2-20】本月完工的 X、Y 产品经验收入库，结转本月完工产品成本。编制会计分录如下：

　　借：库存商品——X 产品　　　　　　　　　　　　　　　　　　1 809 540
　　　　　　　　——Y 产品　　　　　　　　　　　　　　　　　　1 571 980
　　　　贷：生产成本——X 产品　　　　　　　　　　　　　　　　1 809 540
　　　　　　　　　——Y 产品　　　　　　　　　　　　　　　　1 571 980

四、产品销售业务的核算

（一）概述

制造企业的生产过程结束后，完工产品即进入销售环节。企业重视销售是因为产品销售情况的好坏直接关系企业主要利润的实现，因而正确地确认销售产生的收入及成本、费用支出是企业会计核算的重要内容。

销售收入的会计问题主要涉及收入时间的确定和收入金额的确认。从理论上来说，营业收入的确认应满足权责发生制并遵循实现原则，企业应当在履行了合同中的履约义务，即在客户取得相关商品控制权时确认收入。企业应当在合同开始日对合同进行评估，识别该合同所包含的各单项履约义务，并确定各单项履约义务是在某一时段内履行，还是在某一时点履行，然后在履行了各单项履约义务时分别确认收入。

相关链接 2-4　销售商品收入的确认条件

企业应当按照分摊至各单项履约义务的交易价格计量收入。交易价格是指企业因向客户转让商品而预期有权收取的对价金额。企业代第三方收取的款项以及企业预期将退还给客户的款项，应当作为负债进行会计处理，不计入交易价格。在会计实务中，确定销售收入时应注意以下几个问题。

（1）销售收入的入账金额应以扣除价外税（增值税）后的不含税价款来确定。如果企业在销售产品或提供劳务时采用销售额和增值税额合并定价，应还原为不含税价格作为销售收入，企业销售货物和提供劳务时向购货方收取的增值税款不构成企业的销售收入，而是作为销项税额形成企业的一种负债（应交税费）。其换算公式为

$$不含税金额=含税金额\div(1+增值税税率)$$

上述公式中的不含税金额就是会计核算意义上的销售收入，一般商品增值税税率为13%。

（2）销售商品涉及现金折扣、商业折扣、销售折让、销售退回。

① 现金折扣是销售方为了鼓励购货方在一定时期内早日付款而给予的价格扣除。现金折扣一般用符号"折扣率/付款期限"来表示，如"2/10，1/20，$n/30$"分别表示：如果在10天内付款折扣为2%，在10~20天内付款折扣为1%，在20~30天内则需全额付款。会计上对于现金折扣的处理会影响销售收入的确认金额。常用的处理方法有两种：一是净价法，即按照扣除现金折扣后的销售净额为基础来确定销售收入的入账金额（不论购货方是否享受现金折扣）；二是总价法，即不论购货方是否享受现金折扣，销货方按照不扣除现金折扣的总额确定销售收入的入账金额。我国目前采用总价法核算现金折扣，确认收入和应收账款的入账金额。在总价法下，企业实际发生的现金折扣视为销货企业由于客户提早付款而占用资金发生的理财费用，在现金折扣实际发生时计入销货企业的财务费用。

② 商业折扣是指企业为促进商品销售而在商品标价上给予的价格扣除。商业折扣实际上是对原定商品标价的适当调整，通常在开具销货发票时已将折扣扣除。例如，某企业的某家电产品价目表标价为单件10 000元，购买数量10件及以上给予九折优惠，则企业销售10件家电产品时，销售发票上销售金额为90 000元，即为企业确认的销售收入。

③ 销售折让是指企业因售出商品的质量不合格等原因在售价上给予的减让。对于已确认收入的售出商品发生的销售折让，应当在发生折让时冲减当期销售商品收入。

④ 对于附有销售退回条款的产品销售，企业应当在客户取得相关商品控制权时，按照因向客户转让商品而预期有权收取的对价金额（即不包含预期因销售退回将退还的金额）确认收入，按照预期因销售退回将退还的金额确认负债；同时，按照预期将退回商品转让时的账面价值，扣除收回该商品预计发生的成本（包括退回商品的价值减损）后的余额，确认为一项资产，按照所转让商品转让时的账面价值，扣除上述资产成本的净额结转成本。每一资产负债表日，企业应当重新估计未来销售退回情况，如有变化，应当作为会计估计变更进行会计处理。

在确认销售收入时还应结转销售商品的成本（通常为企业生产产品的制造成本），销售收入与销售成本的差额为商品的毛利，销售环节中销售成本的增加会减少利润，同时也会减少企业存货。结转成本时可以在每次销售后结转，也可以在月末一次性结转当月销售产品的总成本，具体确定已售商品的成本时，可以采用先进先出法、加权平均法、个别计价法等确定发出存货的实际成本。对于销售过程中所发生的相关税费，包括消费税、资源税、土地增值税、城市维护建设税、教育费附加和地方教育费附加，应按照有关税法及规定计算确定。

销售商品的会计核算需要设置的主要账户有"主营业务收入""其他业务收入""主营业务成本""其他业务成本""税金及附加""银行存款""应收账款""应收票据""预收账款""应交税费"账户，其中"应收票据"账户核算企业因销售商品、提供劳务等而收到的商业汇票，包括银行承兑汇票和商业承兑汇票，企业应设置"应收票据备查簿"，逐笔登记

商业汇票的种类、号数和出票日、票面金额等详细资料。商业汇票到期结清票款或退票后，应在备查簿内逐笔注销。

（二）产品销售业务的核算示例

【例2-21】甲公司20××年12月2日向华夏公司销售一批Y商品计800件，单位售价500元，开出的增值税专用发票上注明的销售价款为400 000元，增值税额为52 000元。为及早收回货款，双方约定的现金折扣条件为"2/10，1/20，n/30"。假定计算现金折扣时不考虑增值税额。产品已发运并经华夏公司验收合格，甲公司为华夏公司垫付运费1000元。

（1）12月2日销售实现时，按销售总价确认收入。该项经济业务应编制会计分录如下：

借：应收账款　　　　　　　　　　　　　　　　　　　　　　　453 000
　　贷：主营业务收入　　　　　　　　　　　　　　　　　　　　400 000
　　　　应交税费——应交增值税（销项税额）　　　　　　　　　 52 000
　　　　银行存款　　　　　　　　　　　　　　　　　　　　　　　1000

（2）如果华夏公司在10日内付款，则按销售总价400 000元的2%享受现金折扣8000元，实际付款445 000元。甲公司应将少收取的8000元计入财务费用。该项经济业务应编制会计分录如下：

借：银行存款　　　　　　　　　　　　　　　　　　　　　　　445 000
　　财务费用　　　　　　　　　　　　　　　　　　　　　　　　 8000
　　贷：应收账款　　　　　　　　　　　　　　　　　　　　　　453 000

（3）如果华夏公司在20日内付款，则按销售总价400 000元的1%享受现金折扣4000元，实际付款449 000元。甲公司应将少收取的4000元计入财务费用。该项经济业务应编制会计分录如下：

借：银行存款　　　　　　　　　　　　　　　　　　　　　　　449 000
　　财务费用　　　　　　　　　　　　　　　　　　　　　　　　 4000
　　贷：应收账款　　　　　　　　　　　　　　　　　　　　　　453 000

（4）如果华夏公司超出折扣期付款，则按销售总价付款。该项经济业务应编制会计分录如下：

借：银行存款　　　　　　　　　　　　　　　　　　　　　　　453 000
　　贷：应收账款　　　　　　　　　　　　　　　　　　　　　　453 000

【例2-22】甲公司20××年12月12日按合同销售给绿岛公司X产品计1000件，单位售价为600元，发票价款为600 000元，增值税税率为13%，产品已经发出，货款未收到。绿岛公司在验收过程中发现商品质量不合格，要求在价格上给予5%的折让。假定发生的销售折让允许扣减当期增值税税额。

（1）销售实现。该项经济业务应编制会计分录如下：

借：应收账款　　　　　　　　　　　　　　　　　　　　　　　678 000
　　贷：主营业务收入　　　　　　　　　　　　　　　　　　　　600 000
　　　　应交税费——应交增值税（销项税额）　　　　　　　　　 78 000

（2）发生销售折让。该项经济业务应编制会计分录如下：

借：主营业务收入　　　　　　　　　　　　　　　　　　　　　 30 000
　　应交税费——应交增值税（销项税额）　　　　　　　　　　　 3900
　　贷：应收账款　　　　　　　　　　　　　　　　　　　　　　 33 900

（3）实际收到款项。该项经济业务应编制会计分录如下：

借：银行存款　　　　　　　　　　　　　　　　　　　　644 100
　　贷：应收账款　　　　　　　　　　　　　　　　　　　　644 100

【例2-23】20××年12月31日，结转本月已售产品的生产成本。假定本月销售X产品3500件，Y产品4600件，假定本月销售产品均为本月生产。

承例2-19根据成本计算表2-11和表2-12，X产品单位产品成本为452.39元，因此已售X产品的生产成本为1 583 365（452.39×3500）元；Y产品单位成本为314.40元，因此已售Y产品的生产成本为1 446 240（314.40×4600）元。该项经济业务应编制会计分录如下：

借：主营业务成本　　　　　　　　　　　　　　　　　　3 029 605
　　贷：库存商品——X产品　　　　　　　　　　　　　　1 583 365
　　　　　　　　——Y产品　　　　　　　　　　　　　　1 446 240

【例2-24】20××年12月31日，假设按照规定计算出本月应由主营业务负担的城市维护建设税及教育费附加共计15 520元。该项经济业务应编制会计分录如下：

借：税金及附加　　　　　　　　　　　　　　　　　　　　15 520
　　贷：应交税费——应交城市维护建设税及教育费附加　　　15 520

五、对外投资业务的核算

（一）概述

投资是企业为了获得收益或实现资本增值而投放资金的经济行为。广义的投资可以是任何将资金占用于不同形态的资产上的事项或交易，狭义的投资是指企业对外进行的投资。企业的对外长期股权投资以及金融资产均涉及投资业务的核算。

长期股权投资是指投资方对被投资单位实施控制、重大影响的权益性投资，以及对其合营企业的权益性投资。长期股权投资由企业合并及其他方式形成，其中，其他方式下以支付现金取得的长期股权投资，应当按照实际支付的购买价款作为初始投资成本。初始投资成本包括与取得长期股权投资直接相关的费用、税金及其他必要支出；长期股权投资的后续计量分别采用成本法和权益法进行核算。

（1）成本法是指投资按成本计价的方法，适用于企业持有的能够对被投资单位实施控制的长期股权投资。

（2）权益法是指投资以初始投资成本计量后，在投资持有期间，根据投资企业享有被投资单位所有者权益的份额的变动对投资的账面价值进行调整的方法。对合营企业投资和对联营企业投资，应当采用权益法核算。

金融资产是指企业持有的现金、其他方的权益工具以及符合下列条件之一的资产。

（1）从其他方收取现金或其他金融资产的合同权利。

（2）在潜在有利条件下，与其他方交换金融资产或金融负债的合同权利。

（3）将来须用或可用企业自身权益工具进行结算的非衍生工具合同，且企业根据该合同将收到可变数量的自身权益工具。

（4）将来须用或可用企业自身权益工具进行结算的衍生工具合同，但以固定数量的自身权益工具交换固定金额的现金或其他金融资产的衍生工具合同除外。

相关链接 2-5　金融资产的分类

企业的金融资产通常按取得时的成本进行初始计量,其后,根据初始确认时的分类分别采用公允价值或摊余成本进行后续计量。以公允价值计量的金融资产后续计量时,其公允价值变动根据不同的分类分别计入当期损益或权益;以摊余成本计量的金融资产按照摊余成本和实际利率计算的收益计入当期损益。

企业对外投资业务核算设置的账户主要有"交易性金融资产""衍生金融资产""债权投资""其他债权投资""长期股权投资""其他权益工具投资""应收股利""应收利息""投资收益""公允价值变动损益""其他综合收益"等。

(二)交易性金融资产业务的核算示例

【例 2-25】20××年5月15日,甲公司按每股9元的价格购入天祥公司每股面值1元的股票5万股作为交易性金融资产,另支付交易费用1000元。股票购买价格中包含每股0.20元已宣告但尚未领取的现金股利,该股利于20××年5月25日发放。

(1)20××年5月15日,购入天祥公司股票。该项经济业务应编制会计分录如下:

借:交易性金融资产——成本　　　　　　　　　　　　　450 000
　　投资收益　　　　　　　　　　　　　　　　　　　　　1000
　　贷:银行存款　　　　　　　　　　　　　　　　　　　　　451 000

(2)20××年5月25日,收到发放的现金股利。该项经济业务应编制会计分录如下:

借:银行存款　　　　　　　　　　　　　　　　　　　　10 000
　　贷:交易性金融资产——成本　　　　　　　　　　　　　　10 000

(3)20××年6月30日,甲公司持有的交易性金融资产账面余额和当日公允价值的资料如表2-13所示。

表 2-13　交易性金融资产账面余额和当日公允价值表

20××年6月30日　　　　　　　　　　　　　　　　　　　　单位:元

交易性金融资产项目	调整前账面余额	期末公允价值	公允价值变动损益	调整后账面余额
天祥公司股票	440 000	390 000	-50 000	390 000

该项经济业务应编制会计分录如下:

借:公允价值变动损益　　　　　　　　　　　　　　　　50 000
　　贷:交易性金融资产——公允价值变动　　　　　　　　　　50 000

(4)20××年8月10日,甲公司将天祥公司股票出售,实际收到出售价款430 000元。该项经济业务应编制会计分录如下:

借：银行存款	430 000	
交易性金融资产——公允价值变动	50 000	
投资收益	10 000	
贷：交易性金融资产——成本		440 000
公允价值变动损益		50 000

六、企业利润的形成与分配业务的核算

（一）概述

利润是企业在一定经营期间的最终经营成果，包括收入减去费用后的净额、直接计入当期利润的利得和损失等，是综合反映企业经济利益的一个重要指标。当前我国利润表中的利润为综合收益，包括净利润与其他综合收益的税后净额。

净利润的计算分为以下三步。

1. 计算营业利润

营业利润是与企业营业活动有关的经营成果。

营业利润=营业收入-营业成本-税金及附加-销售费用-管理费用-财务费用-资产减值损失+其他收益+投资收益（-投资损失）+净敞口套期收益（-净敞口套期损失）+公允价值变动收益（-公允价值变动损失）-信用减值损失-资产减值损失+资产处置收益（-资产处置损失）

营业收入是企业经营业务的收入总额。营业成本是企业经营业务所发生的实际成本总额。税金及附加是指企业经营活动应负担的相关税费，包括消费税、城市维护建设税、资源税、教育费附加等。销售费用、管理费用、财务费用为期间费用。资产减值损失是指资产可收回金额低于其账面价值所造成的损失。其他收益反映计入其他收益的政府补助等。投资收益（或损失）是企业以各种方式对外投资所取得的收益（或损失）。净敞口套期收益（损失）反映净敞口套期下被套期项目累计公允价值变动转入当期损益的金额或现金流量套期储备转入当期损益的金额。公允价值变动收益（或损失）是企业以公允价值计量且其变动计入当期损益的金融资产因公允价值变动形成的应计入当期损益的收益（或损失）。信用减值损失反映企业计提的各项金融工具信用减值准备所确认的信用损失。资产减值损失是企业计提各项资产减值准备所形成的损失。资产处置收益（或损失）反映企业出售划分为持有待售的非流动资产（金融工具、长期股权投资和投资性房地产除外）或处置时确认的处置利得或损失，以及处置未划分为持有待售的固定资产、在建工程、生产性生物资产及无形资产而产生的处置利得或损失，还包括债务重组中因处置非流动资产产生的利得或损失和非货币性资产交换中换出非流动资产产生的利得或损失。

2. 计算利润总额

利润总额是营业活动利润（亏损）与营业外活动利润（亏损）的合计数。

利润总额=营业利润+营业外收入-营业外支出

式中：营业外收入（或支出）是企业发生的除营业利润以外的收入和支出。

3. 计算净利润

净利润又称为所得税后利润，是企业利润总额扣除应缴纳的所得税费用后的净额，分为持续经营净利润和终止经营净利润。

$$净利润=利润总额-所得税费用$$

所得税费用是企业确认的应从当期利润总额中扣除的所得税费用。

企业实现的净利润要按照国家有关规定进行分配，如提取盈余公积金、向投资者分配利润、弥补亏损等。按照我国《公司法》的有关规定，企业当年实现的净利润，一般应当按照如下顺序进行分配。

首先，公司制企业应当提取税后利润的 10%列入企业法定盈余公积金（非公司制企业也可按照超过 10%的比例提取），企业法定盈余公积金累计额达到企业注册资本的 50%以上的，可以不再提取法定盈余公积金；如果企业的法定盈余公积金不足以弥补以前年度亏损的，在提取法定盈余公积金之前，先用当年利润弥补亏损。

其次，企业从税后利润中提取法定盈余公积金后，经董事会或者股东大会决议，还可以从税后利润中提取任意盈余公积金。非公司制企业经类似权力机构批准，也可提取任意盈余公积金。

最后，提取盈余公积金后所余税后利润可向投资者分配利润或股利。

公司的公积金用于弥补公司的亏损、扩大公司生产经营或者转为增加公司资本。但是，资本公积金不得用于弥补公司的亏损。法定盈余公积金转为资本时，所留存的该项公积金不得少于转增前公司注册资本的 25%。盈余公积金主要用于企业弥补亏损和转增资本，也用来扩大企业生产经营，并无实际占用形态。企业提取盈余公积金的实质是将企业税后收益的一部分留在企业，以备扩大生产之需，因而企业不能在弥补亏损和提取法定盈余公积金之前向股东分配利润，否则，股东必须将违反规定分配的利润退还企业。此外，企业持有的本企业股份不得分配利润。

企业当年实现的净利润在按照有关规定提取盈余公积金和向投资人分配利润后，其余部分作为未分配利润留待以后年度分配或使用。未分配利润数量等于期初未分配利润加上本期实现的净利润，减去提取的各种盈余公积金和分配出去的利润后的余额。企业提取的盈余公积金与未分配利润构成企业的留存收益，是企业所有者权益的组成部分。

企业利润形成与分配的核算需要设置的核心账户有"本年利润"和"利润分配"账户。

（二）利润形成与分配业务的核算示例

企业在一定会计期间内实现的利润（或发生的亏损）是该期间全部收入和全部费用（成本）的差额。以下简要阐述期间费用、资产减值损失、营业外收支、利润及利润分配的核算示例。

1. 期间费用的核算示例

期间费用是本期发生的、不能直接或间接归入某种产品成本的、直接计入当期损益的各项费用，包括管理费用、销售费用和财务费用。期间费用的核算需要设置"管理费用""销售费用""财务费用"等主要账户。

管理费用是指企业为管理和组织经营而发生的各项费用。管理费用的核算内容主要包括筹建期间发生的开办费、董事会和行政管理部门在企业的经营管理中发生的或者应由公司统一负担的公司经费（包括行政管理部门职工工资及福利费、物料消耗、办公费、差旅费等）、工会经费、董事会费、聘请中介机构费、咨询费、诉讼费、业务招待费、技术转让费、排污费、无形资产摊销以及企业生产车间和行政管理部门发生的固定资产修理费用等。销售费用是指企业销售商品和材料、提供劳务过程中发生的各种费用，包括销售商品过程中发生的保险费、包装费、展览费和广告费、运输费等，以及专设销售机构的职工薪酬、业务费、折旧费、固定资产修理费等。财务费用是指企业为筹集生产经营所需资金等而发生的费用，包括利息净支出（利息支出减利息收入后的差额）、汇兑净损失（汇兑损失减汇兑收益的差额）、金融机构手续费以及筹集生产经营资金发生的其他费用等。

【例2-26】甲公司20××年12月行政部门发生以下费用：公司行政人员工资200 000.00元，行政部门人员福利费29 400.00元，以银行存款支付业务招待费11 000.00元，提取行政办公楼固定资产折旧34 333.33元。该项经济业务应编制会计分录如下：

借：管理费用　　　　　　　　　　　　　　　　　　　274 733.33
　　贷：银行存款　　　　　　　　　　　　　　　　　　11 000.00
　　　　应付职工薪酬　　　　　　　　　　　　　　　　229 400.00
　　　　累计折旧　　　　　　　　　　　　　　　　　　34 333.33

【例2-27】甲公司根据有关工资结算凭证，20××年12月应付销售人员工资15 000.00元，另用银行存款支付销售商品展销费5409.90元。该项经济业务应编制会计分录如下：

借：销售费用　　　　　　　　　　　　　　　　　　　20 409.90
　　贷：应付职工薪酬　　　　　　　　　　　　　　　　15 000.00
　　　　银行存款　　　　　　　　　　　　　　　　　　5409.90

2. 资产减值损失的核算示例

资产减值损失是指因资产的账面价值高于可收回金额而造成的损失。在企业取得资产后持有期间，如果资产不能为企业带来经济利益或者带来的经济利益低于账面价值，则该资产不能再予以确认，或者不能再以原账面价值予以确认。企业应当确认资产减值损失，将资产的账面价值减记至可收回金额，以真实反映资产的实际价值。企业资产存在减值迹象的，应当将估计可收回金额与其账面价值进行比较以确定是否发生减值。

资产可收回金额的估计是根据公允价值减去处置费用后的净额与资产预计未来现金流量的现值两者之间较高者确定，如果可收回金额的计量结果表明低于资产账面价值的，应计提相应的资产减值准备，将资产的账面价值减记至可收回金额，减记的金额确认为资产减值损失计入当期损益。为正确核算企业资产减值，需要设置的主要账户有"资产减值损失"以及相应的"××资产减值准备"，"资产减值损失"期末结转入"本年利润"账户后，该账户无余额。

【例2-28】甲公司20××年年末存货账面余额为3 652 000元，经减值测试后其可收回金额为3 628 000元，表明存货减值24 000元。该项经济业务应编制会计分录如下：

借：资产减值损失　　　　　　　　　　　　　　　　　24 000
　　贷：存货跌价准备　　　　　　　　　　　　　　　　24 000

在市场经济条件下企业所提供的赊销商业信用会带来一定的风险，企业的应收账款、其他应收款等应收款项在未来存在着无法收回的可能，造成企业应收款项资产的减值。应收款项中最终无法收回的部分称为坏账，由此产生坏账损失。按照规定，各期期末企业估计无法收回的应收款项，确认应收款项减值并提取坏账准备；对于会计期间确实无法收回的应收款项，按管理权限报经批准后作为坏账损失，转销应收款项，冲减坏账准备。对于应收款项资产的减值，应记入"信用减值损失"。

3. 营业外收支的核算示例

营业外收支是利润的主要组成内容。营业外收支之间不存在配比关系，两者属于净收益或净损失。营业外收入反映企业发生的营业利润以外的收益，主要包括债务重组利得、与企业日常营业活动无关的政府补助、盘盈利得、捐赠利得等。营业外支出反映企业发生的营业利润以外的支出，主要包括债务重组损失、公益性捐赠支出、非常损失、盘亏损失、非流动资产毁损报废损失等。

【例2-29】甲公司20××年12月26日收到M投资人捐赠款项300 000元，已存入银行。该项经济业务应编制会计分录如下：

借：银行存款　　　　　　　　　　　　　　　　　300 000
　　贷：营业外收入　　　　　　　　　　　　　　　300 000

【例2-30】甲公司20××年12月向灾区捐赠100 000元人民币。该项经济业务应编制会计分录如下：

借：营业外支出　　　　　　　　　　　　　　　　100 000
　　贷：银行存款　　　　　　　　　　　　　　　　100 000

4. 利润的核算示例

利润是一定会计期间收入与费用（成本）的差额。平时，企业对于取得的各类收入、费用、成本、税金应该单独设置账户核算，在会计期末，需将收入与费用、成本、税金进行比较，结计出利润（或损失），企业利润扣除所得税后即为企业的净利润。为了正确核算企业在一定会计期间的经营成果，应当设置"本年利润"和"所得税费用"账户。

"本年利润"账户用来核算企业一定期间的经营成果。企业期（月）末结转利润时，将"主营业务收入""其他业务收入""营业外收入""主营业务成本""其他业务成本""营业外支出""税金及附加""销售费用""管理费用""财务费用""公允价值变动损益""信用减值损失""资产减值损失""所得税费用"等损益类账户金额结转入"本年利润"，该账户借贷方金额相抵后，计算出净利润。年终结转"利润分配"后，该账户无余额。

【例2-31】假定甲公司20××年12月的业务中有关损益类账户金额汇总如表2-14所示。

表2-14　损益类账户金额汇总表　　　　　　　　　　　单位：元

账 户 名 称	借方发生额	贷方发生额
主营业务收入	30 000.00	4 400 000.00
其他业务收入		20 000.00
主营业务成本	3 029 605.00	
其他业务成本	14 000.00	
税金及附加	10 995.60	
销售费用	20 409.90	
管理费用	274 733.33	
财务费用	8000.00	
营业外收入		300 000.00
营业外支出	100 000.00	
资产减值损失	6000.00	

根据表 2-14 中的资料，可计算确定甲公司 12 月份的营业利润和利润总额，其中：

营业利润=(4 400 000.00−30 000.00+20 000.00)−(3 029 605.00+14 000.00)−10 995.60−
　　　　 20 409.90−274 733.33−8000.00−6000.00=1 026 256.17（元）

利润总额=1 026 256.17+300 000.00−100 000.00=1 226 256.17（元）

根据上述资料，应编制会计分录如下：

借：主营业务收入	4 370 000
其他业务收入	20 000
营业外收入	300 000
贷：本年利润	4 690 000
借：本年利润	3 463 743.83
贷：主营业务成本	3 029 605.00
其他业务成本	14 000.00
税金及附加	10 995.60
销售费用	20 409.90
管理费用	274 733.33
财务费用	8000.00
营业外支出	100 000.00
资产减值损失	6000.00

经上述结转后，各损益类账户均不再有余额，而"本年利润"账户则汇总反映了甲公司本期除所得税费用以外的全部收支情况，据此可计算出 20××年 12 月甲公司的利润总额为 1 226 256.17 元。假定甲公司 20××年 1—11 月实现的利润合计为 9 000 000 元，则甲公司 20××年度利润总额为 10 226 256.17 元。

【例 2-32】承例 2-31，出于简化考虑，假设甲公司本期利润总额即为应纳税所得额，公司所得税税率为 25%。

应交所得税=10 226 256.17×25%=2 556 564.04（元）

根据上述资料，应编制会计分录如下：

借：所得税费用	2 556 564.04
贷：应交税费——应交所得税	2 556 564.04

【例 2-33】承例 2-32，期末结转时，还应将所得税费用账户的余额结转至"本年利润"账户的借方，经结转后，"所得税费用"账户无余额。应编制会计分录如下：

借：本年利润	2 556 564.04
贷：所得税费用	2 556 564.04

至此，"本年利润"账户的结余数为 7 669 692.13（10 226 256.17−2 556 564.04）元，即为甲公司 20××年实现的净利润额。

5. 利润分配的核算示例

企业实现的净利润属于企业所有者，按照《公司法》的规定，企业弥补亏损和提取盈余公积后所余税后利润，可以向投资人分配利润，剩余部分作为未分配利润留待以后年度分配或使用。企业对于利润的分配会导致所有者权益中可供分配利润减少，但是盈余公积和未分配利润作为企业留存收益构成所有者权益的组成部分。企业利润分配核算的核心账户是"利润分配"账户,此外,还需要设置"盈余公积""应付股利"等账户。"利润分配"账户反映企业利润的分配(或亏损的弥补)和历年利润分配(或弥补亏损)后的余额。

【例 2-34】承例 2-33,至年终结转时,应将"本年利润"账户余额转入"利润分配"账户。甲公司年末应编制结转分录如下:

借:本年利润　　　　　　　　　　　　　　　　　　7 669 692.13
　　贷:利润分配——未分配利润　　　　　　　　　　　　7 669 692.13

若为亏损,则编制与上述会计分录相反的会计分录。经结转后,"本年利润"账户不再有余额。

【例 2-35】承例 2-34,甲公司根据本期实现的净利润,按10%的比例提取法定盈余公积金。该项经济业务应编制会计分录如下:

借:利润分配——提取法定盈余公积　　　　　　　　　766 969.21
　　贷:盈余公积——法定盈余公积　　　　　　　　　　　766 969.21

【例 2-36】承例 2-34,甲公司股东大会决定按本年净利润的10%提取任意盈余公积。该项经济业务应编制会计分录如下:

借:利润分配——提取任意盈余公积　　　　　　　　　766 969.21
　　贷:盈余公积——任意盈余公积　　　　　　　　　　　766 969.21

【例 2-37】假设甲公司股东大会决定本期分配现金股利500 000.00元。该项经济业务应编制会计分录如下:

借:利润分配——应付现金股利　　　　　　　　　　　500 000.00
　　贷:应付股利　　　　　　　　　　　　　　　　　　500 000.00

【例 2-38】承例 2-35、例 2-36和例 2-37,年终结转甲公司各利润分配账户的明细账。应编制会计分录如下:

借:利润分配——未分配利润　　　　　　　　　　　2 033 938.42
　　贷:利润分配——提取法定盈余公积　　　　　　　　　766 969.21
　　　　　　　　——提取任意盈余公积　　　　　　　　　766 969.21
　　　　　　　　——应付现金股利　　　　　　　　　　　500 000.00

根据以上计算结果,假定甲公司未分配利润账户无期初余额,则20××年12月31日,甲公司未分配利润账户余额为贷方余额5 635 753.71(7 669 692.13-2 033 938.42)元,为可供企业以后年度分配的利润;加上企业提取的盈余公积1 533 938.42元,企业20××年年末留存收益为7 169 692.13元;与例2-7中的"实收资本"账户贷方余额30 000 000元加总,甲公司20××年年末合计所有者权益总额为37 169 692.13元。至此,甲公司完成了整个会计循环,并且将在以后可持续经营期间不断循环往复,直至该公司清算。

第四节　会计凭证与会计账簿

一、会计凭证

会计凭证是用来记录经济业务,明确经济责任,并作为登记账簿依据的书面证明文件。

填制和审核凭证是会计核算的专门方法之一。会计凭证种类很多,按其填制的程序和用途可分为原始凭证和记账凭证两大类。

(一)原始凭证

1. 原始凭证的概念与种类

原始凭证是指在经济业务发生时取得或填制的,用以记录经济业务发生或完成情况,具有法律效力的书面证明。原始凭证必须能够证明经济业务已经发生或完成,如采购材料的发货单,它能证明材料采购业务已经发生;银行的转账支票,它能证明银行付款业务已经发生。不能证明经济业务已经发生或完成的"貌似"原始凭证的书面资料,如经济合同、材料请购单等,均不能作为会计核算的原始凭证。

按照取得来源不同,原始凭证可分为外来原始凭证和自制原始凭证。

(1)外来原始凭证是指企业同外部单位发生经济业务往来时,从外部单位取得的原始凭证,如购买材料取得的"增值税专用发票",从运输部门取得的"运输发票"等。增值税专用发票的"发票联"如表 2-15 所示。

表 2-15　××增值税专用发票

购买方	名　　称: 纳税人识别号: 地　址、电　话: 开户银行及账号:			密码区	(略)		
货物或应税劳务、服务名称	规格型号	单位	数量	单价	金额	税率	税额
合　　　计							
价税合计(大写)			(小写)				
销售方	名　　称: 纳税人识别号: 地　址、电　话: 开户银行及账号:			备注			

№ 1100143160　开票日期:

第二联　发票联　购买方记账凭证

税总函(20××)××号×××××公司

收款人:　　　复核:　　　开票人:　　　销售方:(章)

(2)自制原始凭证是指本单位内部经办业务的部门或人员在办理经济业务时自行填制的原始凭证,如收料单等。自制原始凭证按填制手续和完成情况的不同,分为一次原始凭证(如领料单,具体格式见表 2-16)、累计原始凭证(如限额领料单,具体格式见表 2-17)和汇总原始凭证(如发出材料汇总表,具体格式见表 2-18)三种。

表2-16 领料单

领料单位：××车间　　　　　　　　　　　　　　　　　　　　　　　　编号：
用　途：　　　　　　　　　　　　年　月　日　　　　　　　　　　　　仓库：

材料编号	材料名称及规格	计量单位	数量		价格		备注
			请领	实领	单价	金额	

领料单位负责人：　　　　　领料人：　　　　　发料人：　　　　　制单：

表2-17 限额领料单

领料部门：　　　　　　　　　　　　　　　　　　　　　　　　　　　发料仓库：
用　途：　　　　　　　　　　　　年　月　日　　　　　　　　　　　编　号：

材料类别	材料编号	材料名称及规格	计量单位	领用限额	实际领用	单价	金额	备注

日期	请领		实发			限额结余	退库	
	数量	签章	数量	发料人	领料人		数量	退库单编号
合计								

供应部门负责人：　　　　　生产计划部门负责人：　　　　　仓库负责人：

表2-18 发出材料汇总表

年　月　日

会计科目		领料部门	原料及主要材料	辅助材料	燃料	合计
生产成本	基本生产车间	一车间				
		二车间				
		小计				
	辅助生产车间	供水车间				
		机修车间				
		小计				
制造费用						
管理费用						
合计						

制表：　　　　　　　　　　　　　　　　　　　审核：

2. 原始凭证的基本内容与填制

由于经济业务的内容不同，因此记录经济业务的原始凭证种类繁多、格式各异，但原始凭证都必须具备以下几项基本内容：

（1）原始凭证的名称；
（2）填制凭证的日期和编号；
（3）填制凭证单位的名称或填制人姓名；
（4）经办人员的签名或签章；
（5）接受凭证单位的名称；
（6）经济业务内容摘要；
（7）经济业务所涉及的数量、单价和金额。

原始凭证是进行会计核算的主要原始资料和依据，是具有法律效力的证明文件，填制原始凭证必须遵循真实可靠、内容完整、书写规范和填制及时的基本要求。

（二）记账凭证

1. 记账凭证的概念与种类

所谓记账凭证，是指由会计人员根据审核无误的原始凭证编制的用来履行记账手续的会计分录凭证。记账凭证是登记账簿的直接依据，正确编制记账凭证是顺利进行账务处理的前提，只有编制的记账凭证准确无误才可以保证账簿记录的真实性和可靠性。

记账凭证按其所反映经济业务的内容，可分为专用记账凭证和通用记账凭证。

专用记账凭证是专门用来记录某一特定种类经济业务的记账凭证，按其所记录的经济业务是否与货币资金收付有关，又分为收款凭证、付款凭证和转账凭证三种。

（1）收款凭证是用来记录库存现金和银行存款收款业务的记账凭证，如企业收到购货方支付的货款 10 000 元存入银行（不考虑增值税），就应该编制银行存款收款凭证，如表 2-19 所示。

表 2-19　收款凭证

借方科目：银行存款　　　　　　　××××年××月××日　　　　　　　银收字第×号

摘要	贷方总账科目	明细科目	金额	记账符号
收到销货款	主营业务收入		10 000	
合计			¥10 000	

附单据 3 张

会计主管：　　　记账：　　　出纳：　　　审核：　　　制单：

（2）付款凭证是用来记录库存现金和银行存款付款业务的记账凭证，如用现金购买办公用品 800 元，就应该编制库存现金付款凭证，如表 2-20 所示。

表 2-20　付款凭证

贷方科目：库存现金　　　　　　　××××年××月××日　　　　　　　　现付字第×号

摘要	借方总账科目	明细科目	金额	记账符号	
购买办公用品	管理费用		800		附单据1张
合计			¥800		

会计主管：　　　　记账：　　　　出纳：　　　　审核：　　　　制单：

（3）转账凭证是用来记录与库存现金、银行存款的收付款业务没有关系的转账业务的记账凭证，如生产 A 产品领用原材料 6000 元，应该编制转账凭证，如表 2-21 所示。

表 2-21　转账凭证

编制单位：甲公司　　　　　　　　××××年××月××日　　　　　　　　转字第×号

摘要	总账科目	明细科目	借方金额	贷方金额	记账符号	
领用材料	生产成本		6000			附单据1张
		原材料		6000		
合计			¥6000	¥6000		

会计主管：　　　　记账：　　　　审核：　　　　制单：

通用记账凭证是采用一种通用格式记录各种经济业务的记账凭证，这种通用记账凭证既可以反映收、付款业务，也可以反映转账业务。通用记账凭证如表 2-22 所示。

表 2-22　记账凭证

编制单位：　　　　　　　　　　　××××年××月××日　　　　　　　　凭证编号：

摘要	总账科目	明细科目	借方金额	贷方金额	记账符号	
						附单据××张
合计						

会计主管：　　　　记账：　　　　审核：　　　　制单：

2. 记账凭证的基本内容

由于经济业务的内容不同，所采用的记账凭证也有区别，但是，它们都必须具备以下几项基本内容：

（1）记账凭证的名称与填制单位的名称；
（2）记账凭证的填制日期和编号；
（3）经济业务的内容摘要；
（4）应借、应贷账户名称和金额，即会计分录；

(5)所附原始凭证张数;
(6)有关主管和经办人员签章。

二、会计账簿

会计账簿,简称账簿,是由具有专门格式而又连接在一起的若干账页组成,按照会计科目开设账户,用来序时地、分类地记录和反映经济业务的簿籍。会计账簿是会计资料的主要载体之一。设置和登记会计账簿是会计核算的一种重要方法,是系统、全面地提供会计信息的重要手段。

(一)会计账簿的种类

会计账簿的种类繁多,不同的账簿其用途、形式、内容和登记方法各不相同。按用途分类,会计账簿可以分为序时账簿、分类账簿和备查账簿;按外表形式分类,会计账簿可以分为订本式账簿、活页式账簿和卡片式账簿;按账页格式分类,会计账簿可以分为三栏式账簿、多栏式账簿和数量金额式账簿。

(二)会计账簿的结构与登记方法

从结构上看,会计账簿包括封面、扉页和账页三大部分:封面用来标明账簿名称;扉页用来反映账簿应用、交接等状况;账页是账簿的结构主体,主要用来列示会计科目、记账日期、记账依据、内容摘要及金额等信息。不同类型账簿的账页结构和登记方法也存在一定的差异。

1. 序时账簿的结构与登记方法

序时账簿是按照经济业务发生时间的先后顺序逐日、逐笔登记的账簿。在我国现行账簿体系中,序时账簿主要指库存现金日记账和银行存款日记账。

序时账簿的基本格式一般采用借方、贷方和余额或收入、支出和结余三栏式。三栏式库存现金日记账的一般格式如表2-23所示。出纳人员通常对记账凭证中涉及库存现金或银行存款科目的业务逐日、逐笔登记库存现金日记账或银行存款日记账,并做到日清月结,即每日登记完毕后应加计余额,以便及时与库存现金实有数或银行对账单进行核对。

表2-23 三栏式库存现金日记账

20××年		凭证号数	摘 要	对方账户	收 入	支 出	结 余
月	日						
6	1		期初余额				360
	1	003	提取现金	银行存款	1000		1360
	1	005	购买办公用品	管理费用		100	1260
	1	010	暂借差旅费	其他应收款		500	760
			本日合计		1000	600	760
	2	017	报销退回	其他应收款	20		780
			(略)				
			本月合计		115 260	114 870	750

2. 总分类账的结构与登记方法

总分类账是按照规定的总账科目设置，用来对经济业务进行分类核算，提供总括核算资料的账簿，它只要求提供金额指标。总分类账一般采用借方、贷方及余额三栏式格式，其一般格式如表 2-24 所示。

表 2-24　总分类账

会计科目：库存商品　　　　　　　　　　　　　　　　　　　　　　　　　　　　第 31 页

20××年		凭证号数	摘　要	借　方	贷　方	借或贷	余　额
月	日						
6	1		月初余额			借	225 000
	3	025	甲产品验收入库	80 000			
	16	112	乙产品验收入库	50 000			
	30	344	本月发出材料		192 000		
			本月合计	130 000	192 000	借	163 000

按照不同的会计核算程序，总分类账可以根据审核无误的记账凭证或科目汇总表等逐笔或定期汇总登记，这一问题将在本章延伸阅读资料中详细介绍。

3. 明细分类账的结构与登记方法

明细分类账是对总分类账的详细记录，它是根据总账所属的明细分类科目设置，用以记录某一类经济业务明细核算资料的分类账簿。明细分类账簿一般有三种结构：三栏式明细账、数量金额式明细账和多栏式明细账。

（1）三栏式明细账需要根据每一明细科目单设账页，其基本结构设置借方、贷方及余额三个金额栏，故称为三栏式明细账，其一般格式如表 2-25 所示。由于这种账簿只设置金额栏，因此它适用于只进行金额明细核算的账户，如应收账款、应付账款等债权、债务结算类科目的明细分类核算。

表 2-25　应付账款明细账

明细科目：南方公司　　　　　　　　　　　　　　　　　　　　　　　　　　　　第 16 页

20××年		凭证号数	摘　要	借　方	贷　方	借或贷	余　额
月	日						
6	1		月初余额			贷	24 500
	8	044	偿还欠款	15 000		贷	9500
	14	090	购料		11 000	贷	20 500
	25	253	偿还欠款	20 500		平	0
			本月合计	35 500	11 000		

（2）数量金额式明细账也是按每一明细科目设置账页，其基本结构设置收入、发出和结存三栏，既要登记金额，又要登记数量，其一般格式如表 2-26 所示。数量金额式明细账不仅可以进行金额核算，还可以进行数量核算，因此这种账簿适用于原材料、库存商品等科目的明细分类核算。

表 2-26 原材料明细账

材料名称：甲材料　　　　　　　　　　　　　　　　　　　　　　　　计量单位：件

20××年		凭证号数	摘要	收入			发出			结存		
月	日			数量	单价	金额	数量	单价	金额	数量	单价	金额
6	1		期初结存							400	50	20 000
	3	020	领用材料				200	50	10 000	200	50	10 000
	10	085	购入材料	300	50	15 000				500	50	25 000
	20	204	领用材料				180	50	9000	320	50	16 000
			本月合计	300		15 000	380		19 000	320	50	16 000

（3）多栏式明细账是根据经营管理需要，按照明细科目在同一账页内分设若干专栏，集中反映详细核算资料的明细账。多栏式明细账适用于收入、成本费用及利润类科目的明细核算，如管理费用、主营业务收入等科目的明细分类核算，其一般格式如表 2-27 所示。

表 2-27 管理费用明细账

20××年		凭证号数	摘要	借方发生额						贷方
月	日			工资	办公费	折旧费	差旅费	其他	合计	
6	2	013	报销差旅费				2000		2000	
	6	032	购买办公用品		500				500	
	……		……	…	…	…	…	…	…	
	30	350	期末结转							71 800
			本月合计	35 000	25 000	8000	2500	1300	71 800	71 800

各种明细账的登记，一般是根据原始凭证、原始凭证汇总表或记账凭证，按经济业务发生时间的先后顺序逐日、逐笔进行登记，在摘要栏简要写清经济业务内容，以便检查和核对。

（三）总分类账与明细分类账的平行登记

平行登记是指经济业务发生后，根据会计凭证，一方面要登记有关的总分类账户，另一方面要同时登记该总分类账户所属的各有关明细分类账户。平行登记包括四个要点：依据相同、期间相同、方向相同和金额相等。总分类账户及其所属的明细分类账户登记的金额之间存在如下公式关系：

总分类账户本期发生额=所属明细账分类账户本期发生额合计
总分类账户期末余额=所属明细分类账户期末余额合计

延伸阅读　会计核算程序

思 考 题

1. 在会计工作中，会计凭证有何意义？
2. 什么是会计科目？什么是会计账户？两者的区别和联系是什么？
3. 什么是借贷记账法？如何理解"有借必有贷，借贷必相等"这一记账规则？
4. 何谓会计分录？会计分录有哪些类型？正确编制会计分录的基本步骤包括哪些？

业务计算题

1. X公司20××年有关账户的资料如表2-28所示。

表2-28　X公司20××年有关账户的资料

账户名称	期初余额	本期借方发生额	本期贷方发生额	期末余额
库存现金	20 000	10 000		5000
原材料	1000	4000	2000	
应付账款	50 000	10 000		70 000
短期借款		80 000	40 000	60 000
实收资本	900 000		500 000	1 000 000

要求：根据借贷记账法的原理，在表2-28中空格处填入正确的数字。

2. A公司20××年5月1日有关账户余额如表2-29所示。

表2-29　A公司20××年5月1日有关账户余额

账户	余额
库存现金	2000
银行存款	8000
应收账款	5000
原材料	3000
固定资产	12 000
短期借款	3000
应付账款	6000
实收资本	21 000

A公司本月发生下列经济业务。

（1）购入材料一批，已验收入库，货款5000元未付。

（2）从银行取得三个月期借款10 000元，存入银行。

（3）以银行存款4000元偿还欠X公司货款。
（4）收到X公司投入的原材料8000元，机器设备15 000元。
（5）收到Y公司前欠购货款5000元，存入银行。
（6）购入材料一批，总金额为6000元，有4000元未付，2000元以银行存款支付。
（7）以银行存款支付职工工资2000元。
（8）以银行存款偿还短期借款本金3000元。

注：为了简化核算，以上业务均不考虑增值税。

要求：

（1）根据期初余额开设账户，对本月发生的经济业务编制会计分录，并在有关账户中逐笔登记。

（2）根据上述业务编制发生额及余额试算平衡表。

3. 某制造企业为增值税一般纳税人，20×9年12月购入甲材料1000千克，增值税专用发票注明的买价为500 000元，增值税税额为65 000元，发生运杂费用1500元，在入库前发生挑选整理费用1000元。全部款项均以银行存款支付。

要求：

（1）计算材料的实际成本。

（2）编制有关会计分录。

4. 某制造企业20××年6月1日库存某种材料200千克，成本为20 000元。6月7日，购进该种材料300千克，每千克买价105元，验收入库；6月12日，生产领用该种材料250千克；6月20日，又购进该材料400千克，每千克单价102元，验收入库；6月26日，生产领用该种材料250千克。

要求：分别采用先进先出法、一次加权平均法、移动加权平均法计算发出该材料的成本和期末库存材料的成本。

5. 某公司20×7年1月1日从银行借入长期借款1000万元用于建造厂房，该借款的利率为7.2%，期限3年，每年年末付息一次。工程当即开始。20×8年8月底，工程完工，厂房交付使用。借款到期归还本金和支付最后一次利息。

要求：

（1）编制取得借款的会计分录。

（2）编制每年年末计息和支付利息的会计分录。

（3）编制到期归还本金的会计分录。

6. 某股份有限公司委托某证券公司代理发行普通股1 000 000股，每股面值1元，每股发行价4元。

要求：

（1）计算计入资本公积的金额。

（2）编制有关会计分录。

7. X公司20×9年度取得主营业务收入8000万元，其他业务收入2000万元，投资收益500万元，营业外收入280万元；发生主营业务成本5500万元，其他业务成本1600万元，税金及附加320万元，管理费用400万元，销售费用800万元，财务费用120万元，营业外支出 480 万元。X 公司按净利润的 10%提取盈余公积金，宣告向投资人分派现金股利 300 万元。X 公司所得税税率为 25%，本年度无应纳税调整项目。编制 X 公司有关利润形成及其分配的会计分录。

8. 20×8 年 5 月 6 日，甲公司支付价款 1016 万元（含交易费用 1 万元和已宣告未发放的现金股利 15 万元），购入乙公司发行的股票 200 万股，占乙公司有表决权股份的 0.5%。甲公司将其划分为交易性金融资产。

20×8 年 5 月 10 日，甲公司收到乙公司发放的现金股利 15 万元。

20×8 年 6 月 30 日，该股票市价为每股 5.2 元。

20×8 年 12 月 31 日，甲公司仍持有该股票；当日，该股票市价为每股 4.8 元。

20×9 年 5 月 9 日，乙公司宣告发放股利 4000 万元。

20×9 年 5 月 13 日，甲公司收到乙公司发放的现金股利。

20×9 年 5 月 20 日，甲公司以每股 4.9 元的价格将股票全部转让。假定不考虑其他因素。

要求：做出与上述业务相关的会计处理。

思政案例讨论题

1. 小丽是会计学专业大一学生，学习了"基础会计"课程。当年春节，小丽的父母和亲戚给了她一些现金作为压岁钱。如果小丽作为一个会计主体采用借贷记账法编制记账凭证，借方是"库存现金"，贷方应该是什么呢？有人说是"应付账款"或"其他应付款"，也有人说是"应收账款"，还有人说是"实收资本""资本公积"或"其他业务收入"，甚至还有人说应该是"营业外收入""投资收益"。针对上述说法，试着给出相应的理由。

请问：

作为晚辈，你觉得是否还可使用更合适的账户来表达对长辈的感恩之情。

2. 2014 年 10 月，财政部和国家税务总局发布了《财政部 国家税务总局关于完善固定资产加速折旧企业所得税政策的通知》（财税〔2014〕75 号）。该通知规定，允许生物药品制造业，专用设备制造业，铁路、船舶、航空航天和其他运输设备制造业，计算机、通信和其他电子设备制造业，仪器仪表制造业，信息传输、软件和信息技术服务业共六个试点行业的企业采取缩短折旧年限法、双倍余额递减法或年数总和法对 2014 年 1 月 1 日以后购进的固定资产进行加速折旧，而对于上述六个行业的小型微利企业 2014 年 1 月 1 日后新购进的研发和生产经营共用的仪器、设备，单位价值不超过 100 万元的，允许一次性计入当期成本费用，在计算应纳税所得额时扣除，不再分年度计算折旧；单位价值超过 100 万元的，可缩短折旧年限或采取加速折旧的方法。

2015 年 9 月，财政部和国家税务总局进一步发布《财政部 国家税务总局关于进一步完善固定资产加速折旧企业所得税政策的通知》（财税〔2015〕106 号），允许轻工、纺织、机械、汽车等四个领域重点行业的企业对 2015 年 1 月 1 日后新购进的固定资产进行加速折旧。而自 2019 年 1 月 1 日起，固定资产加速折旧政策扩大至全部制造业领域实施。

请问:

(1) 根据你所学习的会计学知识,分析财政部和国家税务总局的相关政策对政策范围内的企业有何影响。

(2) 这项政策反映出怎样的导向?对我国的经济发展有何积极意义?

习题参考答案

第三章　期末会计信息生成

本章导读

本章主要介绍了期末会计信息生成过程中运用的会计核算方法。首先介绍了期末账项调整事项的会计处理；其次介绍了财产清查的方法和财产清查结果的处理；再次介绍了对账和结账的方法；最后介绍了财务报表的编制以及IT环境下会计信息生成过程。

学习目标

1. 掌握期末账项调整的种类和调整分录的编制。
2. 掌握对账和结账的程序。
3. 了解财务报表的编制方法。
4. 了解IT环境下会计信息生成过程。

问题导引

小刘是一名刚毕业不久的大学生，毕业后选择自主创业。20××年年初，他创建了一家玩具销售公司，在说服亲友对其创办的企业进行投资和向银行抵押贷款的情况下，初步解决了资金不足问题。拿到资金后小刘先租赁了门店，购置了办公设备和招聘了员工，又购进了一批用于销售的玩具，然后就正式开始营业。由于创办初期公司规模较小，又没有建立起完善的会计制度，小刘选择由财务公司的会计师小李代为记账。同时，为了提升对公司的管理能力，小刘开始自学财务知识，经过近一年的学习逐渐掌握了日常简单会计业务的处理，但机器设备的折旧和摊销、应收和预付等往来账项的调整、财产物资的盘盈和盘亏等业务却让小刘有些困惑，而对于财务报表的编制更是难住了小刘，为此他请教了会计师小李。小李给小刘讲解了期末会计信息生成过程中需要运用的会计核算方法，并帮助他编制了当年的财务报表，小刘这才发现原来有大量的会计核算业务要在会计期末完成。通过学习，小刘对于财务知识有了更全面的认识，自身管理能力也得到了进一步提升。

第一节 期末账项调整

一、期末账项调整的含义

在以权责发生制为基础的会计核算中，经常会发生收入与费用的归属期和收付期不一致的业务，为了真实地反映企业的经营成果和财务状况，在会计期末结账前应按照经济业务的归属期进行会计确认与计量，这就形成了应收、应付及预收、预付项目。因此，每个会计期的期末应对相关会计事项予以调整，这种期末按权责发生制要求对部分会计事项予以调整的行为，就是账项调整；账项调整时所编制的会计分录，就是调整分录。

二、期末账项调整的事项

在会计期间终了时需要进行账项调整的事项包括：调整期末应计入本期收入、费用的账项和调整期末应按期分配收入、费用的账项。

（一）应计收入的调整

应计收入是指在会计核算期内已实现，但由于没有收到款项而尚未入账的收入。对于这类会计事项，在会计期结束编制调整分录时，一方面登记收入增加，另一方面登记债权增加，如对应计利息、应收租金等会计事项的处理。

【例3-1】20××年7月1日，某公司将其拥有的大型设备出租给B公司，租期半年，租金每月8000元，期满一次性收取全部租金。7月末，该公司虽然未收到租金款项，但已拥有收取一个月租金收入8000元的权利。会计处理应按权责发生制要求，将该月租金收入调整入账，调整的会计分录如下：

借：其他应收款——B公司　　　　　　　　　　　　　　8000
　　贷：其他业务收入　　　　　　　　　　　　　　　　　　8000

（二）应计费用的调整

应计费用是指在本期已经发生，但由于没有支付款项而未入账的费用。在会计期结束编制调整分录时，一方面登记费用增加，另一方面登记债务增加，如对期末应付而未付的职工薪酬、福利费，应付而未付的房屋租金、水电费、银行借款利息等会计事项的处理。

【例3-2】20××年7月1日，某公司借入期限为三个月的短期借款100 000元。7月末，根据借款利率估算，本期应负担利息1000元。银行一般规定借款利息按季度结算，但该公司自借款日开始即已受益，因此，应将每月承担的利息费用调整入账，该公司每月末应编制的调整会计分录如下：

借：财务费用　　　　　　　　　　　　　　　　　　　　　　　　1000
　　贷：应付利息　　　　　　　　　　　　　　　　　　　　　　　　1000

（三）预收收入的调整

预收收入一般是指已经收款入账，但尚未向付款单位提供商品、劳务或财产物资使用权，应尽的义务尚未完成或尚未全部完成，导致其是不属于本期收入的预收款项，是一种负债。当应尽的义务完成后，应将预收款项转为收入，编制调整分录时，一方面登记负债的减少，另一方面登记收入的增加，如对预收货款、预收出租包装物租金等会计事项的处理。

【例 3-3】20××年 7 月 1 日，某公司出租房屋给 B 企业，并于 7 月初预收了一年的租金 60 000 元，款项已存入银行。由于预收的一年租金是转让一年房屋使用权的报酬，而在 7 月末仅转让一个月的使用权，因此只有这一个月的租金可确认为本期收入，其余租金虽已收取了款项，但不能确认为当期收入，应通过"预收账款"账户确认为负债入账。

7 月初，该公司收款时，应编制会计分录如下：

借：银行存款　　　　　　　　　　　　　　　　　　　　　　　　60 000
　　贷：预收账款——B 企业　　　　　　　　　　　　　　　　　　60 000

7 月末编制的调整会计分录如下：

借：预收账款——B 企业　　　　　　　　　　　　　　　　　　　5000
　　贷：其他业务收入　　　　　　　　　　　　　　　　　　　　　5000

（四）预付费用的调整

预付费用一般是指本期已付款入账，但应由本期和以后各期分别负担的费用。在本期虽然支付了款项，但并未使本期受益或未完全使本期受益，因此不能计入或不能全部计入本期有关费用，而应先记入资产类账户，待以后在其受益期间分期摊销时，再编制调整分录，一方面登记费用的增加，另一方面登记资产的减少，如对预付全年的报刊费、保险费、固定资产修理费和折旧费等会计事项的处理。

【例 3-4】20××年 6 月 30 日，某公司以银行存款支付了下半年的财产保险费 90 000 元。在 20××年 6 月 30 日支付时，编制的会计分录如下：

借：其他应收款　　　　　　　　　　　　　　　　　　　　　　　90 000
　　贷：银行存款　　　　　　　　　　　　　　　　　　　　　　　90 000

由于支付的 90 000 元保险费用归属于下半年，因此在 20××年 6 月 30 日，不作为费用，仅作为预付款项记入"其他应收款"账户。

20××年 7 月起，该公司每月开始享受保险服务，每月承担的保险费用 15 000 元应该作为本月费用调整入账。7 月末编制的调整会计分录如下：

借：管理费用　　　　　　　　　　　　　　　　　　　　　　　　15 000
　　贷：其他应收款　　　　　　　　　　　　　　　　　　　　　　15 000

第二节 财产清查

一、财产清查概述

（一）财产清查的概念与作用

财产清查是通过对各项财产的实地盘点以及对货币资金和往来款项的核查，将一定时点的实存数与账面结存数核对，借以查明账实是否相符的一种专门方法。

财产清查是企业财产管理不可缺少的环节，财产清查有着以下几项重要作用。

（1）通过财产清查可以确定各项财产的实存数，可以查明财产实存数与账存数是否相符，以及发生盘亏、盘盈的原因和责任，以便及时调整账面数字，做到账实相符，保证会计核算资料的准确，为经济管理提供可靠的数据资料。

（2）通过财产清查可以查明财产物资的储备和利用情况，对于储备不足的，应及时补充，以保证生产的需要；对于积压呆滞和闲置的，应及时进行处理，避免损失浪费，以充分挖掘财产物资潜力，提高其使用效能。

（3）通过财产清查可以查明各项财产物资的保管情况，以便确定有无因管理不善造成的短缺、霉烂变质、损失浪费以及贪污盗窃等情况。对于发现的问题要及时采取措施加强管理，对贪污盗窃等犯罪行为要追究责任，严肃处理，企业要建立、健全保管人员的岗位责任制，以确保财产物资的安全，提高管理水平。

（二）财产清查的种类

财产清查可以按照不同的标准进行分类，但主要分类包括以下两种。

（1）财产清查按其对象和范围，可分为全面清查和局部清查。全面清查是指对企业的全部资产进行清查，以便全面了解企业的资产状况。局部清查则是根据特定目的和需要对企业部分或某一类资产进行的清查。由于全面清查工作量大，因此一般只在下列情况下才进行：① 年终进行财务决算前；② 企业撤并或改变隶属关系时；③ 统一清产核资时；④ 企业更换主要负责人时。

（2）财产清查按其时间，可分为定期清查和不定期清查。定期清查是指于月末、季末、年末结账时进行的例行清查；不定期清查则是指根据特殊需要而临时进行的清查。定期清查通常需列入工作计划，预先安排；不定期清查一般无法事先制订计划，如资产遭受自然灾害等非常损失或财税、审计等部门临时决定查账等情形。

（三）财产清查的方法

财产清查是一项复杂而细致的工作，涉及面广，工作量大。因此，在进行财产清查前，必须有计划、有组织、有步骤地认真做好各方面的准备工作，这些准备工作包括组织上的准备和业务上的准备。准备妥当后才能按照科学、合理的技术方法进行财产清查。

对于各项财产物资实存数量的清查，一般采用实地盘点法、技术推算法和核对账目法。

（1）实地盘点法是指通过实地清点或使用度量衡器具准确计量财产物资的一种方法。实地盘点法主要适用于现金和实物资产的清查。

（2）技术推算法是指对于财产物资不是逐一清点计数，而是通过量方、计尺等技术推算财产物资的结存数量，对于那些大量、成堆、难以逐一清点的财产物资，一般采用技术推算法。

（3）核对账目法是指将本单位内部的相关账目与外单位相关账目之间逐笔核对，进行财物清查的方法。此方法主要适用于银行存款和债权债务的清查。

为了明确经济责任，在进行盘点时，实物保管人员必须在场并参加盘点工作。对盘点的结果，应由盘点人根据盘盈或盘亏情况，如实地登记在"盘存单"上，并根据"盘存单"和有关账簿的记录，填制"实存账存对照表"，据此确定各种实物的实存数与账存数之间的差异。"实存账存对照表"是财产清查的重要报表，是调整账面记录的原始凭证，也是分析盈亏原因、明确经济责任的重要依据，应严肃、认真地填报，其一般格式如表3-1所示。

表3-1 实存账存对照表

年 月 日

企业名称：

编号	类别及名称	计量单位	单价	实存		账存		对比结果				备注
								盘盈		盘亏		
				数量	金额	数量	金额	数量	金额	数量	金额	

二、财产清查结果的处理

财产清查后，如果实存数与账存数一致，账实相符，则不必进行账务处理；如果实存数与账存数不一致，会出现以下情况：① 实存数大于账存数，称为盘盈；② 实存数小于账存数，称为盘亏。无论是盘盈还是盘亏，都需要进行会计处理，调整账存数，使账存数与实存数一致，保证账实相符。企业财产出现盘盈、盘亏，都说明企业在经营管理、财产保管中存在一定的问题。因此，一旦发现账存数与实存数不符，应进一步分析原因，明确责任，提出相应的处理意见并按规定的程序批准后，才能对盘存差异进行处理。

对于财产清查结果的会计处理要分两步进行：① 根据已查明属实的财产盘盈、盘亏的数据编制"实存账存对照表"，填制记账凭证，据以登记有关账簿，调整账簿记录，使各项财产物资的账存数与实存数相一致。② 待查清原因，明确责任以后，再根据审批后的处理决定填制记账凭证，分别记入有关的账户。

为了反映和监督企业在财产清查过程中查明的各种财产的盘盈、盘亏及其处理情况，应设置"待处理财产损溢"账户。该账户用来核算财产清查中查明的各种财产物资盘盈数、盘亏数及批准处理数。其借方核算在财产清查中发生的待处理财产盘亏数及结转已批准处理的财产盘盈数；贷方核算在财产清查中发生的待处理财产盘盈数和结转已批准处理的盘亏毁损数；处理前的借方余额，反映企业尚未处理的各种财产的净损失；处理前的贷方余额，反映企业尚未处理的各种财产的净溢余；期末处理后该账户应无余额。固定资产盘盈不通过该账户核算。下面分别介绍主要财产清查结果的会计处理（为简化核算，以下例题均不考虑增值税问题）。

1. 货币资金清查结果的会计处理

货币资金清查结果主要包括库存现金和银行存款的会计处理。

（1）库存现金的清查。库存现金的清查是通过实地盘点的方法确定库存现金的实存数，再与库存现金日记账的账面余额进行核对，如果账实不符，则要对清查结果进行会计处理。对于现金盘亏，扣除应由责任人赔偿之后的余额计入管理费用；对于现金盘盈或无法支付的现金应计入营业外收入。

【例 3-5】某企业对出纳保管的库存现金进行清查，发现库存现金比库存现金日记账记录的结果少 1000 元。根据"库存现金盘点报告表"等原始凭证，编制会计分录如下：

借：待处理财产损溢　　　　　　　　　　　　　　　　1000
　　贷：库存现金　　　　　　　　　　　　　　　　　　　　1000

经查明是该 1000 元盘亏款因出纳人员失误造成，经批准损失的 80%由出纳李某赔偿，20%计入管理费用。

借：其他应收款——李某　　　　　　　　　　　　　　800
　　管理费用　　　　　　　　　　　　　　　　　　　　200
　　贷：待处理财产损溢　　　　　　　　　　　　　　　　1000

【例 3-6】某企业对出纳保管的库存现金进行清查，发现库存现金比库存现金日记账记录的结果多 1000 元，根据"库存现金盘点报告表"等原始凭证，编制会计分录如下：

借：库存现金　　　　　　　　　　　　　　　　　　　1000
　　贷：待处理财产损溢　　　　　　　　　　　　　　　　1000

经调查无法查明现金盘盈原因，经批准计入营业外收入。

借：待处理财产损溢　　　　　　　　　　　　　　　　1000
　　贷：营业外收入　　　　　　　　　　　　　　　　　　1000

（2）银行存款的清查。银行存款的清查是采用与开户银行核对账目的方法来进行，即将本单位的银行存款日记账与开户银行转来的对账单逐笔进行核对。银行存款日记账的余额和银行对账单的余额往往不一致，不一致的原因，一是可能某一方记账有误；二是存在未达账项。所谓未达账项，是指企业与银行之间对于同一项业务，由于取得凭证的时间不同导致记账时间不一致，而发生的一方已取得结算凭证并登记入账，另一方由于尚未取得结算凭证而尚未入账的款项。未达账项包括以下四种：企业已收而银行未收款项；企业已付而银行未付款项；银行已收而企业未收款项；银行已付而企业未付款项。对于未达账项，需要通过编制"银行存款余额调节表"来剔除其对银行存款清查的影响，调整后如仍不相符则说明银行存款存在记账错误，需要进一步查明原因。"银行存款余额调节表"一般采用补记法来编制，补记法是指在银行存款日记账余额和银行对账单余额的基础上，各自加减未达账项进行调节。其计算公式为企业银行存款日记账余额+银行已收入账而企业未入账款项−银行已付入账而企业未入账款项=银行对账单余额+企业已收入账而银行未入账款项−企业已付入账而银行未入账款项

【例3-7】 20××年5月31日，某企业银行存款日记账的余额为3380元，银行对账单上的存款余额为4980元，经双方核对，有下列未达账项。

（1）企业收到转账支票400，已存入银行，而银行尚未记账。

（2）企业开出现金支票300元，持票人尚未到银行提款。

（3）企业委托银行收取货款1900元，银行已入账，企业尚未收到入账通知。

（4）企业应支付电话费200元，银行已代为支付，企业尚未收到账单。

根据以上未达账项，该企业编制"银行存款余额调节表"，如表3-2所示。

表3-2　银行存款余额调节表

20××年5月31日　　　　　　　　　　　　　　　　　　　　　　单位：元

项　　目	余　额	项　　目	余　额
企业账面的存款余额	3380	银行账面的存款余额	4980
加：银行已收而企业未收的款项	1900	加：企业已收而银行未收的款项	400
减：银行已付而企业未付的款项	200	减：企业已付而银行未付的款项	300
调节后余额	5080	调节后余额	5080

要注意，"银行存款余额调节表"只起到对账的作用，不能作为调节账面余额的凭证，银行存款日记账的登记，还应待收到有关原始凭证后再进行。

2. 存货清查结果的会计处理

造成存货账实不符的原因是多种多样的，应根据不同情况进行不同处理，一般处理办法是：定额内的盘亏，应计入管理费用；责任事故造成的损失，应由过失人负责赔偿；非常损失，如自然灾害，在扣除保险公司赔偿款和残料价值后，经批准计入营业外支出等；如果发生盘盈，一般冲减管理费用。

【例3-8】 某企业期末财产清查时盘亏产成品10 000元，其中，1000元由管理不善（收发计量错误）造成，7000元由火灾造成，2000元由被盗造成。根据"实存账存对照表"等原始凭证，编制会计分录如下：

借：待处理财产损溢　　　　　　　　　　　　　　　　　　　　10 000

　　贷：库存商品　　　　　　　　　　　　　　　　　　　　　　　　10 000

经上级领导批示，对于收发计量引起的差错作为管理费用处理；火灾造成的损失由保险公司赔偿5000元，剩余部分作为营业外支出处理；被盗造成的损失由保管人员赔偿。根据以上批示，编制会计分录如下：

借：管理费用　　　　　　　　　　　　　　　　　　　　　　　　1000

　　其他应收款　　　　　　　　　　　　　　　　　　　　　　　7000

　　营业外支出——非常损失　　　　　　　　　　　　　　　　　2000

　　贷：待处理财产损溢　　　　　　　　　　　　　　　　　　　　10 000

【例3-9】 某企业月末财产清查时，盘盈原材料5000元，根据"实存账存对照表"编制会计分录如下：

借：原材料　　　　　　　　　　　　　　　　　　　　　　　　　5000

　　贷：待处理财产损溢　　　　　　　　　　　　　　　　　　　　5000

经上级领导批准盘盈的材料数冲减当期管理费用,编制会计分录如下:

借:待处理财产损溢　　　　　　　　　　　　5000
　　贷:管理费用　　　　　　　　　　　　　　　　　5000

3. 固定资产清查结果的会计处理

造成固定资产盘亏的原因主要有自然灾害、责任事故和丢失等,应根据不同情况进行不同的处理。一般处理办法是:自然灾害所造成的固定资产毁损净值,在扣除保险公司赔款和残值收入后,经批准应列为营业外支出;责任事故所造成的固定资产毁损,应由责任人酌情赔偿损失;丢失的固定资产,经批准应列为营业外支出。固定资产盘盈多因设备取得后未及时入账所致,应作为前期会计差错,通过"以前年度损益调整"账户处理,在此不做介绍。

【例 3-10】某企业财产清查中发现盘亏设备一台,"实存账存对照表"列示盘亏固定资产原值 80 000 元,已提折旧 50 000 元。根据"实存账存对照表"编制会计分录如下:

借:待处理财产损溢　　　　　　　　　　　　30 000
　　累计折旧　　　　　　　　　　　　　　　　50 000
　　贷:固定资产　　　　　　　　　　　　　　　　80 000

经核查盘亏原因是自然灾害造成,保险公司同意赔偿 10 000 元,其余损失经上级领导批准列入营业外支出。编制会计分录如下:

借:营业外支出　　　　　　　　　　　　　　20 000
　　其他应收款　　　　　　　　　　　　　　10 000
　　贷:待处理财产损溢　　　　　　　　　　　　30 000

第三节　对账与结账

一、对账

在会计工作中,由于种种原因,难免发生记账、计算等差错,也难免出现账实不符的现象。为了保证账簿记录的真实、正确和完整,在有关经济业务入账之后,必须进行账簿记录的核对。对账工作就是为了保证账证相符、账账相符、账实相符的一项检查性工作。该工作一般分为三步进行:一是账证核对;二是账账核对;三是账实核对。

(一)账证核对

账证核对是将各种账簿记录与其所依据的会计凭证进行核对,核对账簿记录与会计凭证的内容是否吻合。在日常核算中随时可进行账证核对,以便及时发现问题并进行改正,若期末发现账簿记录有误,则应重新与会计凭证核对,确保账证相符。账证核对的具体方法是:检查各账户是否为记账凭证中所列示的会计科目,账簿中记账时间、经济业务内容摘要、凭证字号、记账方向、金额与记账凭证中相关内容是否一致。

（二）账账核对

账账核对是各种账簿之间的核对。它包括将所有总账借方余额合计数与贷方余额合计数进行核对；将总分类账户余额与所属明细分类账余额之和进行核对；将库存现金日记账余额、银行存款日记账余额与库存现金总账余额、银行存款总账余额进行核对；将会计部门各种财产物资明细分类账余额与保管部门财产物资明细账账面余额进行核对。通过以上核对，如果核对结果相符，则说明账簿记录基本正确；如果核对结果不相符，则一定存在错误，应查找原因并进行纠正。

（三）账实核对

账实核对是在账账核对的基础上，将各种财产物资账面余额与财产物资实际结存数进行核对。核对的内容主要包括：库存现金日记账每日与库存现金实有数核对；银行存款日记账与银行对账单定期核对；财产物资账面余额与实际结存数核对；各种债权、债务账面余额与对方单位相应的债务、债权余额核对。在实际工作中，账实核对是通过财产清查工作来进行的。

二、结账

结账就是把一定时期发生的经济业务全部登记入账后，期末结算出本期发生额及余额的会计工作。通过结账，一方面可以反映一定时期内所发生经济业务引起的企业资产、负债、所有者权益等增减变动情况及其结果；另一方面可以确定一定时期内的财务成果，有利于企业定期编制会计报表。以下为结账的具体步骤。

（1）本期发生的经济业务应全部登记入账。结账前应检查本期内已发生的经济业务是否已全部登记到账簿，如已发生的债权、债务，已发现的财产物资盘盈、盘亏等是否都已记账。如果发现漏记、错记，应进行补记、更正。

（2）按照权责发生制的要求进行账项调整。在结账前通过一定的账务处理进行期末账项调整，以便正确地计算、确定本期的财务成果。

（3）结平所有损益类账户。编制结账分录，将收入、费用类账户转入"本年利润"账户。

（4）计算、登记各种账簿的本期发生额和期末余额。在完成上述步骤后计算出各种账簿的本期发生额和期末余额，将期末余额结转至下期。

第四节　财务报表编制

一、财务报表概述

（一）财务报表的含义和构成

会计循环的最后环节是编制财务报表，编制财务报表是提供会计信息的主要手段。财政部颁布的《企业会计准则第 30 号——财务报表列报》中规定，财务报表是对企业财务状况、经营成果和现金流量的结构性表述。财务报表至少应当包括资产负债表、利润表、现金流量表、所有者权益（或股东权益）变动表及报表附注。

（1）资产负债表是反映企业在某一特定日期财务状况的报表。

（2）利润表是反映企业在一定会计期间经营成果的报表。

（3）现金流量表是反映企业在一定会计期间现金及现金等价物流入和流出情况的报表。

（4）所有者权益（或股东权益）变动表是反映构成所有者权益的各组成部分当期的增减变动情况的报表。

（5）报表附注是对在财务报表中列示项目所做的进一步说明，以及对未能在这些报表中列示项目的说明等，以便帮助使用者理解和使用报表信息。

（二）财务报表的分类

财务报表按照不同的标准可以划分为不同的种类，主要分类有：① 按照财务报表反映的经济内容分类，可以分为资产负债表、利润表、现金流量表和所有者权益变动表等；② 按照财务报表的编制时间分类，可以分为年度报表和中期报表；③ 按照财务报表所反映的资金运动形态分类，可以分为静态报表和动态报表；④ 按照财务报表编制的主体不同，可以分为个别报表和合并报表；⑤ 按照财务报表服务的对象不同，可以分为内部报表和外部报表。

（三）财务报表的编制要求

财务报告的使用者主要包括投资者、债权人、政府相关部门、供应商等协作单位、顾客和企业职工等。企业对外披露财务报告的主要作用在于向这些与企业相关的外部信息使用者提供信息，以帮助其做出决策。

财务报表信息应满足可靠性、相关性、可比性、一贯性、及时性、明晰性等会计信息质量要求。为保证财务报告质量，编制财务报表时必须遵守以下几个原则。

（1）数字真实。编制财务报表之前，应做好对账和结账工作，在账证相符、账账相符、账实相符的情况下进行编报。财务报表中的各项数字必须真实，不得弄虚作假。

（2）内容完整。根据规定的种类和格式编制月报、季报、半年报和年报，不能漏编、漏报，表内项目及补充资料都应填列齐全。

（3）编报及时。各种财务报表必须按规定时间及时报出，不得拖延。

（4）说明清楚。对财务报表中需要说明的问题，应加以文字说明。文字说明应力求简明扼要。

二、财务报表的编制

（一）资产负债表

资产负债表是反映企业在某一特定日期财务状况的报表，是静态的会计报表。某一特定日期是指月末、季末、半年末、年末。具体来说，资产负债表能够反映一个企业资产、负债和所有者权益的总体规模以及组成结构。资产负债表根据"资产=负债+所有者权益"公式，按照一定的分类和次序，将企业某一特定日期的资产、负债和所有者权益项目予以适当排列编制而成。资产负债表将企业的经济资源按照经济性质、用途加以分类，划分为流动资产和非流动资产，再按具体项目列示；按照企业的资金来源分别列示负债和所有者权益两大类，再将其进行详细分类。会计信息使用者据此可以清楚地了解企业在某一特定日期所拥有的资产总量及其资本结构。

1. 资产负债表的格式

资产负债表的格式可分为账户式结构和报告式结构两种，我国的资产负债表采用账户式结构。采用账户式结构的资产负债表分为左右两方，左方是资产项目，右方是负债和所有者权益项目，表中数据均列示上年年末余额和期末余额。资产按其流动性大小排列，负债项目一般要按求偿时间的先后顺序排列，在企业清算之前不需要偿还的所有者权益项目排在最后。

账户式资产负债表中的资产各项目的合计数等于负债和所有者权益各项目的合计数，即资产负债表左方和右方平衡。因此，通过账户式资产负债表，可以反映资产、负债、所有者权益之间的内在关系，即"资产=负债+所有者权益"。资产负债表的具体格式可参考表3-5。

2. 资产负债表的编制方法

资产负债表信息反映的是某一特定日期的时点信息，因而其基本数据来自账户某日的结存余额。资产负债表的"期末余额"栏需要根据本期期末相关账户的余额情况来填写，以下为具体的填列方法。

（1）根据有关总账账户的余额填列。资产负债表中的有些项目，可根据有关总账账户的期末余额填列，如"其他权益工具投资""短期借款""应付票据""持有待售负债""实收资本（或股本）""资本公积""盈余公积"等项目，应根据有关总账账户的余额填列。

有些项目则需根据几个总账账户的余额计算后填列，如"货币资金"项目，需根据"库存现金""银行存款""其他货币资金"三个总账账户余额的合计数填列。

（2）根据有关明细账账户的余额计算填列。例如，"应付账款"项目，应根据"应付账款"和"预付账款"账户所属的相关明细账户的期末贷方余额合计数填列；"一年内到期的非流动资产""一年内到期的非流动负债"项目，应根据有关非流动资产或负债项目的明细账户余额分析填列；"未分配利润"项目，应根据"利润分配"总账所属的"未分配利润"明细账户期末余额填列。

（3）根据总账账户和明细账账户的余额分析计算填列。例如，"长期借款"项目，需根据"长期借款"总账账户余额扣除"长期借款"账户所属的明细账户中自资产负债表日起一年内到期且企业不能自主地将清偿义务推迟的长期借款后的金额后填列；"债权投资"项目，应扣除自资产负债表日起一年内到期的长期债权投资的期末账面价值后填列；"租赁负债"项目应根据"租赁负债"科目的期末余额填列，但是自资产负债表日起一年内到期应予以清偿的租赁负债的期末账面价值，在"一年内到期的非流动负债"项目反映，因而应予扣除。

（4）根据有关账户余额减去其备抵账户余额后的净额填列。大部分资产类项目余额，都应根据相关资产账户账面余额扣除减值准备后的账面价值填列。例如，"其他应收款"项目，应根据"应收利息""应收股利"和"其他应收款"科目的期末余额合计数，减去"坏账准备"科目中相关坏账准备期末余额后的金额填列；"固定资产""无形资产"等项目，应根据相关账户的期末余额扣减相关的累计折旧（或摊销、折耗）及相应的减值准备后填列。

（5）综合运用上述填列方法分析填列。例如，"存货"项目，应根据"在途物资""原材料""库存商品""周转材料""委托加工物资""生产成本""受托代销商品"等账户的期末余额合计，减去"存货跌价准备"账户期末余额后的金额填列；材料采用计划成本核算及库存商品采用计划成本或售价核算的企业，还应按加或减材料成本差异、商品进销差价后的金额填列。

资产负债表"上年年末余额"栏内各项目的数字，应根据上一年年末资产负债表的"期末余额"栏内所列数字填列。如果上年度资产负债表规定的各个项目的名称和内容与本年度不一致，应对上一年年末资产负债表各项目的名称和数字按照本年度的规定调整填入本表"上年年末余额"栏内。

3. 资产负债表编制示例

1）有关资料

ABC 公司为增值税一般纳税人，适用的增值税税率为 13%，其 20××年 1 月 1 日各账户的期初余额（上年年末余额）如表 3-3 所示。

表 3-3　20××年 1 月 1 日账户余额表　　　　　　　　　　单位：元

账 户 名 称	借 方 余 额	贷 方 余 额
库存现金	18 000	
银行存款	4 000 000	
交易性金融资产	120 000	
应收票据	1 000 000	
应收账款	800 000	
预付账款	600 000	
其他应收款	30 000	
原材料	6 000 000	
周转材料	1 000 000	
库存商品	4 000 000	
长期股权投资	1 200 000	
固定资产	8 000 000	
累计折旧		2 400 000
在建工程	8 000 000	
无形资产	4 000 000	
短期借款		1 800 000
应付票据		1 200 000
应付账款		1 700 000
其他应付款		1 200 000
应付职工薪酬		600 000
应交税费		218 000
长期借款		8 000 000
实收资本		20 750 000
盈余公积		300 000
利润分配——未分配利润		600 000

ABC 公司 20××年度发生了以下几笔经济业务。

（1）用银行存款支付购买原材料货款 1 000 000 元，以及购入材料支付的增值税 130 000 元，材料已验收入库。

（2）销售产品一批，销售价款 6 000 000 元，增值税为 780 000 元，该批产品已经发出，已收款项 6 780 000 元，存入银行（该公司主营业务成本于期末一次结转）。

（3）购入不需安装的设备 2 台，价款共计 1 500 000 元（未取得增值税专用发票），另外支付包装费、运费 6000 元。全部款项均已用银行存款支付，设备已经交付使用。

（4）年内共领用原材料 3 000 000 元，其中，生产产品领用 2 600 000 元，生产车间一般消耗 400 000 元。

（5）分配应支付的职工工资 4 000 000 元，其中，生产人员工资 2 000 000 元，车间管理人员工资 1 600 000 元，行政管理部门人员工资 400 000 元。

（6）通过银行支付工资 4 000 000 元。

（7）提取应计入本期损益的短期借款利息 70 000 元。

（8）归还短期借款本息 1 570 000 元，其中，利息 70 000 元已预提。

（9）计提固定资产折旧 600 000 元，其中，计入制造费用 450 000 元、管理费用 150 000 元。

（10）收到应收账款 500 000 元，存入银行。

（11）用银行存款支付产品展览费、广告费 400 000 元。

（12）假设该公司本年年初、年末均没有在产品，本年内发生的制造费用已经转入产品成本，生产完工的产品已经全部验收入库。

（13）企业销售产品一批，价款 1 500 000 元，增值税额为 195 000 元，货款尚未收到。

（14）本期应缴纳的教育费附加为 10 000 元。

（15）用银行存款缴纳增值税 600 000 元、教育费附加 10 000 元。

（16）向地震灾区捐款 60 000 元，用银行存款支付。

（17）本月销售库存积压的材料一批，售价 200 000 元，增值税 26 000 元，款项已存入银行。

（18）结转已销售库存材料的成本 150 000 元。

（19）结转本期主营业务成本 3 500 000 元。

（20）将各损益账户结转本年利润。

（21）计算并结转本期应交所得税（税率为 25%），假设本期利润即为本期应纳税所得额。

（22）结转本年净利润。

（23）提取法定盈余公积金（提取比例为净利润的 10%）。

（24）结转利润分配的明细账户。

2）根据上述资料编制会计分录

（1）借：原材料　　　　　　　　　　　　　　　　　　 1 000 000
　　　　应交税费——应交增值税（进项税额）　　　　　 130 000
　　　　贷：银行存款　　　　　　　　　　　　　　　　 1 130 000

（2）借：银行存款　　　　　　　　　　　　　　　　　　 6 780 000
　　　　贷：主营业务收入　　　　　　　　　　　　　　 6 000 000
　　　　　　应交税费——应交增值税（销项税额）　　　 780 000

（3）借：固定资产　　　　　　　　　　　　　　　　　　1 506 000
　　　贷：银行存款　　　　　　　　　　　　　　　　　　　　1 506 000
（4）借：生产成本　　　　　　　　　　　　　　　　　　2 600 000
　　　　制造费用　　　　　　　　　　　　　　　　　　　400 000
　　　贷：原材料　　　　　　　　　　　　　　　　　　　　　3 000 000
（5）借：生产成本　　　　　　　　　　　　　　　　　　2 000 000
　　　　制造费用　　　　　　　　　　　　　　　　　　1 600 000
　　　　管理费用　　　　　　　　　　　　　　　　　　　400 000
　　　贷：应付职工薪酬　　　　　　　　　　　　　　　　　　4 000 000
（6）借：应付职工薪酬　　　　　　　　　　　　　　　　4 000 000
　　　贷：银行存款　　　　　　　　　　　　　　　　　　　　4 000 000
（7）借：财务费用　　　　　　　　　　　　　　　　　　　70 000
　　　贷：应付利息　　　　　　　　　　　　　　　　　　　　　70 000
（8）借：短期借款　　　　　　　　　　　　　　　　　　1 500 000
　　　　应付利息　　　　　　　　　　　　　　　　　　　70 000
　　　贷：银行存款　　　　　　　　　　　　　　　　　　　　1 570 000
（9）借：制造费用——折旧费　　　　　　　　　　　　　450 000
　　　　管理费用——折旧费　　　　　　　　　　　　　150 000
　　　贷：累计折旧　　　　　　　　　　　　　　　　　　　　600 000
（10）借：银行存款　　　　　　　　　　　　　　　　　　500 000
　　　贷：应收账款　　　　　　　　　　　　　　　　　　　　500 000
（11）借：销售费用　　　　　　　　　　　　　　　　　　400 000
　　　贷：银行存款　　　　　　　　　　　　　　　　　　　　400 000
（12）借：生产成本　　　　　　　　　　　　　　　　　　2 450 000
　　　贷：制造费用　　　　　　　　　　　　　　　　　　　　2 450 000
　　　借：库存商品　　　　　　　　　　　　　　　　　　7 050 000
　　　贷：生产成本　　　　　　　　　　　　　　　　　　　　7 050 000
（13）借：应收账款　　　　　　　　　　　　　　　　　　1 695 000
　　　贷：主营业务收入　　　　　　　　　　　　　　　　　　1 500 000
　　　　　应交税费——应交增值税（销项税额）　　　　　　　195 000
（14）借：税金及附加　　　　　　　　　　　　　　　　　10 000
　　　贷：应交税费——应交教育费附加　　　　　　　　　　　10 000
（15）借：应交税费——应交增值税（已交税金）　　　　600 000
　　　　　应交税费——应交教育费附加　　　　　　　　　10 000
　　　贷：银行存款　　　　　　　　　　　　　　　　　　　　610 000
（16）借：营业外支出　　　　　　　　　　　　　　　　　60 000
　　　贷：银行存款　　　　　　　　　　　　　　　　　　　　60 000
（17）借：银行存款　　　　　　　　　　　　　　　　　　226 000
　　　贷：其他业务收入　　　　　　　　　　　　　　　　　　200 000
　　　　　应交税费——应交增值税（销项税额）　　　　　　　26 000

（18）借：其他业务成本　　　　　　　　　　　　　　　　　150 000
　　　　　贷：原材料　　　　　　　　　　　　　　　　　　　150 000
（19）借：主营业务成本　　　　　　　　　　　　　　　　3 500 000
　　　　　贷：库存商品　　　　　　　　　　　　　　　　　3 500 000
（20）借：主营业务收入　　　　　　　　　　　　　　　　7 500 000
　　　　　其他业务收入　　　　　　　　　　　　　　　　　200 000
　　　　　贷：本年利润　　　　　　　　　　　　　　　　　7 700 000
　　　借：本年利润　　　　　　　　　　　　　　　　　　4 740 000
　　　　　贷：主营业务成本　　　　　　　　　　　　　　　3 500 000
　　　　　　　其他业务成本　　　　　　　　　　　　　　　　150 000
　　　　　　　税金及附加　　　　　　　　　　　　　　　　　 10 000
　　　　　　　销售费用　　　　　　　　　　　　　　　　　　400 000
　　　　　　　管理费用　　　　　　　　　　　　　　　　　　550 000
　　　　　　　财务费用　　　　　　　　　　　　　　　　　　 70 000
　　　　　　　营业外支出　　　　　　　　　　　　　　　　　 60 000
（21）本年应交所得税=(7 700 000-4 740 000)×25%=740 000（元）
　　　借：所得税费用　　　　　　　　　　　　　　　　　　740 000
　　　　　贷：应交税费——应交所得税　　　　　　　　　　　740 000
　　　借：本年利润　　　　　　　　　　　　　　　　　　　740 000
　　　　　贷：所得税费用　　　　　　　　　　　　　　　　　740 000
（22）借：本年利润　　　　　　　　　　　　　　　　　　2 220 000
　　　　　贷：利润分配——未分配利润　　　　　　　　　　2 220 000
（23）本年应计提法定盈余公积=2 220 000×10%=222 000（元）
　　　借：利润分配——提取法定盈余公积　　　　　　　　　222 000
　　　　　贷：盈余公积——法定盈余公积　　　　　　　　　222 000
（24）结转利润分配的明细账户
　　　借：利润分配——未分配利润　　　　　　　　　　　　222 000
　　　　　贷：利润分配——提取盈余公积　　　　　　　　　222 000

3）编制有关账户余额表

　　由以上资料及相关会计分录得出ABC公司20××年12月31日有关账户余额，如表3-4所示。

表3-4　20××年12月31日账户余额表　　　　　　　　　　　　　单位：元

账　户　名　称	借　方　余　额	贷　方　余　额
库存现金	18 000	
银行存款	2 230 000	
交易性金融资产	120 000	
应收票据	1 000 000	
应收账款	1 995 000	
预付账款	600 000	
其他应收款	30 000	

续表

账户名称	借方余额	贷方余额
原材料	3 850 000	
周转材料	1 000 000	
库存商品	7 550 000	
长期股权投资	1 200 000	
固定资产	9 506 000	
累计折旧		3 000 000
在建工程	8 000 000	
无形资产	4 000 000	
短期借款		300 000
应付票据		1 200 000
应付账款		1 700 000
其他应付款		1 200 000
应付职工薪酬		600 000
应交税费		1 229 000
长期借款		8 000 000
实收资本		20 750 000
盈余公积		522 000
利润分配——未分配利润		598 000

4）编制资产负债表

根据 ABC 公司 20××年12月31日各账户的期末余额编制资产负债表，如表 3-5 所示。

表 3-5　资产负债表

会企 01 表

编制单位：ABC 公司　　　　　　20××年12月31日　　　　　　单位：元

资产	期末余额	上年年末余额	负债和所有者权益（或股东权益）	期末余额	上年年末余额
流动资产：			流动负债：		
货币资金	2 248 000	4 018 000	短期借款	300 000	1 800 000
交易性金融资产	120 000	120 000	交易性金融负债		
衍生金融资产			衍生金融负债		
应收票据	1 000 000	1 000 000	应付票据	1 200 000	1 200 000
应收账款	1 995 000	800 000	应付账款	1 700 000	1 700 000
应收款项融资			预收款项		
预付款项	600 000	600 000	合同负债		
其他应收款	30 000	30 000	应付职工薪酬	600 000	600 000
存货	12 400 000	11 000 000	应交税费	1 229 000	218 000
合同资产			其他应付款	1 200 000	1 200 000
持有待售资产			持有待售负债		
一年内到期的非流动资产			一年内到期的非流动负债		
其他流动资产			其他流动负债		
流动资产合计	18 393 000	17 568 000	流动负债合计	6 229 000	6 718 000

续表

资　产	期末余额	上年年末余额	负债和所有者权益（或股东权益）	期末余额	上年年末余额
非流动资产：			非流动负债：		
债权投资			长期借款	8 000 000	8 000 000
其他债权投资			应付债券		
长期应收款			其中：优先股		
长期股权投资	1 200 000	1 200 000	永续债		
其他权益工具投资			租赁负债		
其他非流动金融资产			长期应付款		
投资性房地产			预计负债		
固定资产	6 506 000	5 600 000	递延收益		
在建工程	8 000 000	8 000 000	递延所得税负债		
生产性生物资产			其他非流动负债		
油气资产			非流动负债合计	8 000 000	8 000 000
使用权资产			负债合计	14 229 000	14 718 000
无形资产	4 000 000	4 000 000	所有者权益（或股东权益）：		
开发支出			实收资本（或股本）	20 750 000	20 750 000
商誉			其他权益工具		
长期待摊费用			其中：优先股		
递延所得税资产			永续债		
其他非流动资产			资本公积		
非流动资产合计	19 706 000	18 800 000	减：库存股		
			其他综合收益		
			专项储备		
			盈余公积	522 000	300 000
			未分配利润	2 598 000	600 000
			所有者权益（或股东权益）合计	23 870 000	21 650 000
资产总计	38 099 000	36 368 000	负债和所有者权益（或股东权益）总计	38 099 000	36 368 000

（二）利润表

利润表是反映企业在一定会计期间经营成果的报表。一定会计期间可以是一个月、一个季度、半年，也可以是一年，因此，利润表属于动态报表。利润表信息可以为企业外部投资者以及债权人的投资决策及贷款决策、为企业内部管理层的经营决策、为企业内部的业绩考核提供重要的依据。

1. 利润表的格式

目前通行于世界各国的利润表格式有两种：单步式利润表和多步式利润表。

单步式利润表是将所有收入和所有费用分别加以汇总，用收入合计数减去费用合计数，从而得出本期利润。单步式利润表的编制方法简单，收入、支出归类清楚，但是对收入、费用的性质不加区分，不便于报表分析。

多步式利润表是将收入与费用按同类属性分别加以归集，分别计算营业利润、利润总额，最后计算出所得税后利润（净利润）。我国企业利润表采用多步式利润表格式，提供"本期金额"和"上期金额"项目信息。

2. 多步式利润表的编制

利润表中的数据来源于与利润计算相关的损益类账户在一定期间的发生额合计数。多步式利润表的编制可分为以下三个步骤。

第一步，以营业收入为基础，减去营业成本、税金及附加、销售费用、管理费用、研发费用、财务费用、信用减值损失、资产减值损失，加上公允价值变动收益（损失以"–"号填列）、投资收益（损失以"–"号填列）、净敞口套期收益（损失以"–"号填列）、资产处置收益（损失以"–"号填列）及其他收益计算出营业利润。上述项目应根据相关账户的发生额分析填列，"营业利润"项目按上述项目结果计算填列，如为亏损，"营业利润"项目以"–"号填列。

第二步，以营业利润为基础，加上营业外收入，减去营业外支出，计算出利润总额。其中，"营业外收入""营业外支出"项目根据相关账户的发生额分析填列，"利润总额"项目按上述项目结果计算填列，如为亏损，"利润总额"项目以"–"号填列。

第三步，以利润总额为基础，减去所得税费用，计算出净利润（或净亏损）。其中，"所得税费用"项目根据"所得税费用"账户的发生额分析填列，"净利润"项目按上述项目结果计算填列。

如果企业存在其他综合收益，应在"净利润"基础上加上"其他综合收益的税后净额"计算"综合收益总额"。普通股或潜在股已公开交易的企业，以及正处于公开发行普通股或潜在股过程中的企业，还应当在利润表中列示每股收益信息，即要计算基本每股收益和稀释每股收益。

3. 利润表编制示例

1）有关资料

根据前述资产负债表编制实例的资料，ABC公司20××年度利润表账户本年累计发生额如表3-6所示。

表3-6 20××年度利润表账户本年累计发生额   单位：元

账户名称	借方发生额	贷方发生额
主营业务收入		7 500 000
其他业务收入		200 000
税金及附加	10 000	
主营业务成本	3 500 000	
其他业务成本	150 000	
销售费用	400 000	
管理费用	550 000	
财务费用	70 000	
营业外收入		
营业外支出	60 000	
所得税费用	740 000	

2）编制利润表

根据以上资料编制 ABC 公司 20××年度利润表，如表 3-7 所示。

表 3-7 利润表

20××年度

编制单位：ABC 公司　　　　　　　　　　　　　　　　　　　会企 02 表　　单位：元

项 目	本 期 金 额	上 期 金 额
一、营业收入	7 700 000	（略）
减：营业成本	3 650 000	
税金及附加	10 000	
销售费用	400 000	
管理费用	550 000	
研发费用		
财务费用	70 000	
其中：利息费用	70 000	
利息收入		
加：其他收益		
投资收益（损失以"-"号填列）		
其中：对联营企业和合营企业的投资收益		
以摊余成本计量的金融资产终止确认收益（损失以"-"号填列）		
净敞口套期收益（损失以"-"号填列）		
公允价值变动收益（损失以"-"号填列）		
信用减值损失（损失以"-"号填列）		
资产减值损失（损失以"-"号填列）		
资产处置收益（损失以"-"号填列）		
二、营业利润（亏损以"-"号填列）	3 020 000	
加：营业外收入		
减：营业外支出	60 000	
三、利润总额（亏损总额以"-"号填列）	2 960 000	
减：所得税费用	740 000	
四、净利润（净亏损以"-"号填列）	2 220 000	
（一）持续经营净利润（净亏损以"-"号填列）		
（二）终止经营净利润（净亏损以"-"号填列）		
五、其他综合收益的税后净额		
（一）不能重分类进损益的其他综合收益		
1．重新计量设定受益计划变动额		
2．权益法下不能转损益的其他综合收益		
3．其他权益工具投资公允价值变动		
4．企业自身信用风险公允价值变动		
……		
（二）将重分类进损益的其他综合收益		
1．权益法下可转损益的其他综合收益		

续表

项　　目	本 期 金 额	上 期 金 额
2. 其他债权投资公允价值变动		
3. 金融资产重分类计入其他综合收益的金额		
4. 其他债权投资信用减值准备		
5. 现金流量套期储备		
6. 外币财务报表折算差额		
……		
六、综合收益总额		
七、每股收益		
（一）基本每股收益		
（二）稀释每股收益		

（三）现金流量表

现金流量表是反映企业在一定会计期间现金及现金等价物流入和流出的报表，是动态报表。现金流量表按照经营活动、投资活动、筹资活动分别反映现金流入量及流出量，可以据此客观评价企业整体财务状况，判断其经营周转是否顺畅。现金流量表补充资料还披露与现金无关的重要投资和筹资活动，这对报表使用者制定合理的投资和信贷决策、评估企业未来的现金流量同样具有重要意义。现金流量表实质是将企业权责发生制下的盈利信息调整为收付实现制下的现金流量信息，便于信息使用者了解企业净利润的质量。

1. 现金流量表的结构和内容

现金是指企业库存现金及可以随时用于支付的存款，它具体包括库存现金、银行存款和其他货币资金（如外埠存款、银行汇票存款、银行本票存款等）。不能随时用于支付的存款不属于现金。现金等价物是指企业持有的期限短、流动性强、易于转换为已知金额、价值变动风险小的投资。企业应根据具体情况确定现金等价物的范围，一经确定不得随意变更。

现金流量是指一定会计期间内企业现金及现金等价物的流入量和流出量。企业从银行提取现金、用现金购买短期内到期的国库券等现金等价物和现金之间的转换不会导致现金流的变化，因而不计入现金流量。

企业产生的现金流量主要包括以下三类。

（1）经营活动产生的现金流量。经营活动是指企业投资活动和筹资活动以外的所有交易和事项，制造企业经营活动主要包括销售商品或提供劳务、购买商品或接受劳务、支付工资和缴纳税款等。经营活动产生的现金流量项目主要有"销售商品、提供劳务收到的现金""收到的税费返还""收到其他与经营活动有关的现金""购买商品、接受劳务支付的现金""支付给职工以及为职工支付的现金""支付的各项税费""支付其他与经营活动有关的现金"等。企业实际收到的政府补助，无论是与资产相关，还是与收益相关，均在"收到其他与经营活动有关的现金"项目填列。

（2）投资活动产生的现金流量。投资活动是指企业长期资产的购建和不包括在现金等价物范围内的投资及其处置活动。企业投资活动主要包括购建固定资产、处置子公司及其他经营单位等。投资活动产生的现金流量项目主要有"收回投资收到的现金""取得投资收益收到的现金""处置固定资产、无形资产和其他长期资产收回的现金净额""处置子公司及其他营业单位收到的现金净额""收到其他与投资活动有关的现金""购建固定资产、无形资产和其他长期资产支付的现金""投资支付的现金""取得子公司及其他营业单位支付的现金净额""支付其他与投资活动有关的现金"等。

(3) 筹资活动产生的现金流量。筹资活动是指导致企业资本及债务规模和构成发生变化的活动。筹资活动主要包括吸收投资、发行股票、分配利润、发行债券、偿还债务等。偿付应付账款、应付票据等商业应付款等属于经营活动，不属于筹资活动。筹资活动产生的现金流量项目主要有"吸收投资收到的现金""取得借款收到的现金""收到其他与筹资活动有关的现金""偿还债务支付的现金""分配股利、利润或偿付利息支付的现金""支付其他与筹资活动有关的现金"等。

我国企业的现金流量表采用正表加补充资料的形式，分类反映经营活动产生的现金流量、投资活动产生的现金流量和筹资活动产生的现金流量，最后汇总反映企业某一期间现金及现金等价物的净增加额。在有外币现金流量及境外子公司的现金流量折算为人民币的企业，还应该填列"汇率变动对现金及现金等价物的影响"项目。除现金流量表主表反映的信息外，企业还应当在补充资料中披露下列信息：① 将净利润调节为经营活动的现金流量；② 不涉及现金收支的重大投资和筹资活动；③ 现金及现金等价物净变动情况。

2. 现金流量表的编制方法

在编制现金流量表时，列报经营活动产生的现金流量可以通过直接法和间接法两种方式。在直接法下，一般是以利润表中的营业收入为起点，调节与经营活动有关的项目的增减变动，计算得出经营活动产生的现金流量。在间接法下，将利润表中的净利润调整为经营活动产生的现金流量，实际上就是将权责发生制原则确定的净利润调整为现金净流入，并剔除投资活动和筹资活动对现金流量的影响。我国《企业会计准则》规定企业应当采用直接法编报现金流量表，同时要求在附注中提供以净利润为基础调节到经营活动现金流量的信息。

采用直接法编制现金流量表时，企业可以根据业务量的大小及复杂程度，选择采用工作底稿法、T 字形账户法或直接根据有关账户的记录分析填列现金流量表。以下简单介绍用工作底稿法编制现金流量表的程序。

(1) 将资产负债表的期初数和期末数过入工作底稿的期初数栏和期末数栏。

(2) 对当期业务进行分析并编制调整分录。编制调整分录时，要以利润表项目为基础，从"营业收入"开始，结合资产负债表项目逐一进行分析并编制调整分录。在调整分录中，有关现金和现金等价物的事项并不直接借记或贷记"现金"，而是分别记入"经营活动产生的现金流量""投资活动产生的现金流量""筹资活动产生的现金流量"有关项目，借记表示现金流入，贷记表示现金流出。

(3) 将调整分录过入工作底稿相关项目。

（4）核对调整分录，使得借方、贷方合计数相等，资产负债表项目期初数加、减调整分录中的借、贷金额后，应该等于期末数。

（5）根据工作底稿中的现金流量表项目部分编制正式的现金流量表。

T字形账户法的编制原理与工作底稿法无异，只是将工作底稿中的各项目期初数、期末数以及调整分录引起的变动数记在T字形账户的借方、贷方。

补充资料中的"将净利润调节为经营活动的现金流量"，实际上是以间接法编制经营活动的现金流量。间接法是以净利润为出发点，对利润表按照权责发生制确定的收入、费用实际未发生现金流入和流出的项目进行调整，即可将净利润调节为经营活动现金流量。采用间接法将净利润调节为经营活动的现金流量时，需要调整的项目可分为四大类：一是实际没有支付现金的费用，如"资产减值准备""固定资产折旧""无形资产摊销""长期待摊费用摊销""递延所得税负债增加（减少以'-'号填列）""存货的减少（增加以'-'号填列）"等项目；二是实际没有收到现金的收益，如"公允价值变动损益（收益以'-'号填列）""递延所得税资产减少（增加以'-'号填列）"等项目；三是不属于经营活动的损益，如"资产处置损失（收益以'-'号填列）""财务费用（收益以'-'号填列）""固定资产报废损失（收益以'-'号填列）""投资损益（收益以'-'号填列）"等项目；四是经营性应收、应付项目的增减变动，如"经营性应收项目的减少（增加以'-'号填列）""经营性应付项目的增加（减少以'-'号填列）"等项目。

补充资料中的"不涉及现金收支的投资和筹资活动"项目，反映企业一定期间内影响资产或负债但不形成该期间现金收支的所有投资和筹资活动的信息，主要包括"债务转为资本""一年内到期的可转换公司债券""融资租入固定资产"项目。

补充资料中的"现金及现金等价物净变动情况"项目，反映企业一定期间内现金及现金等价物的"期末余额"与"期初余额"的数值变动情况，主要反映"货币资金"等项目的期初、期末变化。

3. 现金流量表编制示例

（1）有关资料。根据本章资产负债表和利润表编制实例的资料，采用分析填列法编制ABC公司20××年度的现金流量表（现金流量表的补充资料略）。

（2）ABC公司20××年度的现金流量表正表各项目的编制。

① 销售商品、提供劳务收到的现金=7 700 000+7 700 000×13%+(800 000-1 995 000)=7 506 000（元）

② 购买商品、接受劳务支付的现金=1 000 000+130 000=1 130 000（元）

③ 支付给职工以及为职工支付的现金=4 000 000（元）

④ 支付的各项税费=600 000+10 000=610 000（元）

⑤ 支付的其他与经营活动有关的现金=460 000（元）

⑥ 购买固定资产、无形资产和其他长期资产支付的现金=1 506 000（元）

⑦ 偿还债务支付的现金=1 500 000（元）

⑧ 分配股利、利润或偿付利息支付的现金=70 000（元）

根据以上数据编制现金流量表（见表3-8）以及现金流量表补充资料（见表3-9）。

表 3-8 现金流量表

20××年

会企 03 表

编制单位：ABC 公司　　　　　　　　　　　　　　　　　　　　　　　　　　　　　单位：元

项　目	本 期 金 额	上 期 金 额
一、经营活动产生的现金流量		
销售商品、提供劳务收到的现金	7 506 000	
收到的税费返还		
收到其他与经营活动有关的现金		
经营活动现金流入小计	7 506 000	
购买商品、接受劳务支付的现金	1 130 000	
支付给职工以及为职工支付的现金	4 000 000	
支付的各项税费	610 000	
支付其他与经营活动有关的现金	460 000	
经营活动现金流出小计	6 200 000	
经营活动产生的现金流量净额	1 306 000	
二、投资活动产生的现金流量		
收回投资收到的现金		
取得投资收益收到的现金		
处置固定资产、无形资产和其他长期资产收回的现金净额		
处置子公司及其他营业单位收到的现金净额		
收到其他与投资活动有关的现金		
投资活动现金流入小计		
购建固定资产、无形资产和其他长期资产支付的现金	1 506 000	
投资支付的现金		
取得子公司及其他营业单位支付的现金净额		
支付其他与投资活动有关的现金		
投资活动现金流出小计	1 506 000	
投资活动产生的现金流量净额	-1 506 000	
三、筹资活动产生的现金流量		
吸收投资收到的现金		
取得借款收到的现金		
收到其他与筹资活动有关的现金		
筹资活动现金流入小计		
偿还债务支付的现金	1 500 000	
分配股利、利润或偿付利息支付的现金	70 000	
支付其他与筹资活动有关的现金		
筹资活动现金流出小计	1 570 000	
筹资活动产生的现金流量净额	-1 570 000	
四、汇率变动对现金及现金等价物的影响		
五、现金及现金等价物净增加额	-1770 000	
加：期初现金及现金等价物余额	4 018 000	
六、期末现金及现金等价物余额	2 248 000	

表 3-9 现金流量表的补充资料

编制单位：××公司　　　　　　　　　20××年　　　　　　　　　　　单位：元

补 充 资 料	本 期 金 额	上 期 金 额
1．将净利润调节为经营活动现金流量：		
净利润		
加：资产减值准备		
固定资产折旧		
无形资产摊销		
长期待摊费用摊销		
处置固定资产、无形资产和其他长期资产的损益（收益以"-"号填列）		
固定资产报废损失（收益以"-"号填列）		
公允价值变动损益（收益以"-"号填列）		
财务费用（收益以"-"号填列）		
投资损益（收益以"-"号填列）		
递延所得税资产减少（增加以"-"号填列）		
递延所得税负债增加（减少以"-"号填列）		
存货的减少（增加以"-"号填列）		
经营性应收项目的减少（增加以"-"号填列）		
经营性应付项目的增加（减少以"-"号填列）		
其他		
经营活动产生的现金流量净额		
2．不涉及现金收支的投资和筹资活动：		
债务转为资本		
一年内到期的可转换公司债券		
融资租入固定资产		
3．现金及现金等价物净变动情况：		
现金的期末余额		
减：现金的期初余额		
加：现金等价物的期末余额		
减：现金等价物的期初余额		
现金及现金等价物净增加额		

（四）所有者权益变动表

　　所有者权益变动表是反映构成所有者权益的各组成部分当期增减变动情况的会计报表。编制所有者权益变动表的目的，一方面是为了对资产负债表中所有者权益项目进行详细说明，通过对直接计入所有者权益的利得和损失的全面反映，体现资产负债表中所有者权益各项目如何由年初数变成期末数的全过程；另一方面是对利润表进行进一步的补充，详细记录利润分配的内容。所有者权益变动表不仅包括所有者权益总量的变动信息，还包括所有者权益项目增减变动的重要结构性信息，特别是反映了直接计入所有者权益的利得和损失，使报表使用者准确理解所有者权益增减变动的根源，因而非常重要。

1. 所有者权益变动表的结构和内容

所有者权益变动表包括表题、表体两部分。其中，表题说明报表名称、编制单位、编制日期、报表编号、货币名称、计量单位等；表体是所有者权益变动表的主体，以矩阵的形式列示。一方面，列示导致所有者权益变动的交易或事项，按所有者权益变动的来源对一定时期所有者权益变动情况进行全面反映；另一方面，按照所有者权益各组成部分总额列示交易或事项对所有者权益的影响。企业需比较所有者权益变动表，因此，所有者权益变动表中所有项目均按照"本年金额"和"上年金额"两栏分别列报。所有者权益变动表的具体格式如表 3-10 所示。

2. 所有者权益变动表的编制

所有者权益变动表中各项目应当根据当期综合收益、所有者投入和减少资本、提取盈余公积金、向所有者分配利润等情况分析填列，表中"上年金额"栏内各项数字应根据上年度所有者权益变动表"本年金额"栏内所列数字填列；"本年金额"栏内各项目数字应根据"金融工具类科目"和"其他综合收益"科目的相关明细科目的发生额分析填列。

（1）"上年年末余额"项目，反映企业上年资产负债表中"实收资本（或股本）""其他综合收益""资本公积""盈余公积""未分配利润"项目的年末余额。

① "会计政策变更"项目，根据企业采用追溯调整法处理的会计政策变更的累积影响金额分析填列。

② "前期差错更正"项目，根据企业采用追溯调整法处理的会计差错更正的累积影响金额分析填列。

（2）为了体现会计政策变更和前期会计差错更正的影响，企业应当在所有者权益"上年年末余额"的基础上进行调整，得出所有者权益"本年年初余额"。

（3）"本年增减变动金额"项目，反映企业本年资产负债表中"实收资本（或股本）""其他权益工具""资本公积""其他综合收益""专项储备""盈余公积"以及"未分配利润"项目的变动金额。

① "综合收益总额"项目，反映企业构成综合收益各项目的本年发生金额，对应"其他综合收益""未分配利润"相关栏。

② "所有者投入和减少资本"项目，反映当年企业所有者投入的资本金额和减少的资本金额，对应"实收资本""其他权益工具"和"资本公积"相关栏。

③ "利润分配"下各项目，反映企业当年对所有者（或股东）分配的利润（或股利）金额和按照规定提取的盈余公积金额，应列在"未分配利润"和"盈余公积"栏。

④ "所有者权益内部结转"下各项目，反映不影响当年所有者权益总额的所有者权益各组成部分之间的增减变动，包括"资本公积转增资本（或股本）""盈余公积转增资本（或股本）""盈余公积弥补亏损""设定受益计划变动额结转留存收益""其他综合收益结转留存收益"等项金额，应列在"实收资本（或股本）""其他综合收益""盈余公积"和"未分配利润"相关栏。

（4）"本年年末余额"项目，反映企业本年资产负债表中所有者权益各项目的年末余额，根据上述项目计算得出，应列在"实收资本（或股本）""其他权益工具""资本公积""其他综合收益""专项储备""盈余公积"以及"未分配利润"相关栏。

3. 所有者权益变动表编制示例

运用本章"表 3-5 资产负债表"的资料并结合企业利润分配的经济业务，编制该企业 20××年度所有者权益变动表，如表 3-10 所示。

表 3-10　所有者权益变动表

编制单位：ABC 公司　　20××年度　　会企 04 表　单位：元

项目	本年金额										上年金额（略)
	实收资本（或股本）	其他权益工具			资本公积	减：库存股	其他综合收益	专项储备	盈余公积	未分配利润	所有者权益合计
		优先股	永续债	其他							
一、上年年末余额	20 750 000								300 000	600 000	21 650 000
加：会计政策变更											
前期差错更正											
其他											
二、本年年初余额	20 750 000								300 000	600 000	21 650 000
三、本年增减变动金额（减少以"-"号填列）										2 220 000	2 220 000
（一）综合收益总额											
（二）所有者投入和减少资本											
1. 所有者投入的普通股											
2. 其他权益工具持有者投入资本											
3. 股份支付计入所有者权益的金额											
4. 其他											
（三）利润分配									222 000	−222 000	
1. 提取盈余公积											
2. 对所有者（或股东）的分配											

续表

项目	本年金额											上年金额（略）
	实收资本（或股本）	其他权益工具			资本公积	减：库存股	其他综合收益	专项储备	盈余公积	未分配利润	所有者权益合计	
		优先股	永续债	其他								
3. 其他												
（四）所有者权益内部结转												
1. 资本公积转增资本（或股本）												
2. 盈余公积转增资本（或股本）												
3. 盈余公积弥补亏损												
4. 设定受益计划变动额结转留存收益												
5. 其他综合收益结转留存收益												
6. 其他												
四、本年末余额	20 750 000								522 000	2 598 000	23 870 000	

（五）财务报表附注

财务报表附注是对资产负债表、利润表、现金流量表和所有者权益变动表等报表中列示项目的文字描述或补充的明细资料，以及对未能在这些报表中列示项目的具体说明等，它既是对财务报表的补充说明，又是财务报表的重要组成部分，有助于财务报表使用者理解和使用会计信息。附注相关信息应当与资产负债表、利润表、现金流量表和所有者权益变动表等报表中列示的项目相互参照，以帮助使用者将相关的信息联系起来，并由此从整体上更好地理解财务报表。企业在披露财务报表附注信息时应当将定量、定性信息相结合，按照一定的结构对财务报表附注信息进行合理的排列和分类，以便于使用者理解和掌握。财务报表附注应当按照如下顺序至少披露以下几个方面的内容。

1. 企业的基本情况

（1）企业注册地、组织形式和总部地址。
（2）企业的业务性质和主要经营活动。
（3）母公司以及集团最终母公司的名称。
（4）财务报告的批准报出者和财务报告批准报出日，或者以签字人及其签字日期为准。
（5）营业期限有限的企业，还应当披露有关营业期限的信息。

2. 财务报表的编制基础

财务报表的编制基础应当说明企业的经营状况是持续经营还是非持续经营。如果是非持续经营，应当说明原因及本财务报表的编制基础。

3. 遵循《企业会计准则》的声明

企业应当明确说明编制的财务报表符合《企业会计准则》的要求，真实、完整地反映企业的财务状况、经营成果和现金流量等有关信息，以此明确企业编制财务报表所依据的制度基础。如果企业编制的财务报表只是部分地遵循了《企业会计准则》，附注中不得做出这种表述。

4. 重要会计政策和会计估计

会计政策是指企业在会计确认、计量和报告中所采用的原则、基础和会计处理方法。《企业会计准则》规定了企业在进行会计确认、计量和会计报告中的基本原则、基础以及会计处理方法，包括财务报表项目的计量基础和会计政策的确定依据等。会计估计是指企业对不确定的交易或事项的结果以最近可利用的信息为基础所做的判断，包括下一会计期间内很可能导致资产、负债账面价值重大调整的会计估计的确定依据等。企业应当披露所采用的重要会计政策和会计估计，同时，应当披露重要的会计政策的确定依据和财务报表项目的计量基础，以及会计估计所采用的关键假设和不确定因素。

5. 会计政策和会计估计的变更以及差错更正的说明

企业采用的会计政策在每一会计期间和前后各期应当保持一致，不得随意变更，但是满足下列条件之一的，可以变更会计政策。

（1）法律、行政法规或者国家统一的会计制度等要求变更。
（2）会计政策变更能够提供更可靠、更相关的会计信息。

会计估计变更是指由于资产和负债的当前状况及预期经济利益和义务发生了变化，从而对资产或负债的账面价值或者资产的定期消耗金额进行调整。

企业应当在附注中披露与会计政策和会计估计的变更以及差错更正有关的信息包括以下几项。

（1）会计政策变更的性质、内容和原因。

（2）当期和各个列报前期财务报表中受影响的项目名称和调整金额。

（3）无法进行追溯调整的，说明该事实和原因以及开始应用变更后的会计政策的时点、具体应用情况。

（4）会计估计变更的内容和原因。

（5）会计估计变更对当期和未来期间的影响数。

（6）会计估计变更的影响数不能确定的，披露这一事实和原因。

（7）前期差错的性质。

（8）各个列报前期财务报表中受影响的项目名称和更正金额。

（9）无法进行追溯重述的，说明该事实和原因以及对前期差错开始进行更正的时点、具体更正情况。

在以后期间的财务报表中，不需要重复披露在以前期间的附注中已披露的会计政策变更和前期差错更正的信息。

6. 报表重要项目的说明

报表重要项目的说明是对已在资产负债表、利润表、现金流量表和所有者权益变动表中列示的重要项目的进一步说明。企业应当按照以上各报表及其项目列示的顺序，采用文字和数字描述相结合的方式，尽可能以列表的形式披露重要报表项目的构成或当期增减变动情况。报表重要项目的明细金额合计，应当与报表项目金额相衔接。

7. 其他需要说明的重要事项

其他需要说明的重要事项主要包括或有事项、资产负债表日后非调整事项、关联方关系及其交易等。

（1）或有事项的说明。或有事项是指过去的交易或者事项形成的，其结果需由某些未来事项的发生或不发生才能决定的不确定事项。常见的或有事项包括未决诉讼或未决仲裁、债务担保、产品质量保证（含产品安全保证）、亏损合同、重组义务、承诺、环境污染整治等。

企业应当在财务报表附注中披露与或有事项有关的下列信息。

① 或有负债（不包括极小可能导致经济利益流出企业的或有负债）。

- 或有负债的种类及其形成原因，包括已贴现商业承兑汇票、未决诉讼、未决仲裁、对外提供担保等形成的或有负债。
- 经济利益流出不确定性的说明。
- 或有负债预计产生的财务影响，以及获得补偿的可能性；无法预计的，应当说明原因。

在涉及未决诉讼、未决仲裁的情况下，如果披露全部或部分信息预期会对企业造成重大不利影响，企业无须披露这些信息，但应当披露该未决诉讼、未决仲裁的性质，以及没有披露这些信息的事实和原因。

② 企业通常不应当披露或有资产，但或有资产很可能会给企业带来经济利益的，应当披露其形成的原因、预计产生的财务影响等。

（2）资产负债表日后非调整事项的说明。资产负债表日后事项是指资产负债表日至财务报告批准报出日之间发生的有利或不利的事项。财务报告批准报出日是指董事会或类似机构批准财务报告报出的日期。资产负债表日后事项包括资产负债表日后调整事项和资产负债表日后非调整事项。资产负债表日后调整事项是指对资产负债表日已经存在的情况提供了新的或进一步证据的事项；资产负债表日后非调整事项是指表明资产负债表日后发生的情况的事项。资产负债表日后事项表明持续经营假设不再适用的，企业不应当在持续经营的基础上编制财务报表。

企业应当在财务报表附注中披露与资产负债表日后事项有关的下列信息。

① 财务报告的批准报出者和财务报告批准报出日。按照有关法律、行政法规等规定，企业所有者或其他方面有权对报出的财务报告进行修改的，应当披露这一情况。

② 每项重要的资产负债表日后非调整事项的性质、内容，及其对财务状况和经营成果的影响，无法做出估计的，应当说明原因。企业在资产负债表日后取得了影响资产负债表日财务状况的新的或进一步的证据，应当调整与之相关的披露信息。

（3）关联方关系及其交易的说明。关联方关系的存在以控制、共同控制或重大影响为前提条件，判断时应遵循实质重于形式原则。

① 下列各方构成企业的关联方。

- 该企业的母公司。
- 该企业的子公司。
- 与该企业受同一母公司控制的其他企业。
- 对该企业实施共同控制的投资方。
- 对该企业施加重大影响的投资方。
- 该企业的合营企业。
- 该企业的联营企业。
- 该企业的主要投资者个人及与其关系密切的家庭成员。主要投资者个人是指能够控制、共同控制一个企业或者对一个企业施加重大影响的个人投资者。
- 该企业或母公司的关键管理人员及与其关系密切的家庭成员。关键管理人员是指有权力并负责计划、指挥和控制企业活动的人员。与主要投资者个人或关键管理人员关系密切的家庭成员是指在处理与企业的交易时可能影响该个人或受该个人影响的家庭成员。
- 该企业的主要投资者个人、关键管理人员或与其关系密切的家庭成员控制、共同控制或施加重大影响的其他企业。

② 仅与企业存在下列关系的各方，不构成企业的关联方。

- 与该企业发生日常往来的资金提供者、公共事业部门、政府部门和机构，以及与该企业发生大量交易而存在经济依存关系的单个客户、供应商、特许商、经销商或代理商。
- 与该企业共同控制合营企业的合营者。
- 仅仅同受国家控制而不存在控制、共同控制或重大影响关系的企业。
- 受同一方重大影响的企业。

③ 存在关联方关系的情况下，关联方之间发生的交易为关联方交易。关联方交易的类型主要包括以下几种。

- 购买或销售商品。

- 购买或销售商品以外的其他资产。
- 提供或接受劳务。
- 担保。
- 提供资金（贷款或股权投资）。
- 租赁。
- 代理。
- 研究与开发项目的转移。
- 许可协议。
- 代表企业或由企业代表另一方进行债务结算。
- 关键管理人员薪酬。

④ 关联方交易需披露的内容包括以下几个方面。

- 企业无论是否发生关联方交易，均应当在财务报表附注中披露与该企业之间存在直接控制关系的母公司和子公司有关的信息，如母公司和子公司的名称、业务性质、注册地、注册资本（或实收资本、股本）及其变化，母公司对该企业或者该企业对子公司的持股比例和表决权比例等。如果母公司不是该企业的最终控制方，还应当披露最终控制方的名称。母公司和最终控制方均不对外提供财务报表的，还应当披露母公司之上与其最相近的对外提供财务报表的母公司的名称。
- 企业与关联方发生关联方交易的，应当在财务报表附注中披露该关联方交易的性质、交易类型及交易要素。交易要素至少应当包括：交易的金额；未结算项目的金额、条款和条件，以及有关提供或取得担保的信息；未结算应收项目的坏账准备金额；定价政策。
- 对外提供合并财务报表的，对于已经包括在合并范围内的各企业之间的交易不予披露。

关联方交易应当分别将关联方以及交易类型予以披露。类型相似的关联方交易，在不影响财务报表阅读者正确理解关联方交易对财务报表影响的情况下，可以合并披露。

8. 有助于财务报表使用者评价企业管理资本的目标、政策及程序的信息

企业如有终止经营，还应当在财务报表附注中披露有关终止经营的信息，主要包括以下几个方面。

（1）终止经营的收入、费用、利润总额、所得税费用（收益）和净利润。
（2）终止经营的资产或处置组确认的减值损失及转回金额。
（3）终止经营的处置损益总额、所得税费用（收益）和处置净损益。
（4）终止经营的经营活动、投资活动和筹资活动现金流量净额。
（5）归属于母公司所有者的持续经营损益和终止经营损益。

第五节　IT环境下会计信息生成过程

IT环境下会计信息生成，即会计信息化，是采用现代信息技术对传统的会计流程进行

重整，建立信息技术与会计学高度融合的、充分开放的现代会计信息系统。这种会计信息系统全面运用现代信息技术，通过网络系统使业务处理高度自动化、信息高度共享，能够对会计信息进行主动和实时报告。会计信息系统不仅是一种将信息技术运用于会计业务处理、会计信息管理和财务决策分析手段的变革，更代表的是一种与现代信息技术环境相适应的新的会计思维。

会计信息化是从企业管理的角度，根据会计目标，按照信息管理要求，利用信息技术手段，对传统会计组织和业务处理流程进行重整后设计的会计信息系统，该系统具有业务核算、会计信息管理和决策分析等功能，支持"虚拟企业""数据银行"等新的组织形式和管理模式，出发点和终结点是实现企业信息的集成。这里所说的集成包括三个层面：① 在会计领域实现信息集成，即实现财务会计和管理会计之间的信息集成，协调和解决会计信息真实性和相关性的矛盾；② 在企业组织内部实现财务和业务的一体化，即集成财务信息和业务信息，在两者之间实现无缝连接，使财务信息和业务信息相互融合；③ 建立企业组织与外部利益相关者（客户、供应商、银行、税务、财政、审计等）的信息网络，实现企业组织内外信息系统的集成。通过集成，企业组织内外与企业组织有关的所有原始数据只要输入一次，就能做到分次利用或多次利用，既减少了数据输入的工作量，又保证了数据的一致性，还实现了数据的共享性。会计信息化是目前企业会计信息生成、财务业务一体化和实现财务共享的主要方式。

会计核算的目的是生成会计信息，会计数据在信息系统内的传递是会计信息化的关键。

一、手工会计信息生成过程和不足

手工方式下，一般会计信息的生成过程，即会计循环，包括填制和审核凭证、复式记账、登记账簿、试算平衡、账项调整、结账和编制会计报表。随着网络技术的飞速发展和会计信息系统的普遍应用，传统的会计信息生成过程出现了很多不足，主要表现为以下几点。

（1）数据大量重复转抄。信息生成的过程实际上是从原始凭证到记账凭证，从记账凭证到日记账、明细账和总账，再从日记账、明细账和总账到财务报表的全过程，在这一过程中，企业内外部的原始凭证是会计信息的最初来源。也就是说，手工会计信息的生成过程实质上是将原始凭证上的数据进行多次转抄的过程。

（2）信息提供不及时。会计报表是会计信息生成的最终产品，是企业内部管理部门、银行及财政等部门了解企业财务状况和经营成果的重要资料，也是这些部门进行决策分析的依据。但由于会计信息生成过程的工作量大、处理速度缓慢，影响了会计信息提供的及时性。

（3）准确性差，效率低，工作强度大。从记账凭证的编制到最终报表编出的各个环节中，容易出现转抄错误和计算错误，准确性较差，效率低。另外，大量的数据核对工作，既费时又费力，效率很低。

二、计算机会计信息生成过程

（一）计算机账簿信息生成过程

IT环境下，账簿信息生成过程实际上是由账务处理子系统完成的，其生成过程如图3-1

所示。

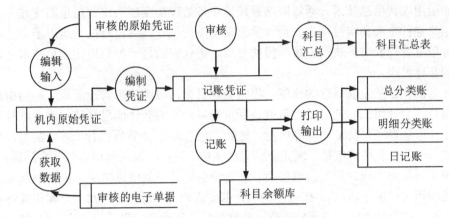

图 3-1 计算机账簿信息生成过程

从图 3-1 可以看出，账务处理子系统发挥了计算机处理数据速度快且计算准确的特点，改变了传统手工会计核算的方式，其优势具体表现在以下几个方面。

1. 无须账账核对

在 IT 环境下的账务处理子系统中，不存在账簿，查账仅仅是一个数据筛选、整理和汇总的过程。既然"数出一门"，计算机不会发生计算、汇总错误，结果必然是账账相符，因此无须账账核对。

2. 记账含义不同

在 IT 环境下的账务处理子系统中，记账仅仅是一个数据处理过程，只是在记账凭证库中检测是否有已经通过审核但尚未记账的凭证，如果有，记账过程是将该凭证的借贷方金额汇总到另外的科目余额库文件中，并在记账凭证库中该凭证的状态栏上做出记账标记，表示该凭证已经记账。

3. 账簿查询和会计档案保管更为方便

在 IT 环境下，可以通过输入查询条件按多种途径进行账目查询，查询结果准确且迅速，而且会计数据存储的介质是磁介质，会计档案的保管、传递更为方便。

（二）计算机报表信息生成过程

企业财务报表主要包括资产负债表、利润表、现金流量表、所有者权益（或股东权益）变动表。除了这些对外报表，企业为了管理的需要，还需要编制对内报表，如产品成本计算表、销售收入明细表、材料明细表、固定资产折旧计算表、管理费用明细表、营业外收支明细表等。无论是企业对外报表，还是企业对内报表，IT 环境下报表的构成要素包括以下几个部分。

（1）表题。用来表示报表的名称，也可称为表名。表题通常只有一行，但如果加上副标题、年月日、编制单位和金额单位等，也可能有多行。

（2）表头。用来表示报表的栏目（一个栏目即为报表中的一列）。栏目和栏目的名称是表头最重要的内容，它们决定了报表各栏的宽度和整个报表的总宽度。有些会计报表的栏目比较复杂，分若干层次，也就是说，大栏目下分若干个小栏目，小栏目下再分更小的栏目，这样的报表就显得复杂。

（3）表体。它是位于表头栏目之下的部分，是报表的主体。表体纵向分为若干栏目，横向分为若干行，纵向表格线和横向表格线交叉间的方格显示的是报表数据，称为表元（表单元格），表元内的值称为表元值。表元是构成报表的基本单元，可用(x,y)坐标表示，即表示表体的第 x 行和第 y 栏（列）交叉形成的表元。

例如，"表 3-5　资产负债表"中$(2,3)$表示第 2 行第 3 列交叉处的表元值为"货币资金"的"上年年末余额"，$(2,5)$表示第 2 行第 5 列交叉处的表元值为"短期借款"的"期末余额"。表元值可以为数值型的数字（也可以把数字看成字符），如"年初余额""期末余额"栏；也可以为字符型的文字，如"资产""负债和所有者权益（或股东权益）"栏。在财务报表中，文字的表元值一般相对稳定，不随时间的变化而发生变化，如表 3-5 中的"资产""负债和所有者权益（或股东权益）"栏中所有的表元，这些表元称为固定表元。数值的表元值，每月（季、年）需要根据有关会计资料计算填列，它随着时间的变动发生改变，这些表元称为变动表元。通常所说的编制报表，主要是将变动表元的值填入报表的变动表元中的过程。尽管变动表元的值每月（或每年）都要发生变化，但是取值的方法（或数据来源公式）相对固定不变，如表 3-5 中，表元$(2,2)$的值总是根据"库存现金""银行存款""其他货币资金"科目的期末余额之和填列。

（4）表尾。表体以下进行补充说明的部分称为表尾。表尾部分通常是一些附注。

表题、表头、表体、表尾是财务报表的四大基本要素，不同报表之间的区别必然体现在这四个基本要素上，也就是说，不同单位、不同时期的各种财务报表，其差别就是上述四个基本要素的不同。

在 IT 环境下，由用户在年初通过报表软件将所需的报表格式和取数公式自行定义并保存在计算机系统中，每月让计算机生成报表数据，并将事先设计的表格和生成的数据一起打印输出即可。

财务报表软件的基本原理就是向用户提供定义表题、表头、表体和表尾的功能，由用户根据自己的实际需要设计报表格式、定义报表各表元数据的取数公式（求值的方法），并将它们存入计算机系统，需要的时候可以先根据取数公式生成数据，同时将生成的数据也存入计算机系统，然后就可以随时、无限制地将表格连同报表数据一同打印输出。报表格式和各表元的取数公式一次定义，长期使用（除非报表格式有变化时才需要修改）。IT 环境下财务报表信息生成过程如图 3-2 所示。

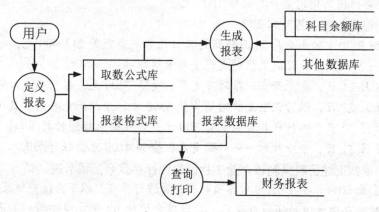

图 3-2　计算机财务报表信息生成过程

综上所述，计算机财务报表信息生成过程可以概括为：由用户定义报表的格式并设置报表表元数据来源取数公式,计算机根据各表元数据来源取数公式从相应的数据库中提取数据生成报表数据,再打印输出的过程。

思 考 题

1. 账项调整包括哪些内容?
2. 什么是财产清查?财产清查结果如何处理?
3. 什么是对账?什么是结账?对账和结账的内容有哪些?
4. 企业财务报表包括哪些报表?它们分别能够提供什么样的财务信息?举例说明它们之间存在哪些勾稽关系?
5. IT 环境如何影响会计信息生成?

业务计算题

1. 某企业 20××年 6 月发生以下几笔经济业务。
  (1)销售产品一批,货款 10 000 元,货款暂欠(税金略)。
  (2)月底,应计入本期的出租包装物租金收入 200 元,款项尚未收到。
  (3)提取职工福利费 5000 元,其中,生产工人 3000 元,车间管理人员 800 元,企业行政管理人员 1200 元。
  (4)预收购货单位购货款 10 000 元,存入银行。
  (5)以银行存款支付全年管理部门的报刊、杂志费 600 元。
  (6)分摊应由本月负担的报刊、杂志费。
  (7)计提本月固定资产折旧费 5000 元,其中,车间使用固定资产折旧费 4000 元,企业行政管理部门使用固定资产折旧费 1000 元。
  要求:根据上述业务编制调整分录。

2. 某企业 20××年 7 月 31 日银行存款日记账的余额是 213 900 元,银行送来的对账单的余额是 222 000 元,经逐笔核对发现下列未达账项:
  (1)7 月 21 日,企业开出一张转账支票,金额 7200 元,银行尚未入账;
  (2)7 月 23 日,银行代企业收回销货款 5300 元,企业尚未收到收款通知;
  (3)7 月 30 日,银行代扣企业电费 300 元,企业尚未接到付款通知;
  (4)7 月 31 日,企业收到一张转账支票,金额 4100 元,银行尚未入账。
  要求:根据上述资料编制该企业 7 月份的银行存款余额调节表。

3. 某企业 20××年 12 月末对各项财产物资进行清查,以下为清查结果及处理意见。
  (1)对库存现金进行实地盘点后,发现现金短缺 98 元,经查明,是出纳人员疏忽所致。报经批准,由出纳人员负责赔偿,出纳人员当即交来赔款。
  (2)对存货进行清查,发现甲材料盘盈 300 千克,同类材料的市场价格为每千克 60

元。经查明，该项盘盈属工作中计量失误所致，当即报经批准处理。

（3）在财产清查中，发现乙材料毁损200千克，单位成本30元。经查明，是由于保管人员保管不善造成，报经批准，由该保管人员赔偿损失。

（4）因自然灾害造成价值10 000元丙材料毁损，根据保险合同，应由保险公司负责赔偿8000元。

要求：根据以上资料编制会计分录。

4. S公司为增值税一般纳税人，适用13%的增值税税率。S公司在商品销售的同时结转销售成本。20×9年11月30日，S公司相关科目的余额如表3-11所示。

表3-11 科目余额表　　　　　　　　　　　　　　　单位：万元

科目名称	借方余额	贷方余额
主营业务成本	1080	
税金及附加	15	
其他业务成本	10	
销售费用	34	
管理费用	21	
财务费用	52	
营业外支出	20	
主营业务收入		1550
其他业务收入		16
投资收益		22
营业外收入		50

20×9年12月份，S公司发生以下几笔经济业务。

（1）销售商品一批，增值税专用发票上注明的售价为60万元，增值税税率为13%。款项尚未收到。该批商品的实际成本为42万元。

（2）计提本月工资及福利费，其中，生产工人工资120万元，车间管理人员工资10万元，企业行政管理人员工资14万元，专设销售机构人员工资30万元。计提福利费比例为14%。

（3）本月摊销销售部门固定资产折旧费6.4万元。

（4）本月应交城市建设税5万元、教育费附加0.5万元。

（5）该公司适用的所得税税率为25%，假定无纳税调整事项。

要求：

（1）编制S公司12月份相关会计分录。

（2）编制S公司20×9年度利润表。

5. S公司20××年财务报表中的部分资料如表3-12和表3-13所示。

表3-12　资产负债表部分资料　　　　　　　　　　　单位：万元

项　目	期末余额	年初余额
应收票据及应收账款	800	810
预收账款	200	100
存货	7850	9760
应付票据及应付账款	1430	1405

表 3-13 利润表部分资料　　　　　　　　　　　　　　　　　单位：万元

项　目	本　期　金　额
主营业务收入	5100
主营业务成本	2700

另有如下补充资料：

（1）本期计提坏账准备 10 万元。

（2）本期增值税的销项税额为 8160 万元，进项税额为 465 万元。

（3）"营业成本"项目中包括计提车间折旧费 20 万元，分配生产车间工人薪酬 82 万元。

要求（根据上述资料，不考虑其他因素）：

（1）计算现金流量表的"销售商品、提供劳务收到的现金"金额。

（2）计算现金流量表的"购买商品、接受劳务支付的现金"金额。

思政案例讨论题

瑞幸咖啡公司（以下简称"瑞幸咖啡"）是由神州优车前首席运营官钱治亚在 2017 年 11 月离职创办的，自 2018 年 5 月 8 日正式营业以来，两年内在全国开设 4507 家门店，成为我国门店数量最多的咖啡连锁品牌。2019 年 5 月 17 日，瑞幸咖啡在纳斯达克上市，上市后股价不断走高，特别是 2019 年 11 月之后，股价从最低时的 13.71 美元最高上涨到 45.73 美元，上涨幅度高达 233.55%。但 2020 年 2 月 1 日，以做空闻名的浑水研究机构发布了一份针对瑞幸咖啡公司的做空报告，指出瑞幸咖啡从 2019 年第三季度开始捏造运营和财务数据，存在财务舞弊问题。报告提供了对 1832 家瑞幸咖啡门店的现场监控，录制视频长达 11 000 小时，收集小票 25 000 多张。2020 年 4 月 2 日，瑞幸咖啡公开承认在公开披露的财务报表中存在财务舞弊行为，在 2019 年第二季度至第四季度期间，伪造 22 亿元人民币交易额。受此影响，瑞幸咖啡当天开盘后 6 次熔断，股价暴跌 75.57%，市值一夜间缩水 354 亿元人民币。2020 年 4 月 3 日，中国证券监督管理委员会表示高度关注瑞幸咖啡财务造假事件，并对该公司财务造假行为表示强烈的谴责。2020 年 4 月 7 日，瑞幸咖啡停牌，并于 6 月 29 日从纳斯达克退市，退市时股价仅为 1.38 美元。

（资料来源于网络，经作者加工整理）

请问：

（1）瑞幸咖啡在对外提供财务信息时存在哪些不当行为？

（2）你怎样理解会计信息与资本市场的关系？如何提高企业会计信息质量？

习题参考答案

第四章 主要财务报表解读与分析

本章导读

本章重点介绍了财务报表分析的目的和方法,结合初学者的特点,围绕企业主要财务报表展开介绍,使读者具备分析财务报表数据的能力。

学习目标

1. 了解财务报表分析的目的和常用方法。
2. 解读与分析主要的财务报表项目。
3. 掌握营运能力分析的思路、运用的主要指标及其计算方法。
4. 掌握盈利能力分析的主要指标及其计算方法,了解不同目的的指标选择。
5. 了解偿债能力分析的内容,掌握偿债能力分析的主要指标及其计算方法。
6. 掌握杜邦分析体系的内容以及分析思路。
7. 掌握沃尔综合评分法的基本步骤和方法。

问题导引

沃伦·巴菲特被人们称为"股神"。巴菲特6岁开始在街上卖可口可乐,26岁开始管理投资,1988年开始买入可口可乐股票,他是在观察研究可口可乐公司52年后才大笔买入可口可乐股票的。他两年间买入13亿美元的可口可乐公司股票,10年后市值涨到134亿美元,一只股票赚了121亿美元。很少有人见到巴菲特做估值。有人翻遍了巴菲特的档案,没有发现任何巴菲特估值的表格和公式,只发现一些他亲手记录的公司年度和季度财务数据。巴菲特最重要的工作就是分析公司多年的财务数据,判断公司业务、管理和业绩的稳定性。如果具有稳定性,那么就可以轻松预测其未来几年的现金流量。巴菲特说:"你只有愿意花时间学习如何分析财务报表,才能够独立地选择投资目标。"由此可见,对财务报表的分析是了解公司价值的根本途径,也是经营分析的基础和起点。

第一节 财务报表分析的目的与方法

如果一个人想了解自己的身体状况如何,他往往会去医院体检,然后通过化验单上的指标来判断自身的身体状况。同样,对于企业管理者而言,要想了解企业的财务状况和经营成果,也需要对企业进行全身检查,其中最为重要的手段就是进行财务报表分析,即通过各类财务指标的计算和解读来判断企业目前的状况及未来的发展趋势。

那么,什么是企业财务报表分析呢?财务报表分析是以会计核算和报告资料及其他相关资料为依据,采用一系列的分析技术和方法,对企业等经济组织过去和现在的有关筹资活动、投资活动、经营活动的盈利能力、营运能力、偿债能力和增长能力状况进行分析与评价,为企业投资者、债权人、经营管理者及其他关心企业的组织或个人了解企业过去、评价企业现状、预测企业未来、做出正确经营决策、进行管理控制和监督管理提供准确的信息或依据的一种方法。

一、财务报表分析的目的

财务报表分析的主体是多元的,有股权投资者、债权人、经营管理者、社会中介机构、政府职能部门以及其他利益相关主体等。不同的主体,其财务报表分析的目的不完全相同。

(一)股权投资者财务报表分析的目的

股权投资者既包括现实的股权投资者,也包括潜在的股权投资者。获得投资报酬是股权投资的重要目的,因此,股权投资者在财务报表分析中非常关注企业投资回报的高低,股东的投资回报需要关注企业的收益水平、成本费用控制能力。股权投资者是企业收益的最终获得者和风险的最终承担者。对长期投资者而言,企业的长远发展可能比眼前利益更加重要,因而,投资者在财务分析中还会密切关注企业的发展前景和未来遭遇风险的可能性。

(二)债权人财务报表分析的目的

债权人既包括现实的债权人,也包括潜在的债权人。债权人在财务报表分析中既关心企业的短期财务状况,如企业资产的流动性和企业的短期现金流量状况等,也关心企业的长期财务状况,如企业的资本结构和财务风险。同时,因为企业的利润是现金流最稳定的来源,债权人还需要通过财务报表分析来了解企业的盈利能力。

(三)经营管理者财务报表分析的目的

经营管理者在对企业的日常经营活动进行管理时,需要通过财务报表分析及时发现企业经营中存在的问题并找出对策,以适应瞬息万变的经营环境;经营管理者需要通过财务报表分析全面掌握企业的财务状况、经营成果和现金流量状况等,从而做出科学的筹资、投资等重大决策;经营管理者为了提高企业内部的活力和企业的整体效益,需要借助财务报表分析对企业内部的各个部门和员工等进行业绩考评,并为今后的生产经营编制科学的预算。

(四)社会中介机构财务报表分析的目的

会计师事务所、律师事务所、资产评估事务所、证券公司、资信评估公司以及各类咨询公司等社会中介机构,在为企业提供服务时,需要站在客观的立场针对企业的相关事项提出建议、意见、评定等。在服务过程中,社会中介机构需要不同程度地借助财务报表分析来了解企业相关的经营成果和财务状况等问题。

(五)政府职能部门财务报表分析的目的

工商、税务、财政等政府部门在对企业履行监管职能的过程中往往需要借助财务报表分析监督企业是否遵守相关政策法规,检查企业是否偷逃税款等,以维护正常的市场经济秩序,保障国家和社会利益。

除上述财务报表分析主体之外,企业的供应商、客户、员工甚至竞争对手等,都可能需要通过财务报表分析了解企业的相关情况。供应商希望通过财务报表分析了解企业的支付能力,以判断自身货款的安全性;客户希望借助财务报表分析了解企业的商品或劳务的质量以及企业所提供的商业信用条件等;竞争对手希望通过对双方企业的财务报表进行分析找到自己的优势和劣势,为提高竞争能力打下基础。

相关链接 面对一张报表,我到底要看什么

二、财务报表分析的方法

会计法律法规没有对如何分析财务报表进行具体的规定,在实际工作中,可谓见仁见智,方法众多,最基础和传统的方法可分为五类:结构分析法、趋势分析法、比较分析法、比率分析法和因素分析法。

(一)结构分析法

结构分析法是指以财务报表中某个总体指标作为基数,计算出各组成项目占该总体指标的百分比,来比较各个项目百分比的增减变化情况,揭示各个项目的相对地位和总体结构关系,判断有关财务活动的变化趋势。

结构分析法通常用于资产负债表和利润表的结构分析。当进行资产负债表结构分析时,资产类项目通常以总资产的百分比表示，计算各项资产在总资产中所占的比例，以观察各项资产所占比例是否适当；权益类项目通常以负债和所有者权益总计金额（即总权益）的百分比表示，分别计算各项负债项目和各项所有者权益项目占总权益的比例，以分析资本结构的合理性。当进行利润表结构分析时，通常将营业收入设为100%，分别计算各项收入、费用和利润项目占营业收入的比例，以反映各项收入对利润的贡献程度和各项费用开支的合理性。

（二）趋势分析法

趋势分析法是将两期或连续数期的财务报表中的相同项目数据进行对比，确定该项目增减变动的方向、数额和幅度，揭示企业财务状况、经营成果或现金流量的变动趋势。趋势分析的目的在于：第一，确定引起财务状况与经营成果变动的主要项目；第二，确定变动趋势的性质是否有利；第三，预测将来的发展趋势。

在趋势分析中，常见的分析方法包括以下三种。

1. 绝对数分析法

绝对数分析法是指将有关项目连续几期的绝对数额逐一列示并进行对比。采用这种分析方法容易看出相关项目的变动方向及其趋势（是上升、下降、波动，还是稳定）。

2. 环比分析法

环比分析法是指计算有关项目相邻两期的变化率，即分析期（报告期）某项目的数值相对于前期（基期）该项目数值的变动百分比。采用这种分析方法不仅可以看出相关项目的变动方向，而且可以看出其变动的幅度。

3. 定基分析法

定基分析法就是选择一个固定的期间作为基期，计算相关项目在各分析期的水平相对于基期水平的变动百分比。采用这种分析方法不仅能看出相关项目在不同期间的变动方向和幅度，而且可以看出在一个较长期间内该项目的总体变化趋势，便于进行较长时期的趋势分析。

（三）比较分析法

比较分析法是指通过比较不同的数据，找出被比较对象之间的差别，揭示规律性的结论，为进一步分析指明方向。用于比较的可以是绝对数，也可以是相对数，其主要作用在于揭示指标间客观存在的差距。比较形式可以是本期实际数与以前各期数据的比较，也可以是本期实际数与计划数或额定数的比较，还可以是企业相关项目和指标与国内外同行业平均水平或者先进水平的比较。比较时要特别注意分析指标与比较标准之间的可比性，即分析指标与选择的比较标准在内容、期间、计算口径、计价基础、总体性质等各个方面均应具有一致性。孤立地看企业财务报表的数据是没有什么意义的。

在比较分析法中，常用的比较标准有历史标准、预算（计划）标准、行业标准和经验标准。

1. 历史标准

历史标准是指由本企业过去某个时期（如上年或上年同期）的实践形成的标准。它有助于财务报表分析者揭示差异，进行差异分析，从而查明产生差异的原因，为改进企业经营管理提供依据，同时也便于进行趋势分析，以了解并掌握企业经济活动的变化趋势及规律性，并为预测分析提供一定的依据。

2. 预算（计划）标准

预算（计划）标准通常可以根据企业制订的计划、预算以及各部门相应的责任加以确定，它反映企业分析指标的目标水平。预算（计划）标准有助于财务报表分析者判断企业实际财务状况和经营成果与预算（计划）目标之间的差异，并寻求差异产生的原因。在实行预算（计划）管理的企业，预算（计划）标准是现成的指标。但是，预算（计划）标准是企业内部的标准，通常不公开，因此，预算（计划）标准只适用于企业内部的财务分析。

3. 行业标准

行业标准是指企业所在行业的同类指标比较标准，反映分析指标的行业水平。行业标准可以是本行业的先进水平，也可以是本企业的标杆水平。将企业分析指标与行业标准进行比较，有助于财务报表分析者判断本企业在同行业所处的竞争地位或优势，明确本企业今后的战略目标。值得注意的是，虽然两个企业处于同一行业，但是它们之间不一定具有可比性。

4. 经验标准

经验标准是指依据大量且长期的实践经验形成的标准。经验标准有助于财务报表分析者观察企业的经济活动是否合乎常规。经验标准来源于特定的经营环境。如果企业的经营环境发生了变化，那么经验标准就有可能失去意义。

（四）比率分析法

比率分析法是将财务报表以及报表附注中某些存在关联的项目进行比率计算，通过把绝对数值的比较转换为相对比率，来揭示企业所进行的经济活动在某方面的表现。其作用为：第一，由于比率是相对数，采用这种方法能够把某些条件下的不可比指标变为可比指标，将复杂的财务信息简化，以利于分析；第二，比率分析揭示了报告期内各有关项目之间的相关性，会产生许多在决策中有用的新信息。

（五）因素分析法

因素分析法是依据分析指标与其影响因素之间的关系，从数量上确定各因素对分析指标影响程度的一种分析方法。因素分析法的理论依据是现象之间的相关性，即经济变量之间存在着某种因果关系。因素分析法是一种深层次的分析方法，运用这种方法可以揭示产生差异的原因及各因素的影响程度。

因素分析法有不同的形式，常见的有连环替代法，它是用来分析影响某一综合经济指标的各因素影响程度大小的一种分析方法。其具体的分析程序如下：

（1）确定影响某一综合经济指标的各个因素；
（2）确定各个因素与该经济指标的关系；
（3）按一定顺序将各个因素逐个替代，分析各个因素对该指标变动的影响程度。

采用因素分析法计算某个因素变动的影响程度时，应注意以下几点：

（1）诸因素替代时，须假定当一个因素变动时其他因素保持不变；

（2）替代顺序应依次进行，不可随意颠倒。

在以上各种分析方法中，比率分析法是财务报表分析最基础的方法。在具体的财务报表分析中，经常综合使用多种方法。

第二节 资产负债表的解读与分析

一、资产负债表的性质、作用及局限性

（一）资产负债表的性质

资产负债表，亦称平衡表（balance sheet）、财务状况表，是静态的会计报表，它是反映企业在某一特定日期财务状况的会计报表。某一特定日期可以指月末、季末、半年末、年末。具体来说，资产负债表根据"资产=负债+所有者权益"公式，按照一定的分类和次序将企业某一特定日期的资产、负债和所有者权益项目进行列示，反映一个企业资产、负债和所有者权益的总体规模及其组成结构。

通过对资产负债表的对比和分析，可以了解企业的财务实力、偿债能力和支付能力，也可以预测企业未来的盈利能力和财务状况的变动趋势。

（二）资产负债表的作用

1. 揭示经济资源总量及其分布形态

资产负债表揭示了企业拥有或控制的能用货币表示的经济资源，也就是揭示了企业资产的总规模及具体分布形态，即有多少资源是流动资产，有多少资源是非流动资产，它是分析企业生产经营能力的重要途径。

2. 反映企业资金来源及其构成情况

通过资产负债表可以了解企业来自债权和股权资金的规模及其结构，从而反映企业的财务状况。

3. 获取企业资产流动性水平信息

由于企业资产负债表的资产项目是按照流动性的强弱顺序排列的，通过观察资产的流动性，财务报表的使用者可以了解资产的变现能力。

4. 提供分析企业偿债能力的信息

通过将资产负债表中的资产、所有者权益等项目信息与负债信息进行比较，可以反映企业偿还债务的能力。

（三）资产负债表的局限性

1. 资产负债表并不能真正反映企业的财务状况

资产负债表中大部分项目以历史成本列示，在通货膨胀环境下，会影响各项目计量的

真实性,也会使某些资产的历史成本明显脱离现行价值,从而影响对企业财务状况和经营成果表述的可靠性;有些项目按公允价值计量虽然可以提高会计信息的有用性,但如果企业不恰当运用公允价值,会导致会计信息失真。

2. 资产负债表遗漏了无法用货币表示的重要经济资源

会计核算的是能够以货币进行计量的经济资源,但现阶段企业一些重要的资源,如部分数字资源、管理层能力、职工素质等,这类信息均与决策有关,却无法用货币计量,不能列示在报表中。

3. 资产负债表中许多信息是人为估计的结果,存在主观性

因为会计政策选择以及会计估计的存在,在资产负债表中存在大量的人为判断,如资产减值准备、固定资产折旧等均由人来主观判断,在一定程度上影响信息的可靠性。

4. 正确理解资产负债表的含义依赖于报表使用者的判断

企业提供的会计信息是一种满足通用目的的信息,不同报表使用者对于资产负债表中的信息需求不同,因此,信息使用者需要对通用信息进行解读,从而做出相关的决策和判断。

二、资产负债表的解读

在我国,资产负债表采用账户式结构,报表分为左右两方,按照"资产=负债+所有者权益"这一会计恒等式,资产负债表中左边是资产,反映资金的占用,右边是负债和所有者权益,反映资金的来源。

(一) 资产

资产负债表中的资产是按照流动性进行排列的,先列报流动资产,后列报非流动资产。流动资产通常是指在一个营业周期或一年内可以变现的资产。将资产按照流动性进行分类,有助于掌握企业资产的变现能力,从而进一步分析企业的偿债能力和支付能力。一般来说,流动资产所占比重越大,说明企业资产的变现能力越强;流动资产中货币资金、交易性金融资产所占比重越大,则支付能力越强。但流动资产通常赢利性较弱,企业持有较多流动资产意味着获利能力不强。

现针对货币资金、应收账款、存货和固定资产几个主要资产项目进行说明。

1. 货币资金

企业的货币资金包括库存现金、银行存款和其他货币资金。货币资金是企业资产中流动性最强、最有活力的资产,它是企业正常经营中必不可少的,但同时又是获利能力最低、几乎不产生收益的资产,因此,企业持有过多或过少的货币资金都会对企业经营产生负面影响。货币资金存量过低,不能满足企业日常经营的需要;货币资金存量过高,既影响资产的利用效率,又降低资产的收益水平。企业需要根据行业特点、业务量、融资能力以及运用货币资金的能力持有合理的货币资金量。

2. 应收账款

应收账款是企业销售商品、产品或提供劳务而形成的应收未收款项,表示企业在销售

过程中被购买单位所占用的资金。企业应及时收回应收账款以弥补企业在生产经营过程中的各种耗费，保证企业持续经营。对于被拖欠的应收账款应采取措施，组织催收；对于确实无法收回的应收账款，凡符合坏账条件的，应在取得有关证明并按规定程序报批后，做坏账损失处理。

单纯从资金占用角度看，应收账款的资金占用是一种最不经济的行为，但这种损失可以通过扩大销售得到补偿；因此，应收账款的资金占用又是必要的。企业应收账款的多少与企业的销售政策直接相关，同时也反映了企业针对客户的交易能力和地位。应收账款也是企业进行利润调节常用的手段之一，因此，进行会计报表分析时要关注企业是否存在利用应收账款进行盈余管理的行为。

3. 存货

存货是企业最重要的流动资产之一，通常占流动资产的一半以上，是企业开展生产经营活动重要的物质基础。存货核算的准确性对资产负债表和利润表有重大影响。存货的种类繁多且遍布于企业生产经营的全过程，包括原材料、在产品、产成品、低值易耗品等，企业生产经营的特点决定了企业存货资产的结构，在正常情况下，存货资产结构应保持相对稳定。任何存货资产的剧烈变动都表明企业生产经营过程中有异常情况发生，需要引起关注。

存货计价方法选择的不同会产生重大的差异，致使一些企业在实务中将存货计价方法的选择作为操纵利润的手段。因此，应结合企业的具体情况、行业特征和价格变动情况，评价其存货会计政策选择的合理性。《企业会计准则》规定，企业存货计价不可选择后进先出法。

4. 固定资产

固定资产是企业最重要的非流动资产，对企业的盈利能力有重大影响。固定资产原值反映了企业固定资产的规模，其增减变动受当期固定资产增加和当期固定资产减少的影响。

固定资产净值受固定资产原值、折旧和减值的影响。不同折旧方法由于各期所计提折旧不同，会引起固定资产价值发生不同的变化。企业应根据科技发展、环境及其他因素，合理地选择固定资产的折旧方法。

固定资产减值是有形损耗或无形损耗造成的，如技术进步已不能使用或已遭毁损不再具有使用价值和转让价值等，如果固定资产实际上已发生了减值，企业不提或少提固定资产减值准备，不仅虚增了固定资产价值，同时也夸大了企业的生产能力。

（二）负债

负债是需要企业所承担的现时义务，履行该义务时预期会导致经济利益流出企业。企业的负债包括企业对外借款和所欠货款，也包括应付职工的工资和应交而未交的税费等。

资产负债表中的负债按照到期日由近及远进行排列，先列报流动负债，后列报非流动负债。流动负债又称为短期负债，是需要一年内或一个营业周期内偿还的债务。流动负债主要包括短期借款、应付票据及应付账款、应付职工薪酬、应付股利、应交税费等。除以上情形以外的债务，即长期负债，一般包括长期借款、应付债券、长期应付款等。

现针对短期借款、应付票据及应付账款、长期借款几个主要负债项目进行说明。

1. 短期借款

企业的短期借款数量取决于企业生产经营和业务活动对流动资金的需求量、现有流动资产的沉淀和短缺情况等。为了满足短期资金的需求,企业存在一定数量的借款是必要的,但如果数量过大,超过企业的实际需要,不仅会影响资金的利用效果,还会因超出企业的偿债能力而给企业的持续发展带来不利影响。相对而言,短期借款具有风险大、利率低的特点,有利于企业对资金存量进行调整,但短期借款偿还期限较短,可能对企业造成一定的财务压力。

2. 应付票据及应付账款

应付票据及应付账款因商品交易产生,是一种因为商业信用产生的无资金成本或资金成本极低的资金来源,企业在遵守财务制度、维护企业信誉的条件下充分加以利用,可以减少其他筹资方式的筹资数量,节约利息支出。但企业应注意对其的合理使用,以避免造成企业信誉损失。

3. 长期借款

长期借款是指企业从银行或其他金融机构借入的期限在一年以上的款项。企业举借长期借款的目的是融通生产经营所需的长期资金,长期借款不仅可以解决企业资金的需求,还可以给企业带来财务杠杆利益,但长期借款到期后企业要按合同规定还本付息,而且一般支付金额较大且偿还期限较长。企业需用盈利来支付长期借款的本金和利息,因此,企业长期借款规模应与自身的盈利能力相匹配。

(三) 所有者权益

所有者权益是指企业资产扣除负债后所有者享有的剩余权益,是资产总额抵减负债总额后的净额。所有者权益包括四个项目:实收资本(股本)、资本公积、盈余公积和未分配利润。

1. 实收资本(股本)

实收资本(股本)是指所有者在企业注册资本的范围内实际投入的资本,实收资本是所有者投入企业的资本,除非发生减资或企业清算,否则永远留在企业。

2. 资本公积

资本公积是在公司生产经营之外,由资本、资产本身及其他原因形成的股东权益收入。股份公司的资本公积主要来源于股票发行的溢价收入、接受的赠与、资产增值等。其中,股票发行溢价是上市公司最常见、最主要的资本公积来源。

3. 留存收益

企业的盈余公积与未分配利润都来自于企业历年经营净利润的留存,通常称为留存收益。留存收益能为企业的再发展提供资金来源,同时,可以增加企业的净资产,增强企业的信用能力。企业留存收益越多,企业拥有的自有资金越多,意味着企业未来的发展潜力越大。

三、资产负债表的分析

资产负债表分析主要包括趋势分析、结构分析和比率分析等。

（一）资产负债表趋势分析

资产负债表趋势分析又叫作资产负债表水平分析，目的是从总体上概括了解资产、权益的变动情况，解释资产、负债和所有者权益的差异。

资产负债表趋势分析是根据分析目的选择比较的标准（基期），如果分析的目的是揭示资产负债表实际变动情况，其比较的标准应选择资产负债表的上年实际数；如果分析的目的是揭示资产负债表预算或计划执行情况，其比较的标准应选择资产负债表的预算数或计划数。

根据 A 公司的资产负债表编制资产负债表趋势分析表，如表 4-1 所示。

表 4-1 A 公司资产负债表趋势分析表

项目	2021年年末/万元	2020年年末/万元	变化量/万元	变化率/%
货币资金	428 710	374 408	54 302	14.50
交易性金融资产	2887	8241	−5354	−64.97
应收票据	91 246	45 447	45 799	100.77
应收账款	275 076	271 961	3115	1.15
预付账款	54 870	31 587	23 283	73.71
应收利息	730	870	−140	−16.09
其他应收款	3280	3318	−38	−1.15
存货	287 455	275 871	11 584	4.20
其他流动资产	45 822	48 947	−3125	−6.38
流动资产合计	1 190 076	1 060 650	129 426	12.20
长期股权投资	3007	0	3007	—
投资性房地产	7146	7239	−93	−1.28
固定资产	1 181 324	1 161 209	20 115	1.73
在建工程	161 584	139 546	22 038	15.79
无形资产	76 867	76 117	750	0.99
长期待摊费用	180	328	−148	−45.12
递延所得税资产	30 613	33 014	−2401	−7.27
其他非流动资产	279 080	179 961	99 119	55.08
非流动资产合计	1 739 801	1 597 414	142 387	8.91
资产总计	2 929 877	2 658 064	271 813	10.23
短期借款	156 457	327 919	−171 462	−52.29
应付票据	330 777	193 247	137 530	71.17
应付账款	247 128	209 651	37 477	17.88
预收账款	0	43 189	−43 189	−100.00

续表

项　目	2021年年末/万元	2020年年末/万元	变化量/万元	变化率/%
应付职工薪酬	15 824	14 440	1384	9.58
应交税费	2 649	4749	−2100	−44.22
其他应付款	178 882	136 415	42 467	31.13
一年内到期的非流动负债	176 179	143 085	33 094	23.13
其他流动负债	8720	2603	6117	235.00
流动负债合计	1 116 616	1 075 298	41 318	3.84
长期借款	107 759	237 396	−129 637	−54.61
应付债券	0	189 292	−189 292	−100.00
长期递延收益	54 282	52 922	1360	2.57
非流动负债合计	162 041	479 610	−317 569	−66.21
负债合计	1 278 657	1 554 908	−276 251	−17.77
实收资本（或股本）	137 351	120 001	17 350	14.46
资本公积	641 386	281 520	359 866	127.83
盈余公积	50 539	44 938	5601	12.46
未分配利润	821 944	656 697	165 247	25.16
所有者权益（或股东权益）合计	1 651 220	1 103 156	548 064	49.68
负债和所有者权益（或股东权益）总计	2 929 877	2 658 064	271 813	10.23

1. 资产规模变动分析

从公司资产规模来看，截至2021年年末，A公司资产总计292.9877亿元，与2020年同期相比增长27.1813亿元，增幅10.23%，其中，流动资产比上期增加了12.9426亿元，增幅为12.2%，非流动资产比上期增加了14.2387亿元，增幅为8.91%，由此可见，流动资产与非流动资产的变化，助力了公司总资产规模稳步增长。

2. 流动资产分析

从流动性角度看，A公司流动资产呈现上升趋势，流动资产从2020年的106.065亿元上升到2021年的119.0076亿元，增加了12.9426亿元，增幅达到12.2%，企业短期支付能力增强。从流动资产的具体项目来看，流动资产增加的主要原因是货币资金、应收票据、预付账款和存货均较2020年有显著增加。截至2021年年末，A公司货币资金余额42.871亿元，比2020年同期增长了14.50%，公司货币资金支付能力稳步提升。2021年年末，A公司应收票据余额9.1246亿元，比2020年同期增长了100.77%，在一定程度上反映出A公司的产品市场销售行情较好。2021年年末，A公司存货余额28.7455亿元，比2020年同期增长了4.20%，企业存货显著增加一方面可能受新型冠状病毒肺炎疫情的影响，使得销售放缓，库存商品增加；另一方面可能由于原材料囤积，具体情况需要结合企业应收、应付款项综合考虑。

3. 非流动资产分析

与2020年同期相比，2021年公司非流动资产增加了14.2387亿元，其中，增幅较大的是公司的固定资产和在建工程，2021年年末，A公司固定资产净值为118.1324亿元，比

2020年同期增长了1.73%；2021年，A公司在建工程比2020年同期增加了2.2038亿元，增幅达15.79%。从A公司非流动资产来看，该公司对于有形资产的投资规模不断增加，也在一定程度上说明A公司对长期资金存在较大需求。

4. 负债分析

与2020年的155.4908亿元的债务相比，2021年A公司债务规模为127.8657亿元，降低了27.6251亿元，降幅为17.77%。从负债的具体组成来看，2021年，A公司的流动负债比2020年增加了4.1318亿元，增幅为3.84%。具体来看，流动负债增加的主要原因是A公司应付票据和应付账款合计比2020年同期增加了17.5007亿元，增幅高达43.44%，反映出A公司为生产采购了大量的原材料，这与2021年该公司存货的显著增加相匹配。

在非流动负债中，长期借款和应付债券与2020年同期相比，均出现了显著降低，从而拉动了公司负债总额的降低。

从A公司的负债规模和结构分析来看，该公司短期偿债压力会比较大，带动了对流动资金的需求，而长期偿债压力降低，在一定程度上缓解了对长期资金的需求。

5. 所有者权益分析

A公司2021年所有者权益为165.1220亿元，比2020年同期增加了54.8064亿元，增幅达到了49.68%。具体来看，A公司所有者权益中，实收资本比2020年同期增加了1.735亿元，增幅为14.46%；资本公积比2020年同期增加了35.9866亿元，增幅达到了127.83%；未分配利润比2020年同期增加了16.5247亿元，增幅为25.16%。从各项目的变动情况来看，A公司应存在股票增发等行为，带来了实收资本（或股本）和资本公积的显著变化。同时，A公司未分配利润的显著增加也反映出该公司业绩较好，未来发展潜力较大。

（二）资产负债表结构分析

资产负债表结构反映出资产负债表各项目的相关关系及各项目所占的比重，通过结构分析可分析、评价企业资产结构和权益结构变动的合理程度。

根据A公司的资产负债表编制该公司资产负债表结构分析表，如表4-2所示。

表4-2 A公司资产负债表结构分析表

项 目	2021年年末 总金额/万元	2020年年末 总金额/万元	2021年年末 所占比重/%	2020年年末 所占比重/%
货币资金	428 710	374 408	36.02	35.30
交易性金融资产	2887	8241	0.24	0.78
应收票据	91 246	45 447	7.67	4.28
应收账款	275 076	271 961	23.11	25.64
预付款项	54 870	31 587	4.61	2.98
应收利息	730	870	0.06	0.08
其他应收款	3280	3318	0.28	0.31
存货	287 455	275 871	24.15	26.01
其他流动资产	45 822	48 947	3.85	4.61
流动资产合计	1 190 076	1 060 650	40.62	39.90

续表

项目	2021年年末 总金额/万元	2020年年末 总金额/万元	2021年年末 所占比重/%	2020年年末 所占比重/%
长期股权投资	3007	0	0.17	0
投资性房地产	7146	7239	0.41	0.45
固定资产	1 181 324	1 161 209	67.90	72.69
在建工程	161 584	139 546	9.29	8.74
无形资产	76 867	76 117	4.42	4.77
长期待摊费用	180	328	0.01	0.02
递延所得税资产	30 613	33 014	1.76	2.07
其他非流动资产	279 080	179 961	16.04	11.27
非流动资产合计	1 739 801	1 597 414	59.38	60.10
资产总计	2 929 877	2 658 064	100.00	100.00
短期借款	156 457	327 919	14.01	30.50
应付票据	330 777	193 247	29.62	17.97
应付账款	247 128	209 651	22.13	19.50
预收账款	0	43 189	0	4.02
应付职工薪酬	15 824	14 440	1.42	1.34
应交税费	2649	4749	0.24	0.44
其他应付款	178 882	136 415	16.02	12.69
一年内到期的非流动负债	176 179	143 085	15.78	13.31
其他流动负债	8720	2603	0.78	0.24
流动负债合计	1 116 616	1 075 298	87.33	69.16
长期借款	107 759	237 396	66.50	49.50
应付债券	0	189 292	0	39.47
长期递延收益	54 282	52 922	33.50	11.03
非流动负债合计	162 041	479 610	12.67	30.84
负债合计	1 278 657	1 554 908	43.64	58.50
实收资本（或股本）	137 351	120 001	8.32	10.88
资本公积	641 386	281 520	38.84	25.52
盈余公积	50 539	44 938	3.06	4.07
未分配利润	821 944	656 697	49.78	59.53
所有者权益（或股东权益）合计	1 651 220	1 103 156	56.36	41.50
负债和所有者权益（或股东权益）总计	2 929 877	2 658 064	100.00	100.00

1. 资产来源结构分析

从表 4-2 中可以看出，A 公司 2021 年总资产中的 43.64% 来源于债务融资，相比较于 2020 年的 58.50%，A 公司 2021 年的债务融资明显降低，其中，2021 年负债中流动负债占总负债的比重为 87.33%，高于 2020 年的 69.16%，表明 A 公司 2021 年流动负债压力有所增加，流动资金需求比较大。

2. 资产组成结构分析

2021 年，A 公司总资产中流动资产所占比重为 40.62%，非流动资产所占比重为 59.38%，相比于 2020 年，流动资产与非流动资产占比变化不大。在流动资产中，货币资金 2021 年占比相较于 2020 年略有提升，2021 年应收款项占流动资产的比重与 2020 年相比变化不大，具体来看，2021 年应收票据所占比重有所增加，但应收账款所占比重有所降低，这在一定程度上有利于降低企业的坏账率。2021 年，A 公司预付款项占流动资产的 4.61%，高于 2020 年 2.98% 的占比，反映出 A 公司原料采购占用公司流动资金的比重增加且对供应商存在一定的依赖性。

在非流动资产中，A 公司在建工程占非流动资产的比重由 2020 年的 8.74% 增加到了 2021 年的 9.29%，而固定资产所占比重从 2020 年 72.69% 降到 2021 年的 67.90%，显著降低，总体来看，在建工程和固定资产是 A 企业非流动资产的主要组成部分。

3. 负债结构分析

2021 年，A 企业负债中流动负债占比 87.33%，相较于 2020 年的流动负债占比 69.16%，流动负债所占比重显著增加。从流动负债具体项目结构来看，流动负债中占比较高的是短期借款和应付款项。其中，2021 年 A 公司短期借款占流动资产的 14.01%，与 2020 年的 30.50% 相比明显降低，但 A 公司应付账款和应付票据的占比与 2020 年同期相比明显增加，表明 A 企业 2021 年原料采购需求较大，对营运资金存在较大需求。

（三）资产负债表比率分析

比率分析是根据同一时期财务报表中两个或多个项目之间的关系，计算其比率，以评价企业的财务状况和经营成果。财务比率分析可以消除规模的影响，用来比较不同企业的收益与风险，从而帮助投资者、债权人以及企业管理者做出合理的决策。资产负债表的比率分析可以从偿债能力、营运能力等方面进行。

1. 偿债能力分析

企业能否按期偿还债务直接关系企业能否持续经营和健康发展，并直接和间接影响企业投资人、债权人、政府部门、企业管理经营者乃至企业员工的切身利益，从企业资金管理角度进行偿债能力分析，便于调度和筹集资金，及时偿还债务，降低企业的财务风险。企业的偿债能力分析主要包括短期偿债能力分析和长期偿债能力分析。

（1）短期偿债能力分析。短期偿债能力是指企业以流动资产偿还流动负债的能力，它表明了企业的支付能力和承受财务风险的能力。短期偿债能力高低对企业的生产经营活动和财务状况有重要影响，一个企业即便拥有良好的营运能力和较强的盈利能力，一旦短期偿债能力不强，就会因资金周转困难影响正常的生产经营，降低企业的盈利能力，严重时会出现财务危机。

企业短期偿债能力，实质上是流动资产与流动负债对比关系的外在反映。流动资产超过流动负债越多，企业短期偿债能力越强。事实上，由于构成企业流动资产与流动负债的具体项目及数量各不相同，因此，其规模和结构直接影响企业短期偿债能力的大小。

反映企业短期偿债能力的财务指标主要有流动比率、速动比率和现金比率。

① 流动比率。流动比率是流动资产与流动负债的比率，用于衡量企业流动负债到期时

流动资产用于偿还流动负债的能力。

$$流动比率 = \frac{流动资产}{流动负债}$$

流动比率越高，企业偿还短期债务的能力也就越强，但过高的流动比率一定程度上也表明企业经营过于保守，资产的利用率低。根据国内外的实践经验，该项指标保持在 2 较合适。

② 速动比率。速动比率是企业的速动资产与流动负债的比率，用于衡量企业流动资产中可立即变现用于偿还流动负债的能力。

$$速动比率 = \frac{速动资产}{流动负债}$$

所谓的速动资产，是指企业能迅速变现为货币资金的资产，一般用企业的流动资产扣除存货等来表示。

③ 现金比率。现金比率又称为货币资金率，是企业的现金类资产与流动负债的比率。所谓现金类资产是指库存现金、银行存款、短期有价证券等现金及其等价物。

$$现金比率 = \frac{货币资金 + 交易性金融资产}{流动负债}$$

现金比率反映企业以广义的现金及其等价物偿还流动负债的能力。一般而言，现金比率越高，企业短期偿债能力越强。现金类资产是企业可以立即用以偿付流动负债的资源，因此，它反映了企业的实际偿债能力。

根据 A 公司的资产负债表计算得出该公司短期偿债能力指标，如表 4-3 所示。

表 4-3　A 公司短期偿债能力指标计算表

短期偿债能力指标	2021 年年末	2020 年年末	国际标准参考值
流动比率	1.07	0.99	2
速动比率	0.81	0.73	1
现金比率	0.39	0.36	0.2

截至 2021 年年末，A 公司流动比率和速动比率分别为 1.07 和 0.81，同比 2020 年年末略有增长，但与流动比率参考值 2∶1 和速动比率 1∶1 相比，还存在一定的差距，也反映出 A 公司短期偿债能力不足。从现金比率来看，2021 年期末，A 公司现金比率为 0.39，较之 2020 年同期的 0.36 略有增长，现金比率均高于参考值 0.2，反映出 A 公司现金偿债能力较好。

（2）长期偿债能力分析。反映企业长期偿债能力的财务指标主要有资产负债率、产权比率、利息保障倍数等。

① 资产负债率。资产负债率，即企业负债总额与资产总额的比率，表明企业以负债方式筹集的资金占全部资产的比重，反映了债权人资产的安全程度，也反映了企业进行负债经营的能力。

$$资产负债率 = \frac{负债总额}{资产总额}$$

一般来说，资产负债率越低，企业长期偿债能力越强，长期经营风险越小；资产负债率越高，企业长期偿债能力越弱，长期经营风险越大。但对于企业所有者和经营者而言，资产负债率并非越低越好，资产负债率太低，说明企业负债规模较小，经营理念保守；相反，在经营状况良好的前提下，企业资产负债率越高，越有利于通过负债扩大经营规模以及利用财务杠杆的效应获得更大的收益。

② 产权比率。产权比率也称为净资产负债率、负债权益比，是企业负债总额与所有者权益总额之间的比率。

$$产权比率 = \frac{负债总额}{所有者权益总额}$$

产权比率反映企业在面临清算时所有者权益对债权人的保障程度，是衡量企业长期偿债能力的重要指标。与资产负债率类似，产权比率越低，企业偿债能力就越强。

③ 利息保障倍数。利息保障倍数是企业息税前利润和企业全年利息费用的比率，反映企业经营活动所得的收益与企业所需支付利息费用的比值。

$$利息保障倍数 = \frac{息税前利润}{利息费用}$$

$$= \frac{净利润 + 所得税 + 利息费用}{利息费用}$$

$$= \frac{利润总额 + 利息费用}{利息费用}$$

一般来讲，利息保障倍数大于1，说明企业具有偿付当年利息的能力，具有长期负债的偿债能力。利息保障倍数越大，说明企业用经营活动中所获得的收益偿还利息的能力越强；反之，偿还利息的能力则越弱。适当的利息保障倍数表明企业不能偿付其利息风险较小，企业保持良好的偿付利息记录，有利于筹集到较高比例的资金。

假设A公司的财务费用均为利息费用，根据A公司的资产负债表和利润表（见表4-6）计算得出该公司长期偿债能力指标如表4-4所示。

表4-4　A公司长期偿债能力指标

长期偿债能力指标	2021年年末	2020年年末
资产负债率	43.64%	58.50%
产权比率	0.77	1.41
利息保障倍数	6.90	6.18

2021年年末A公司的资产负债率为43.64%，与2020年同期的58.50%相比大幅下降，在一定程度上反映出A公司长期偿债能力有所增强，从资产负债率情况看，A公司的资产负债率处于相对比较合理的范围内。A公司的产权比率从2020年的1.41降至2021年的0.77，也在一定程度上反映出A公司自有权益对于债务的保障能力增强，A公司的财务风险降低。A公司的利息保障倍数从2020年的6.18增加到2021年的6.90，反映出A公司的获利能力保障债务利息支付的能力也在逐步提高，也降低了公司的财务风险。

2. 营运能力分析

营运能力是指企业的经营运行能力，即企业运用各项资产赚取利润的能力。对企业营运能力进行分析的目的在于，通过营运能力分析反映企业资产的质量、结构和运行状态以及企业对资产的管理水平。营运能力越强,说明资产的使用效率越高,企业能够以相对较少的资产占用取得相对较多的收入和收益,资产的变现能力和收益能力比较强;同时,企业营运能力越强,说明资产的质量越好,良好的资产质量是资产在经营中得以保值、增值的前提,从而有利于保证债务本金及利息按期偿还和支付。反映企业营运能力的常用指标有应收账款周转率、存货周转率、流动资产周转率、固定资产周转率、总资产周转率等。

(1)应收账款周转率。应收账款周转率是应收账款周转次数和应收账款周转天数的比率。

应收账款周转次数是指企业在一定时期内商品赊销收入净额与应收账款平均余额的比率。其计算公式为

$$应收账款周转次数 = \frac{商品赊销收入净额}{应收账款平均余额}$$

式中:商品赊销收入净额=销售收入-现销收入-销售退回-销售折扣与折让-坏账准备

$$应收账款平均余额 = \frac{期初应收账款 + 期末应收账款}{2}$$

$$应收账款周转天数 = \frac{360}{应收账款周转次数}$$

应收账款周转率可以反映企业应收账款变现的速度和管理的效率。在一定时期内,应收账款周转次数越多或周转一次所需要的时间越短,说明应收账款变现速度越快,资产利用效率越高,应收账款管理得越好;反之,应收账款周转率越低,说明应收账款的变现速度越慢,资产利用效率越差,应收账款管理水平越低,企业需要加强对应收账款的管理和催收工作。

(2)存货周转率。存货周转率是企业在一定时期内营业成本与存货平均余额的比率。存货周转率指标有存货周转次数和存货周转天数两种形式。

$$存货周转次数 = \frac{营业成本}{存货平均余额}$$

式中:营业成本是指销售产品、商品或提供劳务等经营业务的实际成本。

$$存货平均余额 = \frac{存货余额年初数 + 存货余额年末数}{2}$$

$$存货周转天数 = \frac{360}{存货周转次数}$$

在一定时期内,存货周转次数越多或周转一次所需要的时间越短,说明存货变现能力越强,存货管理的效率越高,由此可以降低存货占用的资金成本和仓储成本;反之,存货周转次数越少或存货周转一次所需要的天数越多,说明存货周转速度慢,存货变现能力差,可能存在存货过多或滞销问题,此时企业必须加强对存货的管理。

(3)流动资产周转率。流动资产周转率是企业在一定时期内营业收入净额同平均流动资产总额的比率。流动资产周转率主要衡量流动资产的利用效率,反映了企业流动资产的周转速度。

流动资产周转率指标有流动资产周转次数和流动资产周转天数两种形式。

$$流动资产周转次数 = \frac{营业收入净额}{平均流动资产总额}$$

营业收入净额是指企业当期销售产品、提供劳务等主要经营活动所取得的收入减去折扣与折让后的余额。

$$平均流动资产总额 = \frac{期初流动资产总额 + 期末流动资产总额}{2}$$

$$流动资产周转天数 = \frac{360}{流动资产周转次数}$$

企业流动资产的周转次数多，表明企业以相同的流动资产实现了更多的营业收入，说明流动资产的使用效率高；如果流动资产周转次数少，则表明企业利用流动资产进行经营活动的能力差，流动资产的使用效率低。从流动资产周转天数上看，在一定时期内流动资产使用效率高，等于相对降低了流动资产的占用，提高了企业的盈利能力；反之，如果流动资产周转速度慢，就会增加流动资产占用，企业还需要补充流动资产来进行生产经营周转，从而造成资金浪费，降低企业的盈利能力。

（4）固定资产周转率。固定资产周转率是在一定时期内营业收入净额与平均固定资产总额的比率，也称为固定资产周转次数。这个指标用于衡量固定资产的利用效率，反映了企业固定资产的周转速度。

固定资产周转率指标有固定资产周转次数和固定资产周转天数两种形式。

$$固定资产周转次数 = \frac{营业收入净额}{平均固定资产总额}$$

$$平均固定资产总额 = \frac{期初固定资产总额 + 期末固定资产总额}{2}$$

$$固定资产周转天数 = \frac{360}{固定资产周转次数}$$

（5）总资产周转率。总资产周转率是企业在一定时期内营业收入净额同平均资产总额的比率。总资产周转率是综合评价企业全部资产经营质量和利用效率的重要指标。

总资产周转率指标有总资产周转次数和总资产周转天数两种形式。

$$总资产周转次数 = \frac{营业收入净额}{平均资产总额}$$

$$平均资产总额 = \frac{期初资产总额 + 期末资产总额}{2}$$

总资产周转率也可以用总资产周转天数表示，其计算公式为

$$总资产周转天数 = \frac{360}{总资产周转次数}$$

总资产周转率用来分析企业全部资产的使用效益。该指标越高，周转速度越快，表明资产有效使用程度越高，总资产的运用效益越好，其结果将使企业的偿债能力和获利能力增强；反之，则说明企业利用全部资产进行经营的效益较差，最终影响企业的获利能力。

假设企业当年营业收入中有60%为赊销，根据A公司的资产负债表和利润趋势分析表（见第三节中的表4-6）计算该公司的营运能力指标如表4-5所示。

表4-5 A公司的营运能力指标

营运能力指标	2021年年末
应收账款周转次数	4.03
应收账款周转天数	89.27
存货周转次数	4.71
存货周转天数	76.51
流动资产周转次数	1.63
流动资产周转天数	220.39
固定资产周转次数	1.57
固定资产周转天数	229.38
总资产周转次数	0.66
总资产周转天数	547.20

目前对营运能力指标尚无确定的标准，很难确定理想的比较基础，因此一般以行业的平均周转水平作为企业的比较标准。

总之，一定时间内资产周转的次数越多或周转一次所需的时间越少，说明资产的利用效率越高，给企业带来的收益也就越多；反之，资产周转越慢，表明资产利用效率越低，这就需要企业在指标分析的基础上分析资产利用过程中存在问题的原因，需采取必要措施来加强资产管理，提高资产运行效率，从而为企业创造更高的收益。

第三节 利润表的解读与分析

一、利润表的性质与作用

（一）利润表的性质

利润表又称为损益表，是反映企业在一定会计期间经营成果的报表。一定会计期间可以是一个月、一个季度、半年，也可以是一年，因此，利润表属于动态报表。通过利润表可以了解企业当前的经营成果和盈利能力，也可以预测企业未来的盈利能力，为企业外部投资者的投资决策和贷款决策，以及企业内部管理层的经营决策和业绩考核提供重要的依据。

（二）利润表的作用

1. 披露企业的收入、费用及利润情况

利润表反映了企业在一定会计期间的收入实现、费用耗费以及利润的形成情况，有利于全面地了解企业的经营成果，分析企业的获利能力及盈利增长趋势。其具体内容包括：实现的营业收入有多少、实现的投资收益有多少、实现的营业外收入有多少等；耗费的营业成本有多少、税金及附加有多少、期间费用有多少、营业外支出有多少等；以及营业利润、利润总额及净利润的实现情况。

2. 反映企业的经营成果与获利能力

利润表反映了一个企业当期的经营成果和获利能力。经营成果和获利能力都与"利润"紧密相连，经营成果（或经营业绩）是指企业在其所控制的资源上取得的报酬（扣除理财成本、筹资成本等），它直接体现为一定期间的利润总额；而获利能力则是指企业运用一定经济资源（如人力、物力）获取经营成果的能力，它可通过各种相对指标予以体现，如资产收益率、净资产收益率以及成本收益率等。通过比较和分析同一企业不同时期、不同企业同一时期的收益情况，可以评价企业经营成果的好坏和获利能力的高低，以此预测其未来的发展趋势。

3. 提供财务分析的基本资料

将利润表中的信息与资产负债表中的信息相结合，还可以提供财务分析的基本资料，如将商品赊销收入净额与应收账款平均余额进行比较，计算出应收账款周转次数；将营业成本与存货平均余额进行比较，计算出存货周转次数；将净利润与资产总额进行比较，计算出资产收益率等，这些指标可以体现企业资金周转情况以及企业的盈利能力和水平，便于会计报表使用者判断企业未来的发展趋势，从而做出经济决策。

二、利润表的解读

可以从营业收入、成本费用、利润三个方面对利润表进行解读。

（一）营业收入

营业收入是企业在一定时期内销售商品或提供劳务所获得的收入，包括主营业务收入和其他业务收入。其中，主营业务收入是指企业经常性的、主要业务所产生的收入，如制造业企业销售产品和提供劳务作业的收入、租赁公司的租金收入等。其他业务收入是指企业确认的除主营业务活动以外的其他经营活动实现的收入，包括出租固定资产、出租无形资产、出租包装物和商品、销售材料、用材料进行非货币性资产交换（非货币性资产交换具有商业实质且公允价值能够可靠计量）或债务重组等实现的收入。

营业收入是影响企业产生经营活动现金流净额的主要因素，也是评价该企业市场竞争力与盈利能力的重要指标之一。在营业收入总额中，主营业务收入所占的比重较大，是企业收入的主要来源，而其他业务收入的每笔业务收入金额一般较小，占营业收入总额的比重较低。在阅读利润表过程中，如果发现其他业务收入占营业收入总额的比重过大，则应该引起重视。同时，也可以比较企业各月、各季度、各年度的各类产品营业收入的波动情况，进一步查找造成营业收入变动的原因。

（二）成本费用

企业经营活动中产生的成本费用，是指企业在一定时期内，确认营业总收入时所结转的成本，也可以称作营业总成本，包括营业成本、税金及附加、销售费用、管理费用、研发费用、财务费用和资产减值损失等。对成本费用的解读有助于观察企业成本控制能力和成本变动趋势，同时，将成本费用与营业收入配比后，可以了解企业的利润情况。

1. 营业成本

营业成本是指企业在一定时期内确认营业收入时所结转的成本，包括主营业务成本和其他业务成本。主营业务成本是指企业经营主要业务时所发生的、经常性的成本，如制造业的产品销售成本。其他业务成本是指企业确认的除主营业务活动以外的其他经营活动所发生的实际支出，包括销售材料的成本、出租固定资产的折旧额、出租无形资产的摊销额、出租包装物的成本或摊销额等。

通过解读利润表中的营业成本项目，管理者可以全面、清晰地掌握影响公司业绩的核心环节，全面了解公司的成本构成、盈利情况，进而把握正确的决策方向，真正实现有效的成本控制。

2. 税金及附加

税金及附加是指企业经营活动应负担的相关税费，包括消费税、城市维护建设税、教育费附加、资源税、房产税、城镇土地使用税、车船税、印花税等。企业日常经营活动负担的"税金及附加"会影响营业利润，如果税金及附加增加，会减少营业利润，同时，会减少利润总额。

3. 销售费用

销售费用是指企业在销售过程中所发生的费用。对制造企业而言，销售费用是指企业在销售产品、自制半成品和工业性劳务等过程中发生的各项费用，以及销售本企业产品而专设销售机构的各项费用。但企业内部的销售部门属于行政管理部门，所发生的经费开支不包括在销售费用之内，而应列入管理费用。通过销售费用分析，可以了解销售费用变动趋势是否正常，及时发现销售费用变动异常的原因，从而采取有效措施，加强销售费用管理。

一般而言，销售费用越高，说明企业实现收入所需的市场投入越大。而企业的市场投入大，可能是由于产品新进入市场，品牌规模和销售渠道尚未完善，前期投入较高；也可能是由于企业所处的行业处于高度竞争状态，且客户的忠诚度不高，需要不断维持市场投入，以持续地吸引客户。

4. 管理费用

管理费用是指企业行政管理部门为组织和管理生产经营活动而发生的各种费用。管理费用包括的内容较多，以制造企业为例，管理费用具体包括公司经费、工会经费、劳动保险费、咨询费、诉讼费、土地使用费、土地损失补偿费、技术转让费、无形资产摊销、递延资产摊销、业务招待费，以及不包含在以上各项目中的其他管理费用，如绿化费、排污费等。

通过解读管理费用，可以及时了解管理费用的变动趋势，如果发现管理费用变动异常，还可以进一步分析管理费用各构成项目的变化情况，查明原因，及时采取措施。管理费用是反映企业管理效率高低的指标，如果一家企业的管理费用很高，也可能预示着该企业通过高效的管理，能够获得更多的利润。

5. 研发费用

研发费用是指企业为了提供更优质的产品和服务，进行研究与开发某项目所支付的费用，主要包括综合费用（人力、办公、劳保等）、咨询服务费、实验材料费以及折旧及摊销费。

企业进行研发活动，有成功和失败两种可能。如果研发成功了，申请了专利，符合计入无形资产的条件,研发过程中发生的费用可直接计入无形资产,即研发投入资本化;如果研发失败了,研发过程中发生的费用就直接计入当期损益,在利润表上单独列示"研发费用",即研发投入费用化。

一般地,研发费用较高的企业均拥有长远的发展规划,另外,由于在计算所得税费用时可扣除研发费用,从节税方面考虑,企业也愿意将研发支出费用化。但是,如果利润表上列示的研发费用金额过高,应当引起重视,有必要进一步核查该企业是否有通过研发费用粉饰利润表的行为。

6. 财务费用

财务费用是指企业为筹集生产经营所需资金等而发生的费用,主要包括利息净支出、汇兑净损失、金融机构手续费和其他因资金筹集发生的费用。

企业从事生产经营活动离不开资金的运转,除了一定数量的自有资金,还可以根据自身需要,适时、适度地举债经营,企业为筹集资金所付出的资金成本构成企业的财务费用。通过对财务费用项目的解读,可以了解财务费用包含的内容是否适当、增减变动趋势是否正常、财务费用占营业收入的百分比是否合理,如有异常,应该及时查明原因,采取有效措施调整企业的筹资策略。

7. 资产减值损失

资产减值损失是指因资产的可回收金额低于其账面价值而造成的损失,包括企业计提各项资产减值准备所形成的损失。资产减值损失可以从具备经营性质的资产和投资性质的资产所产生的减值损失进行解读与分析。其中,经营性质的资产所产生的减值损失主要包括应收账款的坏账准备、存货跌价准备、固定资产减值准备、无形资产减值准备、商誉减值准备;投资性质的资产所产生的减值损失主要包括长期股权投资减值准备、持有至到期投资减值准备等。

通过对资产减值损失项目的解读,可以了解企业资产减值损失变动趋势是否正常,如果发现异常,要进一步检查各项资产的减值损失情况,查明原因,加强资产管理。如果资产减值损失是由应收账款余额增加较多所导致的,应加强应收账款的管理,及时回收款项;如果资产减值损失是存货跌价所导致的,应加强存货管理,加大推销力度以尽可能地减少企业的产品库存量。

(三)利润

根据利润的计算口径不同,利润表上列示的利润项目包括营业利润、利润总额和净利润。

1. 营业利润

营业利润是指企业在销售商品、提供劳务等日常生产经营活动中所产生的利润,是企业利润的主要来源,是企业最基本经营活动的成果,也是企业在一定时期内获得利润中最主要、最稳定的来源。营业利润永远是企业经营活动中的主要目标,没有足够的营业利润,企业就无法继续生存,也无法继续扩大再生产。

营业利润是利润表中第一层次的利润,通过解读营业利润,财务报表使用者可以了解企业的财务业绩,如果营业利润的变动出现异常,除分析利润表上列示的营业总收入和营业总成本的变动情况外,还需要进一步分析产品的销售价格、单位变动成本、销售量以及固定成本,找到影响营业利润的深层原因。

通过对营业利润的分析，不仅可以客观、准确地评价企业管理部门的经营管理能力，同时也可以对企业未来营业利润的发展情况做出预测。

2. 利润总额

利润总额是指企业在一定会计期间的经营成果，包括收入减去费用后的净额、直接计入当期利润的利得和损失等。

利润总额是由营业利润和营业外收支形成的，从金额上来看，利润总额=营业利润+营业外收入-营业外支出。其中，营业利润是企业日常生产经营活动产生的利润，是企业主要经营业务的获利，通常与企业的规模、市场占有率、产品与市场的契合度、管理人员的素质等因素有关，由一定的客观因素决定，并且可以通过改进相关因素提高盈利水平，是企业可控的利润。企业营业外收支形成的利润通常表现出偶然性和不可控性，以前发生不代表以后发生，当期发生过不代表以后就会发生，完全没有规律。营业外收支虽然不影响企业的营业利润，但是会影响利润总额，如果一家企业利润总额的增长主要是由于营业外收支的变动引起的，那么该企业的报表很可能有"猫腻"，背后存在陷阱的可能性很大。

3. 净利润

净利润反映了一个企业经营的最终成果，是指利润总额扣除所得税费用后的剩余利润，其中，所得税费用是指企业确认的应从当期利润总额中扣除的所得税总额。企业净利润的多少与两个因素有很大的关系：一是利润总额；二是所得税费用。一般来讲，净利润多的企业经济效益好，净利润少的企业经济效益差。如果一个企业的净利润变动异常，要进一步分析净利润变动是由利润总额的异常变动引起的，还是由所得税费用的异常变动引起的，查明原因后可有针对性地提出整改措施。

三、利润表的分析

企业利润表可以提供企业在一定会计期间的营业利润、利润总额以及净利润等各项利润指标，丰厚而稳定的利润不仅是企业投资报酬和盈利能力的体现，也是企业偿还债务的保障。一个不能盈利的企业是无法取得投资者的信任的，因此，股权投资者、企业管理者和债权人等会计信息使用者对企业的投资报酬与盈利能力都十分关注。在投资规模一定的情况下，企业获取利润的能力越强，投资报酬率就应当越高。

利润表分析的主要内容包括利润表质量分析、利润表趋势分析和利润表比率分析。

（一）利润表质量分析

企业利润不仅有数量的高低，还有质量的好坏，利润的数量和质量可以通过利润表质量分析进行判断和评价。利润的质量不仅表现在对企业现金流的影响上，而且也表现在利润的稳定性上。利润表质量分析对了解企业利润质量的高低具有十分重要的意义。

要保证企业经营活动的正常进行，既要有足够的利润，又要有顺畅的现金流。因此，在进行利润表的质量分析时，必须结合现金流量表中来自经营活动的销售和服务所形成的现金流入和流出进行比照分析。如果一个企业的利润主要来自主营业务活动，并且已经收到现金，就意味着利润表的质量较高；如果一个企业的利润虽然主要来自主营业务活动，但是产品赊销收入占的比例很大，而且没有足够的现金流入，即该企业的现金流入小于现金流出，则意味着利润表的质量较差。

利润表通过披露利润的来源来表现利润的稳定性。利润表是按照不同业务对利润稳定性的影响程度由大到小排序，从而形成了日常经营活动业务、对外投资业务和营业外业务的排序结构。日常经营活动业务包括主营业务活动和其他业务活动，一个企业通过主营业务获取利润的比重越大，利润越稳定，利润表的质量越高；反之，一个企业通过主营业务获取利润的比重越小，则利润越不稳定，利润表的质量越低。

（二）利润表趋势分析

利润表是比较会计报表，提供了"本期金额"和"上期金额"两列数据。利润表趋势分析就是对同一个企业前后两个会计期间的同一个利润指标进行比较分析，即从纵向（企业历年数据的比较）分析。通过分析可以判断、评价该企业的利润变化趋势，从比较中发现问题、解决问题，并预测企业未来会计期间的预期利润。

表 4-6 是针对 A 公司利润表进行的趋势分析。

表 4-6　A 公司利润趋势分析表

项目	2021 年/万元	2020 年/万元	变化量/万元	变化率/%
营业总收入	1 838 272	1 716 416	121 856	7.10
营业总成本	1 608 084	1 550 671	57 413	3.70
营业成本	1 325 290	1 261 402	63 888	5.06
研发费用	85 958	88 992	−3034	−3.41
税金及附加	10 471	9762	709	7.26
销售费用	96 292	106 413	−10 121	−9.51
管理费用	50 880	51 966	−1086	−2.09
财务费用	39 193	32 136	7057	21.96
公允价值变动收益	809	−573	1382	−241.19
投资收益	888	−364	1252	−343.96
营业利润	231 885	164 808	67 077	40.70
营业外收入	1608	2202	−594	−26.98
营业外支出	2412	486	1926	396.30
利润总额	231 081	166 524	64 557	38.77
所得税费用	9054	−223	9277	−4160.09
净利润	222 027	166 747	55 280	33.15

1. 营业利润变动分析

从表 4-6 中的数据可以看出，A 公司 2021 年度的营业利润为 231 885 万元，与 2020 年同期相比增长 67 077 万元，增幅为 40.70%，究其原因，一是营业总收入增长了 7.10%，远远高于营业总成本 3.70% 的增长幅度；二是 A 公司 2020 年度的公允价值变动收益和投资收益均为负数（损失），而 2021 年度的公允价值变动收益和投资收益均为正数（收益），而且公允价值变动收益的增幅高达 241.19%，投资收益的增幅高达 343.96%，因此，虽然 A 公司 2021 年度的营业总成本比 2020 年度增长了 3.70%，但是营业利润仍然可以实现 40.70%

的增长。

2. 利润总额变动分析

从表 4-6 中的数据可以看出，A 公司 2021 年度的利润总额为 231 081 万元，与 2020 年同期相比增长了 64 557 万元，增幅为 38.77%，究其原因，虽然 A 公司 2021 年度的营业外收入与 2020 年度相比有所下降，而且 A 公司 2021 年度的营业外支出也比 2020 年度增加了 396.30%，但是由于 A 公司营业利润的增长幅度较大，高达 40.70%，因此，A 公司的利润总额仍然可以实现 38.77% 的增长。

3. 净利润变动分析

从表 4-6 中的数据可以看出，A 公司 2021 年度的净利润为 222 027 万元，与 2020 年同期相比增长了 55 280 万元，增幅为 33.15%，究其原因，虽然 A 公司 2021 年度的所得税费用与 2020 年度相比，增幅高达 4160.09%，但是由于 A 公司的利润总额增长幅度比较大，高达 38.77%，因此，A 公司的净利润仍然可以实现 33.15% 的增长。

（三）利润表比率分析

利润表比率分析主要反映利润与收入或成本之间的比率关系，其分析的指标主要有两类：一类是各种利润与收入之间的比率，统称为收入利润率；另一类是各种利润与成本之间的比率，统称为成本利润率。

1. 收入利润率

反映收入利润率的指标主要有营业毛利率、营业利润率和营业净利率。

（1）营业毛利率。营业毛利率是企业营业毛利额占营业收入净额的比率。其计算公式为

$$营业毛利率 = \frac{营业毛利额}{营业收入净额} \times 100\%$$

营业毛利额为营业收入净额减去营业成本后的余额，营业收入净额为营业收入总额减去销售退回、销售折扣与折让的余额。企业的营业毛利率越高，用以抵消各项成本、费用的能力就越强，盈利能力也就越强；反之，企业的盈利能力就越弱。营业毛利率具有明显的行业特点，销售周期短，固定费用较低的行业，其营业毛利率相对较低，如商品流通企业。对于生产周期长的企业，其营业毛利率除与目标值进行比较外，还须与行业平均值和行业先进水平相比较，以确定本企业的盈利能力在同行业中所处的位置，从而进一步分析差距形成的原因，找出提高企业盈利能力的途径。

（2）营业利润率。营业利润率是企业利润总额与其营业收入净额之间的比率。其计算公式为

$$营业利润率 = \frac{利润总额}{营业收入净额} \times 100\%$$

营业利润率比营业毛利率更能全面、概括地反映企业的盈利能力，因为营业利润率不仅全面反映了企业全部业务收入与相关的成本、费用之间的关系，还将期间费用、资产减值损失归入支出项目，从收入中扣减，并且将公允价值变动净收益、投资净收益、汇兑损益等项目考虑进来，全面反映了企业真实、可靠的盈利能力。

（3）营业净利率。营业净利率是企业实现的净利润与营业收入净额的比率。营业净利率用来衡量企业在一定时期的营业收入获取净利润的能力。其计算公式为

$$营业净利率 = \frac{净利润}{营业收入净额} \times 100\%$$

营业净利率可以概括反映企业的基本经营状况，它表明每一元营业收入与成本费用之间可以"挤"出来的净利润。营业净利率越高，说明企业的盈利能力越强；营业净利率越低，表明企业的营业收入越低或成本费用越高，或者两者兼而有之。

2. 成本利润率

成本利润率即利润与不同的成本、费用之间的比率，体现的是一定的成本、费用发生所带来的利润大小。其常用指标主要是营业成本利润率。

营业成本利润率是营业利润与营业成本之间的比率。其计算公式为

$$营业成本利润率 = \frac{营业利润}{营业成本} \times 100\%$$

营业成本利润率指标反映企业投入产出的水平，表明每一元成本、费用的投入产生了多少利润，即所得与所费的关系。一般来说，以营业收入为基础对企业盈利能力进行评价，并不是一种投入与产出之间的直接对比分析，而是产出与产出之间的比较，因为营业收入毕竟也是企业的一种产出，只不过它是企业利润产出的一种中间过渡，并不能全面、综合地反映企业真正的盈利水平，因为较高的营业成本利润率也有可能是以较多的资产或投资作为依托的，因此在进行成本利润率分析时，还应该结合资本投资回报和资产运营效益加以分析，才能全面、真实地评价企业的盈利能力。

A 公司利润表比率指标计算表如表 4-7 所示。

表 4-7 A 公司利润表比率指标计算表

项目	计算公式	2021 年度/%	2020 年度/%
营业毛利率	营业毛利额/营业收入净额	27.91	26.51
营业利润率	利润总额/营业收入净额	12.57	9.70
营业净利率	净利润/营业收入净额	12.08	9.71
营业成本利润率	营业利润/营业成本	17.50	13.07

通过利润表的比率分析，可以看出 A 公司 2021 年度的各项利润率指标，相较于 2020 年度都有不同幅度的增加，公司在一定期间内赚取利润的能力较强，具备较强的盈利能力。

第四节 现金流量表的解读与分析

一、现金流量表的性质和作用

（一）现金流量表的性质

现金流量表是反映一定时期内（如月度、季度或年度）企业经营活动、投资活动和筹

资活动对其现金及现金等价物所产生影响的财务报表。现金流量表实质是将企业权责发生制下的盈利信息调整为收付实现制下的现金流量信息，显示资产负债表及利润表如何影响现金和现金等价物，便于信息使用者从企业的经营、投资和融资角度分析，从而做出各项决策。

（二）现金流量表的作用

1. 弥补资产、负债信息量的不足，通过对现金投资与融资、非现金投资与融资的分析，全面了解企业的财务状况

根据会计等式"资产=负债+所有者权益"，资产负债表反映资产、负债、所有者权益三个会计要素的期末余额，利润表是根据收入、费用、利润三个会计要素的本期累计发生额编制的，企业在一段期间内实现的利润（或亏损）最终会结转至资产负债表的所有者权益，同时导致企业资产、负债的变化，但是资产、负债、所有者权益三个会计要素的增减变动发生额在资产负债表中未能提供，无法说明资产、负债变动的原因，资产、负债信息量不足。

将会计等式变形后可得：现金=负债+所有者权益-非现金资产。这个公式表明，现金的增减变动受公式右边因素的影响，负债、所有者权益的增加（减少）导致现金的增加（减少），非现金资产的减少（增加）导致现金的增加（减少）。在采用间接法编制现金流量表时，就是利用资产、负债、所有者权益的增减发生额或本期净增加额填报，并且分类反映企业经济活动产生的现金净流量，可以充分揭示现金变动的原因，使信息使用者更加全面地了解企业的财务状况。

2. 便于从现金流量的角度评价企业偿还债务、支付投资利润的能力，分析净收益与现金流量间的差异并解释差异产生的原因

企业需要持续经营，现金是企业的血液，缺乏现金购买与支付能力对于企业而言是致命的，因而企业的经营者需要了解现金流量信息。对于企业利益相关者而言，投资者、银行、财税、工商等不仅需要了解企业的资产、负债、所有者权益的结构情况与经营结果，更需要评价企业的偿还本息、支付投资利润的能力，了解企业现金流入、流出及净流量信息。

当前我国利润表的利润是根据权责发生制核算而来，权责发生制贯彻递延、应计、摊销和分配原则，核算的利润与现金流量是不同步的，企业的利润表上有利润，但银行账户上没有钱的现象经常发生。在确认收入和费用时，权责发生制更为合理，但存在缺陷。在这种情况下，坚持采用权责发生制进行核算，同时编制收付实现制的现金流量表，按类说明企业在一个时期内现金流入、流出情况，可以说明现金从哪里来、到哪里去，利润表上的收入、费用为何导致利润变化却未带来现金的变化，可以从现金流量的角度考查企业利润的质量，分析净收益与现金流量的差异，从而对企业做出更加全面、合理的评价。需要注意的是，企业亏损不一定就面临倒闭的风险，因为现金流量才是企业维持生存和发展的重要因素，在保障企业现金流出和流入需求的条件下，企业暂时亏损并不影响其继续生存。

3. 了解企业筹措现金、生成现金的能力，评价企业未来产生现金净流量的能力

企业获取现金的一个途径是通过筹资活动吸收投资者投资或借入现金。在市场经济条件下没有"免费使用"的现金，吸收投资者投资会导致企业的受托责任增加，需要实现投资者投资的保值、增值，向投资者支付股利或分配利润；借入现金使得企业负债增加，需要还本付息。企业获取现金的另一个途径是企业在经营过程中获得的利润，利润是企业现金来源的主要渠道。企业要想实现可持续发展，就必须获利，高质量的利润会带来相应的现金流入。

现金流量表反映企业在一定期间内的现金流入和流出的整体情况，说明企业现金从哪里来，又运用到哪里去。现金流量表中的经营活动产生的现金流量，代表企业运用其经济资源创造现金流量的能力；投资活动产生的现金流量，代表企业运用资金产生现金流量的能力；筹资活动产生的现金流量，代表企业筹资获得现金流量的能力。通过现金流量表及其他财务信息，可以分析企业未来获取或支付现金的能力。企业筹措现金、产生现金的能力，是反映企业加强经营管理，合理使用资金的重要信息，是资产负债表与利润表所不能提供的。

4. 全面考量企业的市场价值

市场对于企业价值的评价并非以企业历史盈利情况作为评价基础，而是对企业未来可产生现金流现值的一种评价。可见，衡量企业市场价值的基础是现金流，而不是企业获取的利润，现金流更能反映企业收益的质量、创造价值的质量。现实情况中，很多企业可能出现有利润但是无现金流的情况，也就是说，企业利润表的数据非常可观，但是在现金流量表中表现为现金净流出，这在很大程度上表明企业实际的经营状况并没有利润表中利润指标所反映出来的那样优秀。因而，在判断企业价值时，应当撇开利润指标中的一些水分，而去分析现金流量表中的现金流情况，通过关注现金流指标来决定企业的市场价值。现金流量表是以收付实现制为基础的，可以过滤掉一些利用权责发生制来调节利润指标的粉饰数据情况，使企业的投资者或债权人更全面、清晰地认识企业真正的财务状况和资金情况。通过对现金流量表分类传递信息的多维度深入分析，同时结合企业其他经营发展的相关数据，可以从更全面的角度真实反映企业的价值创造能力，从而便于投资者对企业实际的价值做出更加科学的解读和评价。

二、现金流量表的解读

现金流量表是反映企业在一定会计期间现金及现金等价物流入和流出的报表，是动态报表。我国现金流量表正表按照经营活动、投资活动、筹资活动分别反映企业现金流入量及流出量，然后计算各类活动的现金流量净额。在此基础上，考虑汇率变动对现金及现金等价物的影响，计算得出本期现金及现金等价物净增加额，与期初现金及现金等价物余额相加，即可得到期末现金及现金等价物余额。

企业对外提供的财务报表能够提供一个企业在一定会计期间财务状况、经营成果及现金流量的信息，信息使用者可以通过阅读和分析财务报表，获得各自决策所需的信息。作为分析媒介，现金流量表提供了一家企业经营是否健康的证据。如果一家企业经营活动产生的现金流保持正常的生产能力，无法支付股利，而要用借款的方式满足这些需要，那么这家企业从长期来看是无法维持正常情况下的支出的。

（一）经营活动产生的现金流量

按照我国目前现金流量表编制的要求，经营活动是指企业投资活动和筹资活动以外的所有交易和事项，主要包括销售商品或提供劳务、购买商品或接受劳务、支付工资和缴纳税款等。资产负债表中的经营资产包括货币资金、短期债权、存货、固定资产和无形资产。但是，现金流量表中的经营活动产生的现金流量仅仅包括部分与流动资产和流动负债有关的现金流量，固定资产和无形资产有关的现金流量属于投资活动产生的现金流量。

1. 经营活动现金流入

经营活动现金的流入是企业持续发展的内部动力，也是现金流量表的核心，反映企业"造血"功能是否强大。现金流量表的经营活动产生的现金流入主要包括：销售商品、提供劳务收到的现金；收到的税费返还；收到其他与经营活动有关的现金。

经营活动产生的现金流入最重要的来源是销售商品、提供劳务收到的现金，反映本会计期间收入及增值税中的现款交易数、以前期间的赊销收入本期收回数，以及本期预收商品、劳务收入的款项数。企业根据国家税收政策收到的税费返还，以及企业收到的罚款、实际收到的政府补助资金，也是企业经营活动现金流入的来源。

2. 经营活动现金流出

经营活动产生的现金流出是企业持续经营的必要支出，主要包括：购买商品、接受劳务支付的现金；支付给职工以及为职工支付的现金；支付的各项税费；支付其他与经营活动有关的现金。

企业要取得营业收入，要组织生产、销售、管理等，必然会发生商品制造成本（或劳务成本），需要支付原材料款、人力成本，缴纳税费，还需要支付某些管理费用（如业务招待费、差旅费等）和营业费用（如广告费、产品质量保证费等）。经营活动的现金流出是企业经营管理者在资金预算中首先应满足的支出内容。

3. 经营活动现金流量净额

企业当期经营活动现金流入除需支付当期经营活动的现金支出外，还要能够支付经营用融资利息和投资用融资利息，补偿固定资产折旧和无形资产、长期资产摊销，以及支付现金股利。经营活动现金流量净额对于现金流量表的解读，可以更有效地评价企业的价值，是因为企业创造利润的终极目标是获取更多的现金，稳定的现金创造能力才是企业持续创造价值的基础。充足的经营活动现金流对于企业来说是经营的充分必要条件，通过企业所产生现金流的金额及趋势等情况，可以判断出一个企业的价值创造能力和经营的可持续性。

（二）投资活动产生的现金流量

投资活动是指企业长期资产的购建和不包括在现金等价物范围内的投资及其处置活动，企业投资活动主要包括购建固定资产、处置子公司及其他经营单位等。

1. 投资活动现金流入

投资活动产生的现金流入项目主要有"收回投资收到的现金""取得投资收益收到的现金""处置固定资产、无形资产和其他长期资产收回的现金净额""处置子公司及其他营业单位收到的现金净额""收到其他与投资活动有关的现金"。

取得投资收益收到的现金，是之前投资项目产生的回报，可以了解企业投资决策的好坏；除取得投资收益收到的现金外，投资活动的现金流入项目通常代表企业投资的回收、收缩。我们通过投资活动的现金流量信息，可以分析其中的企业战略调整内涵。

2. 投资活动现金流出

投资活动产生的现金流出项目主要有"购建固定资产、无形资产和其他长期资产支付的现金""投资支付的现金""取得子公司及其他营业单位支付的现金净额""支付其他与投资活动有关的现金"等。

购建固定资产和无形资产是对内扩大再生产;其他投资活动,尤其是控制性长期股权投资是对外扩张,它的持续拉动效应能够使企业以较少的资源撬动较多的其他企业的资产。因此,从投资活动现金流出量的规模和结构分布可以分析出企业的战略调整信息。

3. 投资活动现金流量净额

企业当期投资活动现金流入与流出并不存在必然关联。投资活动现金流入量较高,可能是投资决策取得了较好的投资回报,但也可能是由于大规模的战略回收造成的,它同时会影响以后期间的投资回报;投资活动现金流出量较高,往往传递着企业扩张的讯号。投资活动产生的现金流量净额为正或负,不能简单地评判为好或坏,但是较高的投资活动现金流量负净额意味着企业需要用经营活动现金流量补偿投资,甚至需要适当的筹资,这也会带来筹资成本的上升。

(三)筹资活动产生的现金流量

筹资活动是导致企业资本及债务规模和构成发生变化的活动。筹资活动主要包括吸收投资、发行股票、分配利润、发行债券、偿还债务等。商业应付款等属于经营活动,不属于筹资活动。筹资活动产生的现金流量与企业的筹资规模相关,是反映企业资金来源的重要信息。

1. 筹资活动现金流入

筹资活动产生的现金流入项目主要有"吸收投资收到的现金""取得借款收到的现金""收到其他与筹资活动有关的现金"。

筹资活动的现金流入项目主要是企业取得资金来源的不同形式,可以反映企业通过不同形式筹资的资金规模。企业基于不同的考虑或受限条件进行筹资决策,选择不同的筹资形式各有利弊。通常筹资活动现金流入量较高,说明企业具有比较强的融资能力,但同时也会给后期带来较大的负债压力。筹集的资金是否用于支持企业经营和扩大投资,要结合企业经营活动和投资活动的现金流量情况进行分析。

2. 筹资活动现金流出

筹资活动产生的现金流出项目主要有"偿还债务支付的现金""分配股利、利润或偿付利息支付的现金""支付其他与筹资活动有关的现金"等。

筹资活动的现金流出主要与企业以往的筹资有关,是债务融资成本或者股权融资的回报。如果筹资活动的现金利息支出金额较高,说明企业债务清偿压力较大,但也说明企业具备一定的偿债能力;如果筹资活动中的分配股利、利润支出金额较高,一般是企业当期经营收益较好从而给予投资者的良好回馈。

3. 筹资活动现金流量净额

筹资活动产生的现金流入主要用来支持企业经营活动与投资活动,但是在企业经营活动产生的现金流量净额在满足投资活动现金流出量需求的情况下,筹资活动产生的现金流入量则主要支持偿还债务的活动和支付现金股利与利息。如果企业筹资活动现金流量净额为负数，说明企业还要拿出一部分经营活动现金流量或企业年初保有的现金存量来支援筹资活动的现金流出量。

三、现金流量表的分析

按照现金流量表的内容和结构，我们在分析现金流量表时要重点关注以下几点。

首先，按照"经营活动的现金净流量"+"投资活动的现金净流量"+"筹资活动的现金净流量"="现金及现金等价物净增加额"（假设不存在外币）可以大体判断企业本会计期间的现金流量总体情况，同时结合利润表的利润项目评价企业利润的质量。

其次，根据现金流量表的三类经济活动的现金流量构成情况，确定三类经济活动对于企业现金流量的贡献度，分析现金流量形成的缘由。对于一般制造企业，经营活动现金净流量本质上代表了企业自我创造现金的能力，能够显示企业的支付能力、偿债能力和周转能力，理应占比更高。

再次，对于各类经济活动现金的流入、流出情况，重点了解形成现金流入量的主要业务来源，以及导致现金流出的主要业务内容，通过企业具体的经济活动现金净流量分析企业的现金是否充裕，确定造成现金缺口（现金净流量为负）的直接原因。

最后，单纯分析现金流量表是片面的，而跨表分析是使用较多的一种分析方法，可以将资产负债表、利润表与现金流量表的信息内容进行比对和分析，弥补单表分析的漏洞，提升分析的全面性。

（1）结合资产负债表的流动负债分析企业的短期偿债能力，短期债务偿还期短，往往会给企业带来比较大的财务风险。前已述及，现金比率反映企业以广义的现金及其等价物偿还流动负债的能力，因此反映了企业的实际偿债能力。同时，长期负债通常涉及的资金金额较大，会给企业带来较大的还款压力，本期长期负债筹资的增加会导致企业未来筹资活动现金流出的增加，因此，也要对企业的长期偿债能力进行关注。

（2）通过分析会计收益和现金净流量的比例关系，评价收益质量。现金营运指数是反映企业现金回收质量、衡量现金风险的指标。小于 1 的现金营运指数反映了企业部分收益没有取得现金，而是停留在实物或债权形态。实物或债权资产的风险远大于现金，现金营运指数越小，以实物或债权形式存在的收益占总收益的比重越大，收益质量越差。如果企业净利润大于或等于企业的现金流量，则证明该企业应收账款数目较大或会计利润的真实性有待验证。

（3）通过分析企业的现金盈利能力，对其获利能力进行客观评价，考量企业投入一定的资本所获得的回报水平。例如，以经营活动现金净流量与净资产的比率，反映投资者投入资本创造现金的能力，比率越高，创造现金的能力越强。

综上所述，现金流量表所揭示的现金流量信息可以从现金角度对企业的偿债能力和支付能力做出更可靠、更稳健的评价。一个正常经营的企业，在创造利润的同时，还应创造现金收益，通过对现金流入来源的分析，可以对企业创造现金的能力做出评价，并可以对企业未来获取现金的能力做出预测。企业的净利润是以权责发生制为基础计算出来的，而现金流量表中的现金流量是以收付实现制为基础计算出来的。通过对现金流量和净利润的比较分析，可以对企业的收益质量做出评价。投资活动是企业将一部分财力投入某一对象，以谋取更多收益的一种行为，筹资活动是企业进行直接或间接融资的一种行为，企业的投资活动和筹资活动与企业的经营活动密切相关,现金流量表通过显示经营活动中产生的现金流量的不足和不得不用借款来支付无法永久支撑的股利水平,从而揭示了公司内在的发展问题。因此,对现金流量中所揭示的投资活动和筹资活动所产生的现金流入和现金流出信息,可以结合经营活动所产生的现金流量信息和企业净收益进行具体分析,从而对企业的投资活动和筹资活动做出评价。

案例 A 公司 2021 年的现金流量表及其附注如表 4-8 所示。

表 4-8 现金流量表

2021 年　　　　　　　　　　　　　　　　　　　　　　　　　　　　单位:万元

项　目	本　期　金　额	上　期　金　额
一、经营活动产生的现金流量		
销售商品、提供劳务收到的现金	1 532 852	1 412 848
收到的税费返还	26 912	30 399
收到其他与经营活动有关的现金	25 189	17 591
经营活动现金流入小计	1 584 953	1 460 837
购买商品、接受劳务支付的现金	916 969	948 186
支付给职工以及为职工支付的现金	148 459	135 771
支付的各项税费	39 694	32 550
支付其他与经营活动有关的现金	50 668	64 341
经营活动现金流出小计	1 155 790	1 180 848
经营活动产生的现金流量净额	429 162	279 990
二、投资活动产生的现金流量		
收回投资收到的现金	10 077	74 441
取得投资收益所收到的现金		
处置固定资产、无形资产和其他长期资产收回的现金净额	2312	3146
处置子公司及其他营业单位收到的现金净额		
收到其他与投资活动有关的现金	6639	7842
投资活动现金流入小计	19 027	85 428
购建固定资产、无形资产和其他长期资产支付的现金	244 926	262 656
投资支付的现金	8854	47 800
取得子公司及其他营业单位支付的现金净额		
支付其他与投资活动有关的现金	6003	7287
投资活动现金流出小计	259 783	317 743
投资活动产生的现金流量净额	−240 756	−232 315
三、筹资活动产生的现金流量		
吸收投资收到的现金	197 862	0
取得借款收到的现金	519 961	619 492
收到其他与筹资活动有关的现金	16 228	0
筹资活动现金流入小计	734 051	632 785
偿还债务支付的现金	789 556	697 424
分配股利、利润或偿付利息支付的现金	71 541	63 223
支付其他与筹资活动有关的现金	997	438

续表

项 目	本 期 金 额	上 期 金 额
筹资活动现金流出小计	862 094	797 298
活动产生的现金流量净额	-128 044	-164 512
四、汇率变动对现金及现金等价物的影响	-6655	25 077
五、现金及现金等价物净增加额	53 708	-91 761
加：期初现金及现金等价物余额	326 214	417 974
六、期末现金及现金等价物余额	379 921	326 214

附注：

单位：万元

项 目	本 期 金 额	上 期 金 额
1. 净利润	222 027	166 746
加：资产减值准备	16 858	23 037
固定资产折旧、油气资产折耗、生产性生物资产折旧	112 747	103 186
无形资产摊销	3072	2744
长期待摊费用摊销	413	396
待摊费用的减少		
预提费用的增加		
处置固定资产、无形资产和其他长期资产的损失（收益以"-"号填列）	1010	398
固定资产报废损失（收益以"-"号填列）		
公允价值变动损失（收益以"-"号填列）	-468	-2114
递延收益增加（减：减少）	-1543	0
预计负债	132	0
财务费用（收益以"-"号填列）	26 217	14 015
投资损失（收益以"-"号填列）	-5614	-3001
递延所得税资产减少（增加以"-"号填列）	4446	-5587
递延所得税负债增加（减少以"-"号填列）		
存货的减少（增加以"-"号填列）	-28 442	-48 434
经营性应收项目的减少（增加以"-"号填列）	-138 580	-33 757
经营性应付项目的增加（减少以"-"号填列）	204 727	68 338
已完工尚未结算款的减少（减：增加）		
已结算尚未完工款的增加（减：减少）		
其他	0	-8251
经营活动产生的现金流量净额	429 162	279 990
2. 债务转为资本		
一年内到期的可转换公司债券		
融资租入固定资产		
3. 现金的期末余额	379 921	315 360
减：现金的期初余额	326 214	400 094
加：现金等价物的期末余额	0	10 854
减：现金等价物的期初余额	0	17 880
现金及现金等价物的净增加额	53 707	-91 760

下面我们结合 A 公司的现金流量表进行整体的分析。A 公司的现金流量表采用直接法编制，另外在附注中显示间接法下以净利润调整为经营活动的现金流量。

A 公司 2021 年现金余额为 379 921 万元，与 2020 年现金余额 326 214 万元相比，净增加 53 707 万元，初步判断资金情况整体良好，企业整体发展向好，但需要做进一步分析。

从内容上看，现金流量表被划分为经营活动产生的现金流量、投资活动产生的现金流量和筹资活动产生的现金流量三部分，不同的活动又分为各自不同的项目，这些项目从不同角度反映 A 公司业务活动的现金流入与流出。下面对 A 公司的现金流量表进行简要分析。

A 公司 2021 年经营活动产生的现金流量净额比 2020 年增加了 53.28%，主要是由于销售商品、提供劳务收到的现金增加，经营活动现金净流量的增加证明企业主业发展良好，企业获取利润能力提升，偿还债务能力提升；通过查阅补充资料，经营性应收项目的增加较 2020 年提高 310.52%，经营性应付项目的增加较 2020 年提高 199.58%，说明 2021 年 A 公司充分使用商业信用，但是也会带来应收款项回收风险，以及未来短期应付项目到期债务风险，应予以关注。

从 A 公司投资活动来看，企业投资活动流量净额变动幅度不大，下降比例为 3.63%，但是投资活动现金流入、流出的流量规模都有明显减少。从报表上看，投资活动现金流入减少的主要原因是收回的对外投资减少，而且处置固定资产等损失比 2020 年增加高达 153.77%；A 公司 2021 年对外投资明显减少，但购建固定资产、无形资产和其他长期资产与 2020 年基本持平，表明企业持续扩大生产规模，对企业未来具有坚定的信心；值得注意的是，A 公司 2020 年、2021 年两年均无投资收益，结合补充资料，A 公司 2021 年投资损失数额较 2020 年增加了 87.07%，表明企业可能存在投资决策失误。

A 公司 2021 年筹资活动现金流量净额增加了 22.17%，这是企业扩大生产规模所需。A 公司 2020 年企业筹资以借款为主，还本付息导致其 2021 年筹资活动中偿付利息的现金流出较多；A 公司 2021 年增加了股权筹资，借款规模下降，可以预见 2022 年其筹资活动的现金流出必将减少，但是股权资本增加对企业盈利水平提升提出了更高的要求。

从对 A 公司现金流量表的简要分析可以看出，从报表项目入手，我们可以了解会计期间内各类活动的现金流动状况，从动态上了解企业在一定期间内现金流入和现金流出的原因，了解企业各类经济活动近期的主要状况，判断企业获取现金的能力，结合其他报表可综合分析企业盈利的质量，预测企业的未来发展。

通常情况下，报表使用者比较关注企业的获利情况，并且往往以获得利润的多少作为衡量标准。企业获利在一定程度上表明了企业具有一定的现金支付能力，但是，企业在一定会计期间内获得的利润并不代表企业真正具有偿债或支付能力。在某些情况下，虽然企业利润表上反映的经营业绩很可观，但实际上企业财务困难，缺少现金，不能偿还到期债务；还有些企业虽然利润表上反映的经营成果并不可观，但却有足够的现金偿付能力。产生这种情况有诸多原因，会计利润核算采用权责发生制是其中的主要原因之一。现金流量表编制以现金的收支为基础，通过现金流量表能够了解企业现金流入、流出的构成，分析企业偿债和支付股利的能力，增强投资者的投资信心和债权人收回债权的信心，从而使有限的社会资源流向优质企业。

我们可以通过现金流量表来解读企业价值，在评价企业价值时要做到细致深入的分析，而且所有的分析需要充分融合和结合，不能单成一体，要结合企业的其他财务指标，分析时不能仅看净现金流的金额和方向，还应该结合企业所处的发展阶段来进行分析，这样才能对企业价值做出全面、客观的评价。

第五节 综合分析

　　财务报表分析的目的在于全面、客观地揭示企业的财务状况和经营情况，并对企业的经济效益与管理绩效做出合理评价。采用前面介绍的方法计算分析的企业偿债能力、营运能力、盈利能力等指标，都仅仅从某一个特定角度对企业的经营活动进行分析。单独分析任何一项财务指标，或将某些孤立的指标堆积在一起，都只能反映企业某一方面的能力，不能全面评价企业的整体财务状况和经营成果。要达到全面地、客观地揭示企业的财务状况和经营情况的目的，需要对财务报表进行综合分析。财务报表的综合分析是将揭示偿债能力、营运能力和盈利能力的指标纳入一个有机的分析体系中，全面地分析、解剖企业的财务状况和经营成果，对企业的经济效益做出客观的评价与判断。

　　财务报表综合分析在实际应用中有许多方法，常用的有杜邦分析法和沃尔综合评分法。

一、杜邦分析法

　　杜邦分析法又称为杜邦分析体系，因其最初由美国杜邦公司创立并成功运用而得名。杜邦分析法的核心思想是利用几个具有较高综合性的财务比率之间的内在联系来综合评价企业的财务状况。通过对有关财务指标的层层分解，从中找出企业存在的问题，进而为决策者提供决策依据。

　　杜邦分析法是通过一组指标体系来构建的，指标体系的核心是净资产收益率。围绕该指标可以建立一个完整的杜邦分析体系图，如图 4-1 所示。

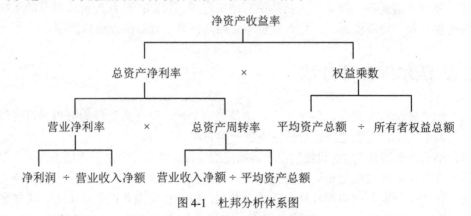

图 4-1　杜邦分析体系图

从图 4-1 可以看出，各种主要财务指标的关系如下

净资产收益率＝总资产净利率×权益乘数

总资产净利率＝营业净利率×总资产周转率

$$权益乘数 = \frac{平均资产总额}{所有者权益总额} = \frac{1}{1-资产负债率}$$

将上述公式联系起来,各种财务指标的相互关系如下

$$\text{净资产收益率} = \frac{\text{净利润}}{\text{所有者权益}} = \frac{\text{净利润}}{\text{营业收入净额}} \times \frac{\text{营业收入净额}}{\text{平均资产总额}} \times \frac{\text{平均资产总额}}{\text{所有者权益总额}}$$

$$= \text{营业净利率} \times \text{总资产周转率} \times \text{权益乘数}$$

在运用杜邦分析体系时,净资产收益率是一个综合性最强的财务指标,是整个分析体系的起点,通过对影响该指标因素的层层分解并研究彼此间的依存关系,可以揭示企业的获利能力及原因。净资产收益率的高低反映了投资者净资产获利能力的大小,其高低变化是由总资产净利率和反映企业所有者权益结构比重的权益乘数两个因素决定的,而总资产净利率又受营业净利率和总资产周转率大小的影响。因此,影响净资产收益率的因素被归纳为三点:一是经营项目的盈利性,由营业净利率来代表。营业净利率反映了企业净利润与营业收入的关系。要提高营业净利率,必须增加营业收入,降低成本费用,这两条途径一方面可以提高营业净利率,另一方面也可以提高总资产周转率,最终使净资产收益率得到提高。二是企业的管理效率,由总资产周转率来代表。总资产周转率反映企业运用全部资产实现营业收入的综合能力,它反映资产的周转速度,周转速度越快,说明企业运用全部资产实现营业收入的能力越强。三是企业的举债经营能力,由权益乘数来代表。权益乘数表明了企业的负债程度,该指标越大,说明企业的负债程度越高。在一定的盈利水平下,如果资产总额保持不变,适当的负债经营可以相应地降低所有者权益所占的比例,从而达到提高净资产收益率的目的。

杜邦分析体系是将比率分析法、比较分析法和因素分析法有机结合的一种综合性财务报表分析方法,是企业改善经营管理、提高获利能力的一种有效分析工具。企业在利用杜邦分析体系进行指标分析时,可利用连续几年的资料,找出某一指标变动的原因和变动趋势,并与本行业平均指标或同类企业对比,以解释变动的趋势。杜邦分析体系能直接解释有关重要财务指标的变动原因,揭示有关财务指标的内在联系,从而把各项指标进行相互比较、分析,引导管理者进行正确决策分析;杜邦分析体系还能帮助企业成本管理部门研究降低产品成本的途径,使管理人员能更好地实现成本控制;杜邦分析体系有助于决策部门合理配置企业的经济资源,优化企业资本结构,提高所有者的投资报酬率。

二、沃尔综合评分法

沃尔综合评分法是综合利用企业进行偿债能力分析、财务营运能力分析和盈利能力分析的所有财务比率,对企业进行总体评价的一种方法。

沃尔综合评分法是在 20 世纪初由财务状况综合评价的先驱者之一亚历山大·沃尔提出的。沃尔在其出版的《信用晴雨表研究》和《财务报表比率分析》中提出了信用能力指数的概念,把若干个财务比率用线性关系结合起来,以此评价企业的信用水平。沃尔选择了 7 种财务比率,分别给定其在总评价中占的比重,总和为 100 分;然后确定标准比率,并与实际比率相比较,评出每项指标的得分,最后求出总评分。

从理论上讲,沃尔综合评分法的问题是未能证明为什么要选择这 7 个指标,而不是更多或更少,或者选择其他的财务比率,以及未能证明每个指标所占比重的合理性。这个问题至今仍然没有从理论上解决。

从技术上讲,沃尔综合评分法的缺陷在于某一个指标严重异常时,会对总评分产生不

合逻辑的重大影响。这个缺陷是由相对比率与比重相"乘"引起的。财务比率提高一倍，其评分增加 100%；而减少一倍，其评分只减少 50%。

思 考 题

1. 资产负债表的作用有哪些？
2. 可以从哪些方面对资产负债表进行分析？
3. 反映企业偿债能力的指标有哪些？
4. 反映企业营运能力的指标有哪些？

业务计算题

M 公司 2020 年年末与 2021 年年末的资产负债表部分数据如表 4-9 所示。

表 4-9　M 公司的资产负债表　　　　　　　　　　　　　　单位：元

项　　目	2020 年年末	2021 年年末
货币资金	85 732	93 290
交易性金融资产	7600	8200
应收票据	6590	5900
应收账款	16 800	16 500
预付账款	17 000	13 400
存货	122 381	130 550
其他流动资产	25 202	32 179
流动资产合计	281 305	300 019
长期投资	3437	5000
固定资产净额	541 900	533 950
无形资产	67 220	68 600
非流动资产合计	612 557	607 550
资产总额	893 863	907 569
短期借款	86 000	70 000
应付账款	46 500	36 400
应付职工薪酬	15 400	12 600
应交税费	8462	4600
流动负债合计	156 362	123 600
长期借款	100 000	150 000
非流动负债合计	100 000	150 000
负债合计	256 362	273 600

续表

项　　　目	2020年年末	2021年年末
实收资本	500 000	500 000
资本公积	26 481	28 963
盈余公积	15 874	16 894
未分配利润	95 145	88 112
所有者权益（或股东权益）合计	637 500	633 969
负债及所有者权益（或股东权益）合计	893 862	907 569

要求：

(1) M公司2021年度与2020年度相比，资产总额有何变化？

(2) M公司2021年度变化最大的资产项目是什么？变化最小的资产项目是什么？

(3) M公司的存货项目2021年度与2020年度相比有何变化？

(4) M公司的资金来源中，占比最大的项目是什么？对此进行评价。

(5) 结合资产负债表信息，对M公司的财务状况进行简要评述。

思政案例讨论题

2021年11月17日，广东省佛山市中级人民法院对康美药业原董事长、总经理马兴田等12人操纵证券市场案公开宣判。从立案到宣判，整个过程耗时近三年，现终尘埃落定，一代药王的故事落下帷幕。

2018年10月16日，位于深圳福田区的一栋大楼里，一篇财务分析文章悄然上线，这篇文章名为《康美药业盘中跌停，疑似财务问题自爆：现金可疑，人参更可疑》。这篇文章通过财务报表分析发现康美药业账上显示一堆现金却又大举负债，利息支出远远超过利息收入，且没有进行任何理财投资，借款的合理性和货币现金的真实性存疑。此外，康美药业存货迅猛增加，但在子公司利润亏损和人参价格下降的情况下，康美药业账上32.54亿元消耗性生物资产并没有计提跌价准备，让人心有疑虑。

这篇质疑康美药业财务造假的研究报告在网上公开发表的当天，康美药业的股票跌停，此后三天连续跌停。中国证监会紧急成立核查小组进入康美药业，调取相关的财务凭证，就此展开对康美药业的财务调查。核查小组通过调查发现，2016—2018年，康美药业通过伪造和变造增值税发票、伪造银行回款凭证、伪造定期存单，累计虚增收入达到291.28亿元，虚增利润近40亿元。2020年5月14日，中国证监会对康美药业下达了《行政处罚决定书》。

2021年11月12日，广州市中级人民法院对康美药业证券特别代表人诉讼做出一审判决，康美药业等相关被告承担投资者损失总金额达24.59亿元。

随着对马兴田等人和证券特别代表人诉讼一审判决的公布，从2018年起喧嚣至今的康美药业财务造假案终于尘埃落定。康美药业财务造假案也是迄今为止法院审理的原告人数最多、赔偿金额最高的上市公司虚假陈述民事赔偿案件。

请问：

（1）康美药业财务报表披露违反了会计信息质量的哪些要求？你认为康美药业财务造假的主要责任人是谁？康美药业财务造假的警示意义是什么？

（2）基于案例资料，谈谈我们可以采用怎样的报表分析方法发现企业报表可能存在的信息造假问题。通过解读企业财务报表，我们除了可以分析有关企业的经济信息，还可以了解企业哪些方面的信息。

资料来源：木盒. 康美药业盘中跌停，疑似财务问题自爆：现金可疑，人参更可疑[EB/OL]．（2018-10-16）. https://www.sohu.com/a/259858479_585920.

"一代药王"被判刑！15 万张假发票、300 亿元财务造假！惊天大案起底[EB/OL].（2021-11-18）. https://xueqiu.com/4467173154/203502390.

习题参考答案

第五章 筹资与对外投资管理

本章导读

本章主要阐述了企业筹资和对外投资管理两大问题。在筹资部分，本章简单介绍了企业筹资的方式和渠道，重点介绍了筹资成本以及资本结构问题。在对外投资管理部分，本章主要介绍了对外投资的种类以及企业股票和债券投资的决策方法。

学习目标

1. 了解筹资的分类、渠道和筹资方式。
2. 掌握企业筹资成本的计算。
3. 理解经营杠杆、财务杠杆以及联合杠杆。
4. 掌握每股收益分析法和平均资本成本比较法。
5. 了解企业对外投资的种类。
6. 掌握股票的估值方法和投资收益率的计算。
7. 掌握债券的估值方法和投资收益率的计算。
8. 理解证券投资组合风险。

问题导引

在第二次世界大战期间，宾夕法尼亚大学的普雷斯波·艾克特和约翰·莫奇带领一个小组从事计算机研制工作。1946年，他们开发出了第一台具有工作用途的计算机，紧接着成立了艾克特—莫奇公司，将计算机商业化，并在1948年将它推向市场，这比IBM公司研发出的第一台商用计算机整整早了6年。但由于艾克特—莫奇公司承担不了庞大的研究开发费用，缺乏财务资源的支持，最终被其他公司兼并。

美国在20世纪80年代曾做过一项统计，24%的新企业在2年内倒闭，52%的新企业在4年内倒闭，63%的企业在6年内倒闭，在倒闭的企业中近90%是由于经济因素和财务原因造成的。资金是企业中流动的"血液"，企业的设立、成长、获利都离不开资金的支持，因此，如何筹集到满足自身生存与发展的资金是任何一家企业都需要面对的问题。

2006年，中国电商公司京东的创始人刘强东希望得到200万美元的资金支持。为此，他向中国私募资本公司Capital Today寻求帮助。Capital Today最终决定投资1000万美元。

这笔增至 5 倍的投资最终被证明是一个明智的选择。当京东在 2014 年上市的时候，Capital Today 的股权价值 24 亿美元。

2000 年，日本软银集团（SoftBank）给阿里巴巴投资了 2000 万美元，持有 34%的股份。2014 年，阿里巴巴在美国纽约挂牌上市时市值达到了 2310 亿美元，而 SoftBank 在阿里巴巴持有的股份价值也超过了 600 亿美元。

第一节　筹资管理

一、筹资的含义及分类

（一）筹资的含义

筹资是指企业为了满足其经营活动、投资活动、资本结构调整等需要，运用一定的筹资方式，筹措和获取所需资金的一种行为。资金是企业的血液，是企业设立、生存和发展的物质基础，是企业开展生产经营业务活动的基本前提。任何一个企业，为了形成生产经营能力、保证生产经营正常运行，必须拥有一定数量的资金。

筹资是企业一项重要的财务活动。一方面，筹资活动能够为企业生产经营活动的正常开展提供财务保障，以满足企业生产经营活动的需要；另一方面，筹资活动也能为企业扩大生产经营规模或对外投资提供大量资金，以满足企业自身发展的资金需求。

（二）筹资的分类

筹资可以按不同的标准进行分类。

1. **按所取得资金的权益性质分类**

按所取得资金的权益性质不同，企业筹资可分为股权筹资、债务筹资及衍生工具筹资。这也是企业筹资方式最常见的分类方法。

股权筹资形成股权资本，是企业依法长期拥有、能够自主调配运用的资本。企业可以通过吸收直接投资、发行股票、留存收益等方式取得股权资本。股权资本不用归还本金，因而又称为企业自有资金。企业采用股权资本的方式筹集的资金不需要偿还，因此财务风险比较小，但付出的资金成本相对较高。

债务筹资是企业通过借款、发行债券、融资租赁以及赊销商品或服务等方式取得的资金形成在规定期限内需要清偿的债务。由于债务筹资到期要归还本金和支付利息，债权人对企业的经营状况不承担责任，因而企业具有较大的财务风险，但付出的资本成本相对较低。

衍生工具筹资包括兼具股权与债务特性的混合融资和其他衍生工具融资。我国上市公司目前最常见的混合融资是可转换债券融资，最常见的其他衍生工具融资是认股权证融资。

2. **按是否以金融机构为媒介分类**

按是否以金融机构为媒介，企业筹资可分为直接筹资和间接筹资两种类型。

直接筹资是企业直接与资金供应者协商融通资本的一种筹资活动。直接筹资方式主要有吸收直接投资、发行股票、发行债券等。企业通过直接筹资既可以筹集股权资金，也可以筹集债务资金。

间接筹资是企业借助银行等金融机构融通资本的筹资活动。间接筹资的基本方式是向银行借款，此外还有融资租赁等筹资方式，间接筹资形成的主要是债务资金，一般用于满足企业资金周转的需要。

3. 按资金的来源范围分类

按资金的来源范围不同，企业筹资可分为内部筹资和外部筹资两种类型。

内部筹资是指企业通过利润留存而形成的筹资来源。内部筹资数额的大小主要取决于企业可分配利润的多少和利润分配政策（股利政策），一般无须花费筹资费用，从而降低了资本成本。

外部筹资是指企业向外部筹措资金而形成的筹资来源，如发行股票、发行债券、利用商业信用、向银行借款等。企业向外部筹资大多需要花费一定的筹资费用，从而提高了筹资成本。

4. 按所筹集资金的使用期限分类

按所筹集资金的使用期限不同，企业筹资可分为长期筹资和短期筹资两种类型。

长期筹资是指企业筹集使用期限在一年以上的资金筹集活动。长期筹资通常采取吸收直接投资、发行股票、发行债券、取得长期借款、融资租赁等方式来筹集，所形成的长期资金主要用于购建固定资产、形成无形资产、进行对外长期投资、垫支流动资金、开展产品和技术研发等。从资金权益性质来看，长期资金可以是股权资金，也可以是债务资金。

短期筹资是指企业筹集使用期限在一年以内的资金筹集活动。短期筹资经常利用商业信用、短期借款、保理业务等方式来筹集，所筹集的资金主要作为企业的流动资产和用于日常资金周转。

二、筹资渠道与筹资方式

（一）筹资渠道

筹资渠道是指筹措资金的来源和通道，体现着资金的来源和供应量。我国目前的筹资渠道主要包括以下几种。

（1）国家财政资金。国家对企业的直接投资是国有企业最主要的资金来源渠道，对于某些关系国计民生的大型重点企业和骨干企业，国家可以采用参股、控股的方式向企业注入资金。该渠道今后仍然会是国有企业权益资金的主要筹集渠道。

（2）银行信贷资金。银行对于各类企业的贷款是企业筹集资金的主要来源渠道。我国的银行包括中央银行、商业银行和政策性银行。商业银行为各类企业提供商业贷款，它是以盈利为主要目标的信用机构，主要包括国有商业银行、股份制商业银行和合作商业银行。政策性银行是国务院直属的政策性金融机构，是以贯彻国家产业政策和区域性发展战略为基本职能的政府金融机构。其资金主要投向那些社会发展急需的、社会效益好但经济效益不高的项目。

（3）非银行金融机构资金。非银行金融机构主要指信托投资公司、保险公司、租赁公司、证券公司、企业集团财务公司等。它们所提供的金融服务既包括信贷资金投放，也包括物资的融通，还包括为企业承销证券等金融服务。

（4）其他法人资金。有些企业在经营过程中，往往会有一部分暂时闲置的资金，为了充分地利用这部分资金，这些企业愿意以直接投资或购买其他企业发行的股票或债券等形式对其他企业进行投资，以获得更多的投资收益。

（5）民间资金。企业可以通过发行股票和债券等形式，将企业职工和城乡居民的个人闲置资金筹集起来，形成民间资金来源渠道。随着证券市场的发展，民间资金已成为股份制企业一条广阔的筹资渠道。

（6）企业自留资金。企业自留资金是企业内部形成的资金，是企业内部积累资金，主要是企业留存收益转换的生产经营资金，包括计提的折旧、提取的公积金和未分配利润等。企业自留资金是直接由企业内部自动生成或转移而来，因此没有筹资费用。

（7）境外资金。境外资金是指我国境外投资者（包括我国香港、澳门、台湾地区和外国投资者）投入的资金。通过引入境外的资金，可以提升企业的资金实力和竞争力。

（二）筹资方式

筹资方式是指企业筹集资金所采取的具体形式。目前，我国企业的筹资方式主要包括吸收直接投资、发行普通股股票、留存收益、银行借款、发行公司债券、租赁、可转换债券以及认股权证等。

1. 吸收直接投资

吸收直接投资是指企业按照"共同投资、共同经营、共担风险、共享收益"的原则，直接吸收国家、法人、个人和外商投入资金的一种筹资方式。吸收直接投资是非股份制企业筹集权益资本的基本方式，采用吸收直接投资方式筹资的企业，资本不分为等额股份，无须公开发行股票。

企业可以通过吸收国家投资、吸收法人投资、吸收外商直接投资、吸收社会公众投资等方式取得直接投资。在直接投资方式下，投资人可以采取货币出资、实物资产出资、知识产权出资、土地使用权出资等多种出资方式。

吸收直接投资筹资具有以下几个特点。

（1）能够尽快形成生产能力。吸收直接投资不仅可以帮助企业取得一部分货币资金，而且可以让企业直接获得所需的先进设备和技术，尽快形成生产经营能力。

（2）容易进行信息沟通。吸收直接投资的投资者比较单一，股权没有社会化、分散化，甚至有的投资者直接担任公司管理层职务，公司与投资者易于沟通。

（3）吸收投资的手续相对比较简便，筹资费用较低，但筹资成本较高。

（4）企业控制权集中，不利于企业治理。如果某个投资者的投资额所占比例较大，则该投资者对企业的经营管理就会有相当大的控制权，容易损害其他投资者的利益。

（5）不利于产权交易。直接吸收投入资本由于没有证券为媒介，不利于产权交易，难以进行产权转让。

2. 发行普通股股票

股票是股份有限公司为筹措股权资本而发行的有价证券,是公司签发的证明股东持有公司股份的凭证。股票只能由股份有限公司发行,股票作为一种所有权凭证,持有股份有限公司股票的股东依法享有公司收益分享权、公司重大决策参与权、选择公司管理者权、股份转让权、优先认购权、剩余财产分配权,并以其所持股份为限对公司承担责任。

相关链接 5-1　股票的种类

发行普通股股票筹资有以下几个特点。

(1) 所有权与经营权相分离。公司的日常经营管理事务主要由公司的董事会和经理层负责,有利于公司自主管理、自主经营。

(2) 筹资费用较高,但没有固定的股息负担,资本成本较低。企业可以根据盈利状况决定支付多少股利,相对于吸收直接投资来说,普通股股票筹资的资本成本较低。

(3) 能增强公司的社会声誉。普通股股票筹资使得股东大众化,可以给企业带来广泛的社会影响。特别是上市公司,其股票的流通性强,有利于市场确认公司的价值。

(4) 促进股权流通和转让。普通股股票筹资以股票作为媒介的方式便于股权的流通和转让,便于吸引新的投资者。

(5) 公司控制权分散,容易被经理人控制。同时,流通性强的股票交易,也容易被恶意收购。

3. 留存收益

留存收益是指企业从历年实现的利润中提取或形成的留存于企业的内部积累,包括盈余公积和未分配利润两类。

从性质上看,企业通过合法、有效的经营所实现的税后净利润,都属于企业的所有者。企业将本年度的利润部分甚至全部留存下来的原因很多,主要包括:第一,收益的确认和计量是建立在权责发生制基础上的,企业有利润,但企业不一定有相应的现金净流量增加,因而企业不一定有足够的现金将利润全部或部分分配给所有者。第二,法律法规从保护债权人利益和企业可持续发展等角度出发,限制企业将利润全部分配出去。《公司法》规定,企业必须每年从税后利润中提取 10%作为法定盈余公积金。第三,企业基于自身扩大再生产和筹资的需求,也会将一部分利润留存下来。企业可以通过提取盈余公积金和保留未分配利润的形式进行留存收益筹资。

留存收益筹资具有以下几个特点。

(1) 不用发生筹资费用。与企业从外界筹集长期资本、发行普通股股票筹资相比较,留存收益筹资不需要筹资费用,资本成本较低。

(2)维持公司的控制权分布。利用留存收益筹资,不用对外发行新股或吸收新投资者,由此增加的权益资本不会改变公司的股权结构,不会稀释原有股东的控制权。

(3)筹资数额有限。留存收益的最大数额是企业到期的净利润和以前年度未分配利润之和,不像外部筹资可以一次性筹集大量资金。如果企业发生亏损,那么当年就没有利润留存。另外,股东和投资者从自身期望出发,往往希望企业每年发放一定的利润,保持一定的利润分配比例。

4. 银行借款

银行借款是指企业向银行或其他非银行金融机构借入的、需要还本付息的款项,包括偿还期限超过一年的长期借款和不足一年的短期借款。通过银行借款筹集的资金主要用于企业购建固定资产和满足流动资金周转的需要。

相关链接 5-2　银行贷款的种类

银行借款筹资具有以下几个特点。

(1)筹资速度快。与发行债券、融资租赁等债权筹资方式相比,银行借款的程序相对简单,筹资所花时间较短,企业可以迅速获得所需资金。

(2)资本成本较低。利用银行借款筹资,比发行债券和融资租赁的利息负担要低,而且无须支付证券发行费用、租赁手续费用等筹资费用。

(3)筹资弹性较大。企业可以根据财务状况的变化,与银行协商来变更借款数量、时间和条件,或提前偿还本息。因此,银行借款筹资对企业而言具有较大的灵活性,特别是短期借款更是如此。

(4)限制条款多。与债券筹资相比较,银行借款合同对借款用途有明确规定,对企业资本支出额度、再筹资、股利支付等行为有严格的约束,这对以后企业的生产经营活动和财务政策都将产生一定程度的影响。

(5)筹资数额有限。银行借款的数额往往受到银行本身资本实力的制约,不可能像发行债券、股票那样一次筹集到大笔资金,无法满足公司大规模筹资的需要。

5. 发行公司债券

公司债券又称为企业债券,是企业依照法定程序发行的、约定在一定期限内还本付息的有价证券。债券是持有人拥有公司债权的书面证书,它代表持券人同发债公司之间的债权债务关系。

相关链接 5-3　发行债券的条件

发行公司债券筹资具有以下几个特点。

(1) 一次筹资数额大。发行公司债券筹资，能够筹集大额的资金，满足公司大规模筹资的需要。

(2) 提高公司的社会声誉。相关法律法规对公司债券的发行主体有严格的资格限制，因此，发行公司债券，往往是股份有限公司和有实力的有限责任公司所为。通过发行公司债券，一方面筹集了大量资金，另一方面也扩大了公司的社会影响。

(3) 筹集资金的使用限制条件少。与银行借款相比，发行公司债券所筹集资金的使用具有相对的灵活性和自主性，有利于满足公司固定资产和基本建设投资的需求。

(4) 发行资格要求高，手续复杂。发行公司债券，国家对发债公司的资格有严格的限制，从申报、审批、承销到取得资金，需要经过众多环节和较长时间。

(5) 资本成本较高。相对于银行借款筹资，发行公司债券筹资的利息负担和筹资费用都比较高，而且公司债券不能像银行借款一样进行债务展期，加上大额的本金和较高的利息，在固定的到期日，将会对公司现金流量产生巨大的财务压力。

6. 租赁

租赁是指通过签订资产出让合同的方式，使用资产的一方（承租方）通过支付租金，向出让资产的一方（出租方）取得资产使用权的一种交易行为。在这项交易中，承租方通过得到所需资产的使用权，完成了筹集资金的行为。租赁分为经营租赁和融资租赁两种。

经营租赁是由租赁公司向承租单位在短期内提供设备，并提供维修、保养、人员培训等服务性业务。经营租赁租赁期一般较短，租赁期满或合同中止以后，出租资产由租赁公司收回。经营租赁比较适用于租用技术过时较快的生产设备。

融资租赁是由租赁公司按承租单位要求出资购买设备，在较长合同期内提供给承租单位使用的融资信用业务，它是以融通资金为主要目的的租赁。融资租赁方式下租赁的资产由承租企业负责设备的维修、保养，租赁期满可以采取退还租赁公司，或继续租赁，或企业留购等处理方式。

租赁筹资具有以下几个特点。

(1) 所有权与使用权相分离。租赁资产的所有权与使用权分离是租赁的主要特点之一。银行信用虽然也是所有权与使用权相分离，但载体是货币资金，租赁则是资金与实物相结合基础上的分离。

(2) 融资与融物相结合。租赁是以商品形态与货币形态相结合提供的信用活动，出租人在向企业出租资产的同时，解决了企业的资金需求，具有信用和贸易双重性质。它不同于一般的借钱还钱、借物还物的信用形式，而是借物还钱，并采用分期支付租金的方式。

租赁的这一特点使得银行信贷和财产信贷融合在一起,成为企业融资的一种新形式。

(3)租金的分期回流。在租金的偿还方式上,租金与银行信用到期还本付息不一样,采取了分期回流的方式。对于出租方而言,其资金一次性投入,分期收回。对于承租方而言,通过租赁可以提前获得资产的使用价值,分期支付租金便于分期规划未来的现金流出量。

7. 可转换债券

可转换债券是一种混合型证券,是公司普通债券与证券期权的组合体。可转换债券的持有人在一定期限内,可以按照事先规定的价格或者转换比例自由地选择是否将债券转换为公司普通股。可转换债券给予债券持有者未来的选择权,在事先约定的期限内,投资者可以选择将债券转换为普通股股票,也可以放弃转换权利,持有至债券到期还本付息。可转换债券在正常持有期,属于债权性质,转换成股票后,属于股权性质。可转换债券一般都会有赎回条款,发债公司在可转换债券转换前,可以按一定条件赎回债券。同样,可转换债券一般也会有回售条款,债券持有人可按事先约定的价格将所持债券回卖给发行公司。

相关链接 5-4 可转换债券的发行条件

可转换债券筹资具有以下几个特点。

(1)筹资灵活性强。可转换债券在筹资性质和时间上具有灵活性。债券发行企业先以债务方式取得资金,到了债券转换期,如果股票市价较高,债券持有人将会按约定的价格转换为股票,避免了企业还本付息的负担。如果公司股票价格长期低迷,投资者不愿意将债券转换为股票,企业即时还本付息清偿债务,也能避免未来长期的股权资本成本负担。

(2)资本成本较低。可转换债券的利率低于同一条件下普通债券的利率,降低了公司的筹资成本。此外,在可转换债券转换为普通股股票时,公司无须另外支付筹资费用,又节约了股票的筹资成本。

(3)筹资效率高。可转换债券在发行时,规定的转换价格往往高于当时本公司的股票价格。如果这些债券将来都转换成了股权,这相当于在债券发行之际,就以高于当时股票市价的价格新发行了股票,以较少的股份代价筹集了更多的股权资金。因此,在公司发行新股时机不佳时,可以先发行可转换债券,等于变相发行普通股股票。

(4)存在不转换和回售的财务压力。如果在转换期内公司股价处于恶化性的低位,持券者到期不会转股,会造成公司集中兑付债券本金的财务压力。在设计有回售条款的情况下,若投资者集中在一段时间内将债券回售给发行公司,就会加大公司的财务支付压力。

(5)股价存在大幅度上扬的风险。如果债券转换时公司股票价格大幅度上扬,公司只能以较低的固定转换价格换出股票,这会降低公司的股权筹资额。

8. 认股权证

认股权证的全称为股票认购授权证，是一种由上市公司发行的证明文件，持有人有权在一定时间内以约定价格认购该公司发行的一定数量的股票。广义的权证（warrant），是一种持有人有权于某一特定期间或到期日，按约定的价格认购或沽出一定数量的标的资产的期权。按买或卖的不同权利，权证可分为认购权证和认沽权证，又称为看涨权证和看跌权证。

认股权证本质上是一种股票期权，属于衍生金融工具，具有实现融资和股票期权激励的双重功能。但认股权证本身是一种认购普通股的期权，它没有普通股的红利收入，也没有普通股相应的投票权。投资者可以通过购买认股权证获得市场价与认购价之间的股票差价收益，因此，它是一种具有内在价值的投资工具。

认股权证筹资具有以下几个特点。

（1）认股权证是一种融资促进工具，它能促使公司在规定的期限内完成股票发行计划，顺利实现融资。

（2）有助于改善上市公司的治理结构。在认股权证的有效期内，上市公司管理层及其大股东任何有损公司价值的行为，都可能降低上市公司的股价，从而降低投资者执行认股权证的可能性，这将损害上市公司管理层及其大股东的利益。因此，认股权证将有效约束上市公司管理者的败德行为，并激励他们更加努力地提升上市公司的市场价值。

（3）作为激励机制的认股权证有利于推进上市公司的股权激励机制。通过给予管理者和重要员工一定的认股权证，可以把管理者和员工的利益与企业价值成长紧密联系在一起，建立一个管理者与员工通过提升企业价值来实现自身财富增值的利益驱动机制。

三、企业筹资决策方法

企业在选择以何种方式筹资时，不仅要考虑每种方式的筹资成本，还要考虑科学的资本结构。资本结构优化是企业筹资管理的基本目标，也会对企业生产经营产生制约性的影响。资本成本是资本结构优化的标准，而资本所具有的差异化成本特性会给企业带来不同的杠杆效应。

（一）资本成本的含义及作用

资本成本是衡量资本结构优化程度的标准，也是对投资获得经济效益的最低要求。企业筹得的资本付诸使用以后，只有投资报酬率高于资本成本，才能表明所筹集的资本取得了较好的经济效益。

1. 资本成本的含义

资本成本是指企业为筹集和使用资本所付出的代价，包括筹资费用和占用费用。

筹资费用是指企业在资本筹集过程中为获得资本所付出的代价，如支付的银行借款手续费，发行股票、债券而支付的发行费等。筹资费用通常在资本筹集时一次性发生，在资本使用过程中不再发生。

占用费用是指企业在资本使用过程中因占用资本所付出的代价，如向银行支付的借款利息、为股东支付的股利等。占用费用是因为占用了他人资金而必须支付的，是资本成本的主要内容。

2. 资本成本的作用

（1）资本成本是比较筹资方式、选择筹资方案的依据。企业在进行筹资时一般要考虑的因素包括对企业控制权的影响、对投资者吸引力的大小、融资的难易和风险、资本成本的高低等，而资本成本是其中的重要因素。在评价各种筹资方式时，在其他条件相同时，企业筹资应选择资本成本最低的方式。

（2）平均资本成本是衡量资本结构是否合理的依据。企业财务管理的目标是企业价值最大化，企业价值是企业资产带来的未来经济利益的现值。计算现值时采用的贴现率通常会选择企业的平均资本成本，当平均资本成本率最小时，企业价值最大，此时的资本结构是企业理想的最佳资本结构。

（3）资本成本是评价投资项目可行性的主要标准。资本成本通常用相对数表示，它是企业对投入资本所要求的报酬率（或收益率），即最低必要报酬率。任何投资项目，如果它预期的投资报酬率超过该项目使用资金的资本成本率，则该项目在经济上就是可行的。因此，资本成本率是企业用以确定项目要求达到的投资报酬率的最低标准。

（4）资本成本是评价企业整体业绩的重要依据。一定时期企业资本成本的高低，不仅反映企业筹资管理的水平，还可作为评价企业整体经营业绩的标准。企业的生产经营活动，实际上就是所筹集资本经过投放后形成的资产营运，企业的总资产报酬率应高于其平均资本成本率，才能带来剩余收益。

（二）资本成本计算

1. 资本成本计算的基本模式

（1）一般模式。为了便于分析比较，资本成本通常用不考虑时间价值的一般通用模型计算，用相对数（即资本成本率）表达。计算时，将初期的筹资费用作为筹资额的一项扣除，扣除筹资费用后的筹资额称为筹资净额，通用的计算公式为

$$资本成本率 = \frac{每年的用资费用}{筹资总额 - 筹资费用}$$

（2）折现模式。对于金额大、时间超过一年的长期资本，更准确一些的资本成本计算方式是采用折现模式，即将债务未来还本付息或股权未来股利分红的折现值与目前筹资净额相等时的折现率作为资本成本率，即

$$筹资净额现值 - 未来资本清偿额现金流量现值 = 0$$

得

$$资本成本率 = 所采用的折现率$$

2. 个别资本成本的计算

个别资本成本是指单一融资方式的资本成本，包括银行借款资本成本、公司债券资本成本、普通股资本成本和留存收益资本成本等，其中，前两类是债务资本成本，后两类是权益资本成本。

（1）银行借款资本成本的计算。银行借款资本成本包括借款利息和借款手续费用。利息费用税前支付，可以起抵税作用，一般计算税后资本成本率，税后资本成本率与权益资本成本率具有可比性。银行借款资本成本率按一般模式计算的公式为

$$k_l = \frac{I \times (1-T)}{L \times (1-F)}$$

式中：k_l——银行借款资本成本率；

I——银行借款年利息额；

L——银行借款的筹资额；

F——筹资费用率；

T——所得税税率。

对于长期借款，如果考虑时间价值问题，还可以用折现模式计算资本成本率。

【例5-1】某企业取得3年期长期借款200万元，年利率为10%，每年付息一次，到期一次还本，借款费用率为0.5%，企业所得税税率为25%，该项借款的资本成本率为

$$k_l = \frac{200 \times 10\% \times (1-25\%)}{200 \times (1-0.5\%)} = 7.54\%$$

考虑货币时间价值（请参阅"相关链接5-5 货币时间价值"），该项长期借款的资本成本计算为（M为债务面值）

$$M \times (1-F) = \sum_{t=1}^{n} \frac{I_t \times (1-T)}{(1+k_l)^t} + \frac{M}{(1+k_l)^n}$$

即 $200 \times (1-0.5\%) = 200 \times 10\% \times (1-25\%) \times (P/A, k_l, 3) + 200 \times (P/F, k_l, 3)$

当 $k_l = 7\%$ 时

$200 \times 10\% \times (1-25\%) \times (P/A, 7\%, 3) + 200 \times (P/F, 7\%, 3) = 202.6245$（万元）

当 $k_l = 8\%$ 时

$200 \times 10\% \times (1-25\%) \times (P/A, 8\%, 3) + 200 \times (P/F, 8\%, 3) = 197.4165$（万元）

借款时实际取得资金现值为：$200 \times (1-0.5\%) = 199$（万元）

采用插值法可知：

$$\frac{8\% - 7\%}{k_l - 7\%} = \frac{197.4165 - 202.6245}{199 - 202.6245}$$

$$k_l = 7\% + \frac{199 - 202.6245}{197.4165 - 202.6245} \times (8\% - 7\%) = 7.70\%$$

式中：$(P/A, k, n)$——年金现值系数，其中，P表示年金现值，A表示普通年金，k表示借款资本成本率，n表示计息期数；

$(P/F, k, n)$——复利现值系数，其中，P表示复利现值，F表示复利终值，k表示借款资本成本率，n表示计息期数。

年金现值系数和复利现值系数请查阅本书附录。

（2）公司债券资本成本的计算。公司债券资本成本包括债券利息和债券发行费用。债券可以溢价发行，也可以折价发行。其资本成本率按一般模式计算公式为

$$k_b = \frac{I \times (1-T)}{B \times (1-F)}$$

式中：k_b——公司债券资本成本；

B——公司债券筹资总额；

I——公司债券年利息；

F——筹资费用率；

T——所得税税率。

【例5-2】某企业以1155元的价格溢价发行面值为1000元、期限为10年、票面利率

为8%的公司债券一批。每年付息一次，到期一次还本，发行费用率为3%，所得税税率为25%。该批债券的资本成本率为

$$k_b = \frac{1000 \times 8\% \times (1-25\%)}{1155 \times (1-3\%)} = 5.36\%$$

考虑货币时间价值，该项公司债券的资本成本计算为

$1155 \times (1-3\%) = 1000 \times 8\% \times (1-25\%) \times (P/A, k_b, 10) + 1000 \times (P/F, k_b, 10)$

当 $k_b = 5\%$ 时

$1000 \times 8\% \times (1-25\%) \times (P/A, 5\%, 10) + 1000 \times (P/F, 5\%, 10) = 1077.202$（元）

当 $k_b = 4\%$ 时

$1000 \times 8\% \times (1-25\%) \times (P/A, 4\%, 10) + 1000 \times (P/F, 4\%, 10) = 1162.254$（元）

采用插值法：$k_b = 4\% + \dfrac{1120.35 - 1162.254}{1077.202 - 1162.254} \times (5\% - 4\%) = 4.49\%$

式中：$(P/A, k, n)$——年金现值系数，其中，P 表示年金现值，A 表示普通年金，k 表示债券成本率，n 表示计息期数；

$(P/F, k, n)$——复利现值系数，其中，P 表示复利现值，F 表示复利终值，k 表示债券成本率，n 表示计息期数。

年金现值系数和复利现值系数请查阅本书附录。

（3）普通股资本成本的计算。普通股资本成本主要是向股东支付的各期股利。由于企业各期收益存在波动，造成各期股利并不固定，因此，普通股的资本成本只能按贴现模式计算，并假定各期股利的变化具有一定的规律性。如果是上市公司普通股，其资本成本还可以根据该公司的股票收益率与市场收益率的相关性，按资本资产定价模型法估计。

① 股利增长模型法。假定资本市场有效，股票市场价格与价值相等。假定某股票本期支付的股利为 D_0，未来各期股利按 g 速度增长，普通股的筹资费用率为 F，目前股票市场价格为 P_0，则普通股资本成本 k_s 为

$$k_s = \frac{D_0 \times (1+g)}{P_0 \times (1-F)} + g = \frac{D_1}{P_0 \times (1-F)} + g$$

【例5-3】某公司普通股市价为50元，筹资费用率为3%，本年发放现金股利每股0.8元，预期股利年增长率为8%，则普通股资本成本为

$$k_s = \frac{0.8 \times (1+8\%)}{50 \times (1-3\%)} + 8\% = 9.78\%$$

② 资本资产定价模型法。假定资本市场有效，股票市场价格与价值相等。假定无风险报酬率为 R_f，市场平均报酬率为 R_m，某股票贝塔系数（即系统风险指数）为 β，则普通股资本成本率为

$$k_s = R_f + \beta \times (R_m - R_f)$$

【例5-4】某公司普通股 β 系数为1.8，此时一年期国债利率为3%，市场平均报酬率为8%，则该普通股资本成本率为

$k_s = 3\% + 1.8 \times (8\% - 3\%) = 12\%$

（4）留存收益资本成本的计算。留存收益是企业税后净利润形成的留存于企业的内部积累，它是一种所有者权益，其实质是所有者向企业的追加投资，是普通股股东出资额的机会成本。留存收益的资本成本率，表现为股东追加投资要求的报酬率，其计算方式与普

通股成本相同,也分为股利增长模型法和资本资产定价模型法,不同点在于计算留存收益的资本成本时不考虑筹资费用。

3. 平均资本成本的计算

平均资本成本是指多元化融资方式下的综合资本成本,反映了企业资本成本整体水平的高低。在衡量和评价单一融资方案时,需要计算个别资本成本;在衡量和评价企业筹资总体的经济性时,需要计算企业的平均资本成本。平均资本成本主要用于衡量企业资本成本水平,从而确立企业理想的资本结构。

企业平均资本成本是以各项个别资本在企业总资本中的比重为权数,对各项个别资本成本率进行加权平均而得到的总资本成本率。其计算公式为

$$k_w = \sum_{j=1}^{n} k_j w_j$$

式中:k_w——平均资本成本;

k_j——第 j 种个别资本成本;

w_j——第 j 种个别资本在全部资本中所占的比重。

如何确定每种个别资本在总资本中所占的比重,是正确计算平均资本成本的关键。一般有三种方法供选择,即账面价值法、市场价值法和目标价值法。

(1)账面价值法。账面价值权数是以各项个别资本的会计报表账面价值为基础来计算资本权数,确定各类资本占总资本的比重。其优点是资料容易取得,可以直接从资产负债表中得到,而且计算结果比较稳定。其缺点是,当债券和股票的市价与账面价值差距较大时,导致按账面价值计算出来的资本成本不能反映目前从资本市场上筹集资本的现时机会成本,不适合评价现时的资本结构。

(2)市场价值法。市场价值法是以各项个别资本的现行市价为基础来计算各类资本占总资本的比重。其优点是能够反映现时的资本成本水平,有利于进行资本结构决策。其缺点是,现行市价处于经常变动之中,不容易取得,而且现行市价反映的只是现时的资本结构,不适合用在未来的筹资决策。

(3)目标价值法。目标价值法是以各项个别资本预计的未来价值为基础来确定各类资本占总资本的比重。理论上,每一个公司都有其目标资本结构,公司按照目标资本结构筹集新的资本,对于反映预期资本结构是有益的,但目标价值的确定难免具有主观性,会对计算结果产生一定的影响。

【例 5-5】弘景公司 20××年期末的长期资本账面总额为 2000 万元,其中:银行长期贷款为 400 万元,占 20%;长期债券为 500 万元,占 25%;普通股为 1100 万元,占 55%。银行长期贷款、长期债券和普通股的个别资本成本分别为:6%、8%、10%。普通股市场价值为 2000 万元,债务市场价值等于账面价值。该公司的平均资本成本为

按账面价值计算为

$k_w = 6\% \times 20\% + 8\% \times 25\% + 10\% \times 55\% = 8.7\%$

按市场价值计算为

$$k_w = \frac{6\% \times 400 + 8\% \times 500 + 10\% \times 2000}{400 + 500 + 2000} = 9.1\%$$

4. 边际资本成本的计算

边际资本成本是企业追加筹资的成本。企业的个别资本成本和平均资本成本,是企业

过去筹集的单项资本的成本和目前使用全部资本的成本。然而，企业在追加筹资时，不能仅仅考虑目前所使用资本的成本，还要考虑新筹集资金的成本，即边际资本成本。边际资本成本是企业进行追加筹资的决策依据。在进行筹资方案组合时，边际资本成本的权数采用目标价值权数。

【例 5-6】某公司设定的目标资本结构为：银行借款占 30%、公司债券占 20%、普通股占 50%。现拟追加筹资 500 万元，按此资本结构来筹资。个别资本成本率预计分别为：银行借款 6%、公司债券 9%、普通股权益 12%。追加筹资 500 万元的边际资本成本如表 5-1 所示。

表 5-1 边际资本成本计算表

资本种类	目标资本结构	追加筹资额/万元	个别资本成本	边际资本成本
银行借款	30%	150	6%	1.8%
公司债券	20%	100	9%	1.8%
普通股	50%	250	12%	6%
合计	100%	500	—	9.6%

（三）杠杆效应

杠杆效应是指由于特定固定支出或费用的存在，某一财务变量以较小幅度变动时，另一相关变量会以较大幅度变动。杠杆效应包括经营杠杆效应、财务杠杆效应和联合杠杆效应三种形式。杠杆效应既可以产生杠杆利益，也可能带来杠杆风险。

1. 经营杠杆效应

（1）经营杠杆效应。经营杠杆是指由于固定性经营成本的存在，而使得企业息税前利润变动率大于产销量变动率的现象。经营杠杆反映了资产报酬的波动性，它常被用来评价企业的经营风险。息税前利润（EBIT）的计算公式为

$$EBIT = S - V - F = (P - V_c) \times Q - F = M - F$$

式中：S——销售额；

V——变动性经营成本；

F——固定性经营成本；

Q——产销业务量；

P——销售单价；

V_c——单位变动成本；

M——边际贡献，即销售收入扣除变动成本后的差额。

当产品成本中存在固定成本时，如果其他条件不变，产销业务量的增加虽然不会改变固定成本总额，但会降低单位产品分摊的固定成本，从而提高单位产品利润，使息税前利润的增长率大于产销业务量的增长率，进而产生经营杠杆效应。

（2）经营杠杆系数。只要企业存在固定性经营成本，就存在经营杠杆效应，通常用经营杠杆系数来度量经营杠杆效应程度。经营杠杆系数（DOL）是息税前利润变动率与产销业务量变动率的比值。其计算公式为

$$DOL = \frac{息税前利润变动率}{产销业务量变动率} = \frac{\Delta EBIT}{EBIT} \Big/ \frac{\Delta Q}{Q}$$

式中：DOL——经营杠杆系数；

ΔEBIT——息税前利润变动额；

ΔQ——产销业务量变动值。

上式经整理，经营杠杆系数的计算公式也可以简化为

$$DOL = \frac{基期边际贡献}{基期息税前利润} = \frac{M}{M-F} = \frac{EBIT+F}{EBIT}$$

【例 5-7】泰华公司产销某种服装，固定成本为 500 万元，变动成本率为 70%。年产销额为 5000 万元时，变动成本为 3500 万元，固定成本为 500 万元，息税前利润为 1000 万元；年产销额为 7000 万元时，变动成本为 4900 万元，固定成本仍为 500 万元，息税前利润为 1600 万元。可以看出，该公司产销量增长了 40%，息税前利润增长了 60%，产生了 1.5 倍的经营杠杆效应。

$$DOL = \frac{\Delta EBIT}{EBIT} / \frac{\Delta Q}{Q} = \frac{600}{1000} / \frac{2000}{5000} = 1.5$$

$$DOL = \frac{M}{M-F} = \frac{5000-3500}{5000-3500-500} = \frac{1500}{1000} = 1.5$$

（3）经营杠杆与经营风险。经营风险是指企业由于生产经营上的原因而导致的资产报酬波动的风险。带来企业经营风险的主要原因是市场需求和生产成本等因素的不确定性，经营杠杆本身并不是资产报酬不确定的根源，只是资产报酬波动的表现，但是经营杠杆放大了市场和生产等因素变化对利润波动的影响。只要固定经营成本存在，经营杠杆效应就一定存在。在固定成本不变的情况下，销售额越大，经营杠杆系数越小，经营风险也就越小；反之，销售额越小，经营杠杆系数越大，经营风险也就越高。一般来说，在其他因素不变的情况下，固定成本越高，经营杠杆系数越大，经营风险也就越高。

【例 5-8】某企业生产 A 产品，固定成本为 100 万元，变动成本率为 60%，当销售额分别为 1000 万元、500 万元、250 万元时，经营杠杆系数分别为

$$DOL_{1000} = \frac{1000-1000\times 60\%}{1000-1000\times 60\%-100} = 1.33$$

$$DOL_{500} = \frac{500-500\times 60\%}{500-500\times 60\%-100} = 2$$

$$DOL_{250} = \frac{250-250\times 60\%}{250-250\times 60\%-100} = \infty$$

例 5-8 的计算结果表明：在其他因素不变的情况下，销售额越少，经营杠杆系数越大，经营风险也就越高，反之亦然。例如，销售额为 1000 万元时，DOL 为 1.33，销售额为 500 万元时，DOL 为 2，显然后者的不稳定性大于前者，经营风险也大于前者。在销售额处于盈亏临界点 250 万元时，DOL 的值趋于无穷大，此时企业销售额稍有减少便会导致更大的亏损。

2. 财务杠杆效应

（1）财务杠杆。财务杠杆是指由于固定性资本成本的存在，而使得企业每股收益变动率大于息税前利润变动率的现象。财务杠杆反映了股权资本报酬的波动性，用以评价企业的财务风险。每股收益（EPS）的计算公式为

$$EPS = \frac{(EBIT-I)\times(1-T)}{N}$$

式中：I——债务资本利息；

T——所得税税率；

N——普通股股数。

当存在固定利息费用等资本成本时，如果其他条件不变，息税前利润的增加会降低每一元息税前利润分摊的利息费用，从而提高每股收益，使得普通股收益的增长率大于息税前利润的增长率，进而产生财务杠杆效应。

（2）财务杠杆系数。只要企业融资方式中存在固定性资本成本，就存在财务杠杆效应，通常用财务杠杆系数来衡量财务杠杆效应程度。财务杠杆系数（DFL）是每股收益变动率相对于息税前利润变动率的倍数。其计算公式为

$$\text{DFL} = \frac{\text{每股收益变动率}}{\text{息税前利润变动率}} = \frac{\Delta \text{EPS}/\text{EPS}}{\Delta \text{EBIT}/\text{EBIT}}$$

上式经整理，财务杠杆系数的计算公式也可以简化为

$$\text{DFL} = \frac{\text{息税前利润总额}}{\text{息税前利润总额} - \text{利息}} = \frac{\text{EBIT}}{\text{EBIT} - I}$$

【例 5-9】红星公司资本总额为 8000 万元，其中，债券为 3000 万元，年利率为 10%，今年的息税前利润为 1500 万元，则红星公司的财务杠杆系数计算为

$$\text{DFL} = \frac{1500}{1500 - 3000 \times 10\%} = 1.25$$

例 5-9 的计算结果表明，当红星公司的财务成本固定不变时，息税前利润增长 10%，每股收益将以 12.5% 的幅度增长，也就是每股收益的增长幅度是息税前利润增长幅度的 1.25 倍；同样，当息税前利润下降 10%，每股收益将以 12.5% 的幅度下降。可见，财务杠杆在此对每股收益起到了放大 1.25 倍的作用。

（3）财务杠杆与财务风险。财务风险是指企业由于筹资不当等因素使公司可能丧失偿债能力，从而导致每股收益波动的可能性。由于财务杠杆的作用，当企业的息税前利润下降时，企业仍然需要支付固定的资本成本，导致每股收益以更快的速度下降。财务杠杆系数越高，表明每股收益的波动程度越大，财务风险也就越大。只要存在固定性资本成本，财务杠杆系数总是大于 1。

3. 联合杠杆效应

（1）联合杠杆。经营杠杆和财务杠杆既可以独自发挥作用，也可以综合发挥作用，联合杠杆是用来反映两者之间共同作用结果的，即由于固定生产经营成本和固定财务成本的存在，每股收益变动率远远大于销售量变动率。

（2）联合杠杆系数。通常用联合杠杆系数（DTL）表示联合杠杆效应程度，联合杠杆系数是经营杠杆系数和财务杠杆系数的乘积，是普通股每股收益变动率相当于销售量变动率的倍数。其计算公式为

$$\text{DTL} = \frac{\text{普通股每股收益变动率}}{\text{销售量变动率}}$$

上式经整理，联合杠杆系数的计算公式也可以简化为

$$\text{DTL} = \text{DOL} \times \text{DFL} = \frac{\text{基期边际贡献}}{\text{基期利润总额}} = \frac{M}{M - F - I}$$

【例 5-10】 红星公司的经营杠杆系数是 1.5，财务杠杆系数是 1.25，则红星公司的联合杠杆系数为

$$DTL = DOL \times DFL = 1.5 \times 1.25 = 1.875$$

例 5-10 的计算结果表明，红星公司产销量增长 10%，每股收益将以 18.75% 的幅度增长；同样，产销量下降 10%，每股收益将以 18.75% 的幅度下降。可见，联合杠杆在此对每股收益起到了放大 1.875 倍的作用。

（3）联合杠杆与公司风险。公司风险包括企业的经营风险和财务风险。联合杠杆系数反映了经营杠杆和财务杠杆之间的关系，用以评价企业的整体风险水平。在总杠杆系数一定的情况下，经营杠杆系数与财务杠杆系数此消彼长。当企业的经营杠杆系数较高，经营风险较大时，企业应扩大权益资本筹资，以保持较小的财务杠杆系数和财务风险。当经营杠杆系数较低，经营风险较小时，企业可以扩大债权筹资，以便在较高程度上利用财务杠杆效应。

（四）资本结构

资本结构及其管理是企业筹资管理的核心问题。企业应综合考虑有关影响因素，运用适当的方法确定最佳资本结构，从而提升企业价值。如果企业现有资本结构不合理，应通过筹资活动来优化、调整资本结构，使其趋于合理。

1. 资本结构的含义

资本结构是指企业资本总额中各种资本的构成及其比例关系。它有广义和狭义之分，广义的资本结构包括全部债务与股东权益的构成比率，狭义的资本结构则指长期负债与股东权益资本的构成比率。本书所指的资本结构是狭义的资本结构，也就是债务资本在企业全部资本中所占的比重。

不同的资本结构会给企业带来不同的后果。企业利用债务资本进行举债经营具有双重作用，既可以发挥财务杠杆效应，也可能带来财务风险。因此，企业必须权衡财务风险和资本成本的关系，确定最优资本结构。所谓最优资本结构，是指在一定条件下使企业平均资本成本率最低、企业价值最大的资本结构。资本结构优化的目标是降低平均资本成本率或提高普通股每股收益。

2. 最优资本结构的决策方法

最优资本结构决策就是要求企业权衡负债的低资本成本和高财务风险的关系，确定合理的资本结构，以实现降低平均资本成本率或提高普通股每股收益的目标。最优资本结构的决策方法通常包括以下三种。

（1）每股收益分析法。每股收益分析法是比较各种资本结构下的每股收益大小，认为较高每股收益所对应的资本结构较优，通常采用每股收益无差别点进行资本结构决策。

所谓每股收益无差别点，是指不同筹资方式下每股收益都相等时的息税前利润和销售额。根据每股收益无差别点，可以分析判断在什么样的息税前利润水平或产销业务量水平前提下，适合采用何种筹资组合方式，进而确定企业的资本结构安排。

在每股收益无差别点上，无论是采用债务还是采用股权筹资方案，每股收益都是相等的。当预期息税前利润或业务量水平大于每股收益无差别点时，应当选择财务杠杆效应较大的筹资方案；当预期息税前利润或业务量水平小于每股收益无差别点时，应当选择财务杠杆效应较小的筹资方案。图 5-1 中 $\overline{EBIT}$ 表示每股收益无差别点时的息税前利润。

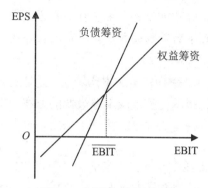

图 5-1 每股收益无差别点

在每股收益无差别点时,不同筹资方案的 EPS 是相等的,用公式表示如下

$$\frac{(\overline{\mathrm{EBIT}}-I_1)\times(1-T)}{N_1}=\frac{(\overline{\mathrm{EBIT}}-I_2)\times(1-T)}{N_2}$$

$$\frac{(\overline{\mathrm{EBIT}}-I_1)\times(1-T)}{N_1}=\frac{(\overline{\mathrm{EBIT}}-I_2)\times(1-T)}{N_2}$$

$$\overline{\mathrm{EBIT}}=\frac{I_1\times N_2-I_2\times N_1}{N_2-N_1}$$

式中: $\overline{\mathrm{EBIT}}$ ——息税前利润平衡点,即每股收益无差别点;

I_1、I_2 ——两种筹资方式下的债务利息;

N_1、N_2 ——两种筹资方式下的普通股股数;

T ——所得税税率。

【例 5-11】光华公司目前资本结构为:总资本 1000 万元,其中,债务资本 400 万元(年利息 40 万元)、普通股资本 600 万元(600 万股,面值 1 元,市价 5 元)。光华公司目前遇到一个较好的新投资项目,需要追加筹资 300 万元,有以下两种筹资方案。

甲方案:向银行取得长期借款 300 万元,利息率为 16%。

乙方案:增发普通股 100 万股,每股发行价为 3 元。

根据财务人员测算,追加筹资后销售额有望达到 1200 万元,变动成本率为 60%,固定成本为 200 万元,所得税税率为 20%,不考虑筹资费用因素。根据上述数据,代入每股收益无差别点公式:

$$\frac{(\overline{\mathrm{EBIT}}-40)\times(1-20\%)}{600+100}=\frac{(\overline{\mathrm{EBIT}}-40-48)\times(1-20\%)}{600}$$

得

$$\overline{\mathrm{EBIT}}=\frac{40\times600-(40+48)\times(600+100)}{600-(600+100)}=376\ (万元)$$

这里,所计算出的 $\overline{\mathrm{EBIT}}$ 376 万元是两个筹资方案的每股收益无差别点。在此点上,两个方案的每股收益相等,均为 0.384 元。企业预期追加筹资后销售额为 1200 万元,预期获利 280 万元,低于无差别点 376 万元,应当采用财务风险较小的乙方案,即增发普通股的方案。在 1200 万元的销售额水平上,甲方案的 EPS 为 0.256 元,乙方案的 EPS 为 0.274 元。

当企业需要的资本额较大时,可能会采用多种筹资方式进行组合融资。这时,需要详细分析比较各种组合筹资方式下的资本成本及其对每股收益的影响,选择每股收益最高的筹资方式。

(2)平均资本成本比较法。平均资本成本比较法,是通过计算和比较各种可能的筹资组合方案的平均资本成本,选择平均资本成本率最低的方案,即能够降低平均资本成本的资本结构,就是合理的资本结构。这种方法侧重于从资本投入的角度对筹资方案和资本结构进行优化分析。

【例 5-12】长达公司需筹集 100 万元长期资金,可以用银行借款、发行债券、发行普通股股票三种方式筹集资金,其个别资本成本率已分别测定,有关资料如表 5-2 所示。

表 5-2　长达公司资本成本与资本结构数据表

筹资方式	资本结构			个别资本成本率
	A方案	B方案	C方案	
银行借款	40%	30%	20%	6%
发行债券	10%	15%	20%	8%
发行普通股股票	50%	55%	60%	9%
合计	100%	100%	100%	

首先,分别计算三个方案的综合资本成本 k。

A 方案:$k=40\%×6\%+10\%×8\%+50\%×9\%=7.7\%$

B 方案:$k=30\%×6\%+15\%×8\%+55\%×9\%=7.95\%$

C 方案:$k=20\%×6\%+20\%×8\%+60\%×9\%=8.2\%$

其次,根据企业筹资评价的其他标准,考虑企业的其他因素,对各个方案进行修正之后,再选择其中成本最低的方案。例 5-12 中,我们假设其他因素对方案选择的影响甚小,则 A 方案的综合资本成本最低,这样,该公司可通过贷款 40 万元、发行债券 10 万元、发行普通股 50 万元来筹集资金。

(3)公司价值分析法。每股收益分析法与平均资本成本比较法都是从账面价值的角度进行资本结构优化分析,没有考虑市场反应,也没有考虑风险因素。公司价值分析法是在考虑市场风险的基础上,以公司市场价值为标准来进行资本结构优化,即能够提升公司价值的资本结构,就是合理的资本结构。这种方法主要用于对现有资本结构进行调整,适用于资本规模较大的上市公司的资本结构优化分析。同时,在公司价值最大的资本结构下,公司的平均资本成本率也是最低的。

设:V 表示公司价值;S 表示权益资本价值;B 表示债务资本价值。公司价值应该等于资本的市场价值,即

$$V = S + B$$

为简化分析,假设公司各期的 EBIT 保持不变,债务资本的市场价值等于其面值,权益资本的市场价值可通过下式计算。

$$S = \frac{(\text{EBIT} - I) \times (1-T)}{k_s}$$

$$k_s = R_f + \beta \times (R_m - R_f)$$

且

此时
$$k_w = k_b \times \frac{B}{V} \times (1-T) + k_s \times \frac{S}{V}$$

【例 5-13】 某公司息税前利润为 400 万元，总资产价值为 2000 万元。假设无风险报酬率为 6%，证券市场平均报酬率为 10%，所得税税率为 40%。经测算，该公司不同债务水平下的债务资本成本率和权益资本成本率如表 5-3 所示。

表 5-3 不同债务水平下的债务资本成本率和权益资本成本率

债务市场价值 B/万元	税前债务利息率 k_b	股票 β 系数	权益资本成本率
0		1.50	12.0%
200	8.0%	1.55	12.2%
400	8.5%	1.65	12.6%
600	9.0%	1.80	13.2%
800	10.0%	2.00	14.0%
1000	12.0%	2.30	15.2%
1200	15.0%	2.70	16.8%

根据表 5-3 中的数据，可计算出不同资本结构下的企业总价值和综合资本成本，如表 5-4 所示。

表 5-4 公司价值和平均资本成本率   单位：万元

债务市场价值	股票市场价值	公司总价值	债务税后资本成本	普通股资本成本	平均资本成本
0	2000	2000	—	12.0%	12.0%
200	1889	2089	4.80%	12.2%	11.5%
400	1743	2143	5.10%	12.6%	11.2%
600	1573	2173	5.40%	13.2%	11.0%
800	1371	2171	6.00%	14.0%	11.1%
1000	1105	2105	7.20%	15.2%	11.4%
1200	786	1986	9.00%	16.8%	12.1%

可以看出，在没有债务资本的情况下，公司总价值等于股票市场价值。当公司增加一部分债务时，财务杠杆开始发挥作用，公司总价值上升，平均资本成本率下降。在债务达到 600 万元时，公司总价值最高，平均资本成本率最低（11.0%）。债务超过 600 万元后，随着利息率的不断上升，财务杠杆作用逐步减弱甚至呈现负作用，公司总价值下降，平均资本成本率上升。因此，债务为 600 万元时的资本结构是该公司的最优资本结构。

四、企业筹资案例分析

天地公司是一家上市公司，专业生产、销售小家电产品。近年来，随着消费水平的提高，居民对不同类型的小家电需求旺盛，公司销售收入增长迅速。为了满足市场需求，天地公司决定在 2025 年年底前建成一座新厂，为此需要筹措资金 2.5 亿元，其中，5000 万元可以通过公司自有资金解决，剩余的 2 亿元需要从外部筹措。2021 年 10 月 31 日，天地公司总经理张宇召开总经理办公会议研究筹资方案，并要求财务经理刘华制订具体计划，以提交董事会会议讨论。以下为天地公司在 2021 年 10 月 31 日的有关财务数据。

(1) 资产总额为 26 亿元,资产负债率为 50%,每年平均利息支出 1000 万元,借款合同规定公司资产负债率不得超过 60%。

(2) 公司发行在外的普通股股票有 3 亿股。

另外,公司建厂后,预计年销售额将达到 4 亿元,毛利率为 12%。公司适用的所得税税率为 25%。

随后,天地公司财务经理刘华根据总经理办公会议的意见设计了以下两套筹资方案。

方案一:以增发股票的方式筹资 2 亿元。公司目前的普通股每股市价为 7 元。拟增发股票每股定价为 5.3 元,扣除发行费用后,预计净价为 5 元。为此,公司需要增发 4000 万股股票以筹集 2 亿元资金。为了给公司股东以稳定的回报,维护自身良好的市场形象,公司仍将维持其设定的每股 0.25 元的固定股利分配政策。

方案二:以发行公司债券的方式筹资 2 亿元。鉴于目前银行存款利率较低,公司拟发行公司债券。设定债券年利率为 4%,期限为 10 年,每年付息一次,到期一次还本,公司预期采用平价发行,发行费用率为 3%。

请分析上述两种筹资方案,帮天地公司做出筹资决策。

【案例分析】

1. 两种筹资方案成本比较

$$股票资本成本 = \frac{0.25}{5} = 5\%$$

不考虑货币时间价值的情况下,$债券资本成本 = \frac{2 \times 10^8 \times 4\% \times (1-25\%)}{2 \times 10^8 \times (1-3\%)} = 3.23\%$

可见,就融资成本看,债券筹资成本低于股票融资成本。

2. 考虑资本结构情况,采用每股收益无差别点分析两种筹资方案

$$\frac{(\overline{EBIT} - 1000 - 0.3 \times 4000) \times (1-25\%)}{30\,000 + 4000} = \frac{(\overline{EBIT} - 1000 - 20\,000 \times 4\% - 20\,000 \times 3\%) \times (1-25\%)}{30\,000}$$

解得:$\overline{EBIT} = 3900$(万元),此时每股收益为 0.0375 元。

新厂建成投产后预期销售额为 4 亿元,毛利率为 12%,因此,企业预期获利 4800 (40 000×12%)万元,4800 万元大于每股收益无差别点 3900 万元,如果企业预期获利 4800 万元,则债券融资的每股收益高于股权融资的每股收益,因此,应采用发行债券的方式进行筹资。此外采用发行债券的方式筹资还有以下几点好处。

(1) 可以相对减轻公司现金支付压力。由于公司当务之急是解决当前的资金紧张问题,而在近期发行公司债券相对于增发股票可以少支出现金,其每年支付利息的现金支出为 800 万元,每年比增发股票方式少支出 200 万元,从而可以减轻公司的支付压力。

(2) 因发行公司债券所承担的利息费用还可以为公司带来纳税利益。天地公司发行公司债券的实际资本成本仅为 3.23%,远远低于股票资本成本。

(3) 保证普通股股东的控制权。

(4) 可以发挥财务杠杆的作用。

筹资建议:将上述两种筹资方案进行比较,天地公司采用发行公司债券的方式较佳。

相关链接 5-5　货币时间价值

第二节　企业对外投资管理

一、对外投资的概念和种类

对外投资就是企业在其本身经营的主要业务以外,以现金、实物、无形资产方式,或者以购买股票、债券等有价证券方式向境内外的其他单位进行投资,以期在未来获得投资收益的经济行为。

1. 按照企业所拥有权益的不同,对外投资可分为股权投资和债权投资

股权投资形成被投资企业的资本金,并使投资企业持有被投资企业的股权。股权投资可以采用购买上市公司的股票、兼并投资、联营投资等形式。

债权投资形成被投资单位的负债,而投资企业是被投资单位的债权人。债权投资可以采用购买各种债券和租赁投资等形式。

2. 按照投资方式的不同,对外投资可分为实物投资与证券投资

实物投资是指直接用现金、实物、无形资产等投入其他企业,并直接形成生产经营活动的能力,为被投资企业的某种生产经营活动创造必要条件。

证券投资是指用现金、实物、无形资产等购买或折价取得其他企业有价证券(如股票、债券等)的对外投资。

3. 按照投出资金回收期限的不同,对外投资可分为短期投资和长期投资

短期投资是指能够随时变现、持有时间不超过一年的有价证券,以及不超过一年的其他投资。

长期投资是指购进不准备随时变现、持有时间在一年以上的有价证券,以及超过一年的其他对外投资。

二、企业对外投资方式

投资方式又称为出资方式,是指投入资本所采取的形式,企业对外投资主要有直接投

资和间接投资两种方式。

1. 直接投资

直接投资是指将资本直接投入生产经营中,拥有全部或一定数量的被投资企业资产及经营的所有权,直接或间接地控制被投资企业的经营和管理活动。其主要形式有:① 投资者开办独资企业,独自经营;② 与当地企业合作开办合资企业或合作企业,从而取得各种直接经营企业的权利,并派人员进行管理或参与管理;③ 投资者投入资本,不参与经营,必要时可派人员任顾问或指导;④ 投资者在股票市场上买入现有企业一定数量的股票,通过股权获得全部或相当部分的经营权,从而达到收购该企业的目的。

2. 间接投资

间接投资是指购买公司债券、公司股票等各种有价证券,以期获取一定收益的投资,由于其投资形式主要是购买各种有价证券,因此也被称为证券投资。与直接投资相比,间接投资的投资者除股票投资外,一般只享有定期获得一定收益的权利,而无权干预被投资企业对这部分投资的具体运用及其经营管理决策;间接投资的资本运用比较灵活,可以随时调用、转卖或更换其他资产,谋求更大的收益;可以减少因政治经济形势变化而带来的投资损失风险。

企业对外投资时可以使用货币或其他非货币性资产进行出资,《公司法》规定股东可以用货币出资,也可以用实物、知识产权、土地使用权、劳务和信用等依法转让的非货币财产作价出资。

(1)货币。公司设立与运营必然需要一定数量的流动资金,以支付创建公司时的开支和启动公司运营,因此,股东可以用货币出资。

(2)实物。实物出资一般是使用机器设备、原料、零部件、货物、建筑物和厂房等进行出资。

(3)知识产权。知识产权出资是指人们以其对智力劳动成果所享有的民事权利进行出资。传统的知识产权包括商标权、专利权和著作权。

(4)土地使用权。土地使用权可以通过两种方式进行出资:一种是股东以土地使用权作价后向公司出资从而使公司取得土地使用权;另一种是公司向所在地的县市级土地管理部门提出申请,经过审查批准后,通过订立合同来取得土地使用权,公司依照规定缴纳场地使用费。前者为股东的出资方式,但必须依法履行有关手续。

(5)劳务和信用。有些大陆法系国家还允许股东以劳务和信用出资,但仅限于无限公司、两合公司和股份两合公司,而有限责任公司和股份有限公司则不允许股东以劳务和信用出资。

三、企业对外投资决策方法

对外投资是企业获取收益的主要方式之一,本章仅探讨股票投资和债券投资。企业在资金量一定的情况下,是否进行股票和债券投资,取决于股票和债券的投资风险与收益。

(一)股票投资

股票投资是指企业购买其他企业发行的股票作为投资,如普通股股票、优先股股票。

股票投资风险较大，但收益一般也较高。企业进行股票投资一方面能够获取收益，包括获取的股利收入和股票买卖价差；另一方面可以形成控制权，达到控制目标企业的目的。在进行股票投资时，要了解股票投资的特点，以便进行股票投资的决策。

1. 股票投资的特点

（1）投资收益较高。股票投资收益主要来自资本利得和红利所得，优质股票的价格长期趋势总是上涨的居多，只要选择得当，能取得优厚的投资回报。

（2）投资风险较大。股票投资是一项高风险的投资，投资者不能要求企业偿还本金，只能在二级市场进行转让，而股票既受宏观经济状况的影响，也受行业、公司经营状况的影响；既要承受商品市场的风险，又要承受资本市场的风险等。因此，股票价格变动频繁，波动性较大。

（3）可以参与发行公司的经营管理。普通股股东是股份公司的所有者，有权监督和控制企业的生产经营情况，随着企业收益的增加，股东收益也会随之增加。

（4）求偿权居后。普通股股东对企业资产与盈利的求偿权均居于最后。企业清算时，普通股股东的求偿权居于债权人、优先股股东之后，相应的投资可能得不到全额补偿，甚至得不到任何补偿。

2. 股票内在价值的估算

进行股票投资，就要测算股票的价值，以决定是否值得投资。股票未来现金流入量的现值就是股票的内在价值。股票投资带给投资人的现金流入量包括两个部分：股利收入和出售时的资本利得。股票内在价值是股票投资决策时使用的一项主要指标。股票持有时间不同，其内在价值计算公式也不同。

（1）短期持有，未来准备出售的股票。

$$V = \sum_{t=1}^{n} \frac{d_t}{(1+k)^t} + \frac{V_n}{(1+k)^n}$$

式中：V——股票价值；

V_n——未来出售时预计的股票价格；

k——投资者要求的必要报酬率；

d_t——第 t 期的预计股利；

n——预计股票持有的期数。

【例5-14】2019年1月，A公司准备投资购买B公司普通股股票，短期持有，然后出售以获取价差收益。预计B公司普通股股票两年后股价将上升到每股10元，A公司将在两年后按照该价格出售该股票；在持有该股票的两年中，A公司估计B公司会于2019年12月和2020年12月两次分配股利，分别为每股0.8元和0.9元。A公司经过分析认为，必须得到10%的期望收益率，投资购买B公司股票才划算。根据以上内容，则B公司普通股股票的内在价值为

$V = 10 \times (P/F, 10\%, 2) + 0.8 \times (P/F, 10\%, 1) + 0.9 \times (P/F, 10\%, 2)$

$= 10 \times 0.8264 + 0.8 \times 0.9091 + 0.9 \times 0.8264$

$= 9.74$（元）

由以上计算结果可看出B公司普通股股票购买日的内在价值为9.74元。当现行股价低于9.74元时，A公司可以购买B公司股票，否则，应放弃购买。

（2）长期持有，股利每年不变的股票价值估算。在每年股利稳定不变，投资人持有时间很长的情况下，股票内在价值的计算公式可以简化为

$$V = \frac{D}{k}$$

式中：V——股票内在价值；
　　　D——每年获得的固定股利；
　　　k——投资人要求的必要投资报酬率。

【例5-15】A公司准备购买某公司股票，该公司普通股股票预计年股利额每股为1.2元，期望收益率为12%，A公司准备长期持有，则该公司的股票价格为多少才能购买？

$$V = \frac{1.2}{12\%} = 10 \text{（元）}$$

由以上计算结果可知该股票的内在价值为10元，如果现行市价高于10元，即股票现行市价高于其内在价值，不适宜投资；如果现行市价低于10元，即股票现行市价低于其内在价值，说明该股票还有上涨空间，A公司此时应该投资购买。

【例5-16】假设某公司股票预期每年股利为每股2元，若投资者要求的投资必要收益率为16%，则该股票的每股内在价值为

$$V = \frac{2}{16\%} = 12.5 \text{（元）}$$

（3）长期持有，股利固定增长的股票价值的估算。如果一个公司的股利不断增长，投资人的投资期限又非常长，则股票的估价就比较困难了，只能计算其近似数。在股利按固定的年增长率增长的情况下，设：D_0为上年股利，k为股票期望收益率，每年股利与上年相比增长率为g，则股票价值表示为

$$V = \frac{D_1}{k-g} = \frac{D_0 \times (1+g)}{k-g}$$

式中：D_1——预计第一年的股利。

【例5-17】A公司准备投资购买某公司普通股股票，该股票上年股利为0.6元，估计年增长率为5%，A公司期望得到14%的收益率，则该种股票的内在价值应为

$$V = \frac{0.6 \times (1+5\%)}{14\% - 5\%} = 7 \text{（元）}$$

当该公司的股价低于7元时，A公司才可以投资购买。

3. 股票投资收益率的衡量

（1）短期股票投资收益率。短期股票投资因持有期限短，通常不用考虑资金的时间价值和通货膨胀因素，主要计算持有期收益率。股票的持有期收益率是指股票持有人在持有期间得到的收益率，其中，股票的持有期是从购入股票到出售股票的时间，通常以年为单位表示（持有期的时间天数除以360）。股票的持有期收益率可以根据实际情况换算为年均收益率。

$$持有期收益率 = \frac{股票持有期间的股利收入 + (股票卖出价 - 股票买入价)}{股票买入价} \times 100\%$$

【例5-18】2019年4月1日，甲公司购买A上市公司股票，每股市价40元，2020年2月1日，甲公司所持有的该股票每股分派了现金股利5元，2020年7月1日，甲公司以

每股 55 元的价格将该股票出售。要求计算甲公司持有 A 公司股票的收益率。

$$持有期收益率 = \frac{5+(55-40)}{40} \times 100\% = 50\%$$

$$持有期年均收益率 = \frac{50\%}{15/12} = 40\%$$

（2）长期股票投资收益率。计算长期股票投资收益率时要考虑资金的时间价值因素。企业进行股票投资，每年获得的股利是经常变动的，当企业出售股票时，也可收回一定的收益。长期股票投资收益率的计算也就是计算股票投资的内含报酬率，这是股票的真实收益率。可采用的计算公式为

$$P = \sum_{t=1}^{n} \frac{d_t}{(1+k)^t} + \frac{F}{(1+k)^n}$$

式中：P——股票的购买价格；

d_t——每年获得的股利；

F——股票的出售价格；

k——股票投资收益率；

n——投资期限。

【例 5-19】A 公司投资某股票，投资价格为每股 10 元，持有 3 年，每年分别获得现金股利为 0.5 元、0.6 元、0.8 元，3 年后以每股 15 元的价格将其出售。要求计算投资该股票的收益率。

$10 = 0.5 \times (P/F, k, 1) + 0.6 \times (P/F, k, 2) + (15+0.8) \times (P/F, k, 3)$

当 $k = 18\%$ 时

$0.5 \times (P/F, 18\%, 1) + 0.6 \times (P/F, 18\%, 2) + (15+0.8) \times (P/F, 18\%, 3) = 10.471$（元）

当 $k = 20\%$ 时

$0.5 \times (P/F, 20\%, 1) + 0.6 \times (P/F, 20\%, 2) + (15+0.8) \times (P/F, 20\%, 3) = 9.977$（元）

采用插值法：$k = 18\% + \dfrac{10-10.471}{9.977-10.471} \times (20\% - 18\%) = 19.9\%$

4. 股票投资决策

股票投资决策是非常复杂的，包括投资对象的选择、投资时机的选择等。一般而言，股票投资决策方法有两种：一种是计算股票价值，然后将股票价值与股票市价比较以确定是否购买股票；另一种是计算股票投资的内含报酬率，并将之与股票必要报酬率比较，以做出合理的投资决策。

（二）债券投资

债券投资是指企业将资金投入各种债券，如国债、公司债和短期融资券等。相对于股票投资，债券投资一般风险较小，能获得稳定收益，但要注意投资债券的信用等级。

1. 债券投资的特点

（1）本金安全性较高。与股票相比，债券投资的风险较小。政府债券有国家财力作保障，债券的信用度高，一般不存在本金不能偿还的问题；企业债券有优先求偿权或其他的保证措施，其本金损失的可能性也较小。

(2) 收入稳定性较高。债券有固定的票面利率，债券发行人有按时支付利息的法定义务，一般情况下，债券投资人都能获得比较稳定的利息收入。政府债券投资收益率相对较低，但是免交所得税；企业债券能够获得比政府债券和金融债券高的收益，但要缴纳所得税；金融债券的收益则介于政府债券和企业债券之间。

(3) 市场流动性好。流动性是指债券具有能够按市场价格出售的属性。发行债券的企业一般资产条件较好，信用度高，其发行的债券一般能在金融市场上出售或抵押，流动性强。政府债券和金融债券更是如此。

(4) 购买力风险较大。债券的面值和利率在发行时就已确定，如果投资期间通货膨胀率较高，则本金和利息的购买力都将受到影响，会产生购买力的损失。

(5) 没有经营管理权。投资债券是一种债权投资行为，投资人不能对债券发行企业施加影响和控制。

2. 债券内在价值的测算

进行债券投资就要估算债券的内在价值。债券的内在价值是指投资者投资于某一债券，按其要求的期望收益率折算的未来利息收入和收回本金的折现价值。债券的内在价值是债券投资决策时使用的一项主要指标，只有债券的内在价值高于市价才值得投资。

我国债券利息支付方法主要有两种，由此也形成了两种不同的债券内在价值测算方法。

(1) 单利计算，到期一次还本付息的债券内在价值测算。

$$V = (M + M \times r \times n) \times (P/F, i, m)$$

式中：V——债券内在价值；

M——债券面值；

r——票面利率；

n——债券的期限；

i——投资人要求的必要报酬率；

m——债券持有的期限。

【例5-20】甲公司2019年1月1日购入另一家公司发行的面值为1000元、票面利率为8%、票面期限为5年的债券，债券发行日为2019年1月1日，到期日为2024年1月1日，甲公司准备持有该债券至到期，债券到期时本息一次支付。甲公司要求的投资报酬率为10%。要求计算该债券的内在价值。

债券的内在价值 $= (1000 + 1000 \times 8\% \times 5) \times (P/F, 10\%, 4)$

$= 1400 \times 0.6830 = 956.2$（元）

该债券的内在价值为956.2元，只有当市价低于债券的内在价值时，甲公司才可以投资该债券。

(2) 按期付息，到期还本的债券内在价值测算。债券如果按期支付利息，到期偿还本金，债券内在价值的测算公式为

$$V = \sum_{t=1}^{n} \frac{I_t}{(1+i)^t} + \frac{M}{(1+i)^n}$$

如果每年利息保持不变，则

$$V = I \times (P/A, i, n) + M \times (F/P, i, n)$$

式中：V——债券内在价值；

I——每年的利息;

M——债券面值;

i——折现率,一般为市场利率或投资人要求的必要报酬率;

n——债券到期前的期数。

【例 5-21】 甲公司准备购买另一家公司面值为 1000 元、票面利率为 8%、期限为 5 年的债券。该债券每年年末支付一次利息,3 年后的 12 月 31 日到期。投资人要求的报酬率为 10%,则该债券的内在价值为

$$V = 1000 \times 8\% \times (P/A, 10\%, 3) + 1000 \times (P/F, 10\%, 3)$$
$$= 80 \times 2.4869 + 1000 \times 0.7513$$
$$= 950.25 （元）$$

该债券的内在价值是 950.25 元,如果该债券的市场价值小于 950.25 元,说明市场上债券被低估,值得购买;如果债券的市场价值大于 950.25 元,则说明市场上债券被高估,不应该购买。

3. 债券投资收益率的衡量

债券投资收益率是一定时期内债券投资收益与投资额的比率。其中,债券投资收益主要包括债券利息收入、债券买卖价差的收益;投资额包括购买债券时的买价、佣金、手续费等。

（1）短期债券投资收益率。短期债券投资收益率的计算一般比较简单,因为期限短,通常不超过一年,因此不用考虑时间价值因素和通货膨胀因素,主要计算持有期收益率。

债券的持有期收益率是指债券持有人在持有期间得到的收益率。其中,债券的持有期是从购入债券至售出债券或者债券到期清偿之间的时间,通常以年为单位表示（持有期的实际天数除以 360）。由于利息率、收益率指标多数以年利率的形式出现,债券的持有期收益率可以根据实际情况换算为年平均收益率。

$$持有期收益率 = \frac{债券持有期间的利息收入 + （卖出价 - 买入价）}{债券买入价} \times 100\%$$

【例 5-22】 某企业 2020 年 1 月 1 日以 950 元的价格购买某上市公司债券,该债券面值为 1000 元,票面年利率为 10%,每半年付息一次,期限为 5 年,当年 7 月 1 日收到上半年利息 50 元,9 月 30 日以 980 元的价格卖出。要求计算该债券的收益率。

$$持有期收益率 = \frac{50 + (980 - 950)}{950} \times 100\% = 8.42\%$$

$$持有期年均收益率 = \frac{8.42\%}{9/12} = 11.23\%$$

（2）长期债券投资收益率。长期债券持有期限较长,至少超过一年,需考虑时间价值,按每年复利计算持有期年均收益率,即计算使债券带来的现金流入量净现值为零的折现率,也就是计算债券的内含报酬率,这是债券投资的真实收益率。

① 到期一次还本付息的债券。

$$持有期年均收益率 = \sqrt[n]{\frac{M}{P}} - 1$$

式中:P——债券买入价;

M——债券卖出价或到期兑付金额;

n——债券实际持有的期限（年）。

【例5-23】 某企业2021年1月1日购入Q公司同日发行的3年期、到期按单利一次还本付息的债券，面值为10 000元，票面利率为6%，买入价为9000元，则债券的持有期年均收益率为

$$持有期年均收益率 = \sqrt[3]{\frac{10\,000+10\,000\times 6\%\times 3}{9000}} - 1 = 9\%$$

② 每年按期付息，到期还本的债券。

$$P = \sum_{t=1}^{n} \frac{I_t}{(1+k)^t} + \frac{M}{(1+k)^n}$$

$$P = I \times (P/A, k, n) + M \times (P/F, k, n)$$

式中：k——债券持有期年均收益率；

P——债券买入价；

I——持有期每期收到的利息额；

M——售价或到期兑付的金额；

n——债券实际持有的期限（年）。

【例5-24】 A企业以10 500元购入某企业债券，该债券面值为10 000元，票面利率为12%，每年支付一次利息，期限为8年，A企业准备持有至到期。要求计算债券持有期年均收益率。

根据债券持有期年均收益率的计算公式得到

$10\,500 = 10\,000 \times 10\% \times (P/A, k, 8) + 10\,000 \times (P/F, k, 8)$

因为票面利率是10%，而购买价格高于面值，因此$k<10\%$。

如果$k=9\%$，则净现值 $= 10\,000 \times 10\% \times (P/A, 9\%, 8) + 10\,000 \times (P/F, 9\%, 8) - 10\,500$

$= 1000 \times 5.5348 + 10\,000 \times 0.5019 - 10\,500$

$= 53.8$

如果$k=10\%$，则净现值 $= 10\,000 \times 10\% \times (P/A, 10\%, 8) + 10\,000 \times (P/F, 10\%, 8) - 10\,500$

$= 1000 \times 5.3349 + 10\,000 \times 0.4665 - 10\,500$

$= -500.1$

由此可见，年均收益率，即内涵报酬率介于9%~10%之间，因此利用插值法可计算求得：

$$k = 9\% + \frac{53.8}{53.8+500.1} \times (10\% - 9\%) = 9.1\%$$

4. 债券投资决策

债券投资决策的方法之一，就是计算确定债券的内在价值，将债券的内在价值与债券市价进行比较。债券的内在价值是投资者购买该债券时可接受的最高市价，若前者大于后者，说明投资者认为债券的市场价格还有可能上涨，现在购买可以获得价差利益；若前者小于后者，说明投资者认为债券的价值被高估，其价格随时可能下跌，此时不宜购买该债券。

债券投资决策的方法之二，就是确定债券的投资收益率，将债券的投资收益率与企业要求的最低收益率对比来决定是否进行投资。当债券的投资收益率高于企业要求的最低收益率时，可以投资；反之，则不宜投资。

(三)证券投资组合

证券投资组合是指由两种或两种以上的证券,按照不同的比例构成的投资组合。有效投资组合是指在既定的风险程度上,实现的预期收益率最高,或在既定的预期收益率水平上,带来的风险最低的投资组合。

1. 系统性风险与非系统性风险

证券投资中风险与收益是相对应的,即风险越大,收益也就越大,但我们往往希望取得收益的同时,降低风险。根据风险能否降低,证券投资风险可分为两种:系统性风险和非系统性风险。

(1)系统性风险。系统性风险是由于外部经济环境因素变化对证券市场上所有证券都产生影响的共同性风险。系统性风险无法通过投资多样化的证券组合来加以避免,因此也称为不可分散风险,它主要包括利息率风险、再投资风险和购买力风险。

(2)非系统性风险。非系统性风险是由于特定经营环境或特定事件变化引起的不确定性,从而对个别证券产生影响的特有性风险。非系统性风险可以通过持有证券的多样化来抵消,因此也称为可分散风险,它主要包括履约风险、变现风险、破产风险等。

当投资组合中各单个项目预期报酬存在正相关时,其组合不会产生任何风险分散效应,它们之间正相关的程度越小,则其组合可产生的风险分散效应越大;当投资组合中各单个项目预期报酬存在负相关时,其组合可使其总体的风险趋近于 0,它们之间负相关的程度越小,则其组合可产生的风险分散效应越小。

2. 证券投资组合风险

现代证券投资组合理论表明,证券投资组合的预期收益率是投资组合中各个证券预期收益率的加权平均数;而证券投资组合的风险并不是各个证券风险的加权平均数,一般低于加权平均数。

假定两种证券的预期收益率分别为 k_A 和 k_B,每一种证券在证券投资组合中所占的比重分别为 w_A 和 w_B,方差分别为 σ_A^2 和 σ_B^2,则证券投资组合的预期收益率 k_{AB} 为单个证券预期收益率的加权平均数,其计算公式为

$$k_{AB} = w_A \times k_A \times w_B \times k_B$$

投资组合的总风险由投资组合收益率的方差和标准离差来衡量。由两种资产组合而成的投资组合收益率方差的计算公式为

$$\sigma_{AB}^2 = w_A^2 \sigma_A^2 + w_B^2 \sigma_B^2 + 2 w_A w_B \sigma_A \sigma_B r_{AB}$$

式中:r_{AB}——证券 A 与 B 的相关系数。

当 $r_{AB}=1$ 时,$\sigma_{AB} = w_A + w_B$;

当 $r_{AB}=0$ 时,$\sigma_{AB}^2 = w_A^2 \sigma_A^2 + w_B^2 \sigma_B^2$;

当 $r_{AB}=-1$ 时,$\sigma_{AB} = w_A - w_B$;

当 $w_A = \dfrac{\sigma_A}{\sigma_A + \sigma_B}$,$w_B = \dfrac{\sigma_B}{\sigma_A + \sigma_B}$ 时,证券投资组合的风险为 0,即两种证券的风险完全抵消。

3. 风险的不可分散程度

系统性风险指的是由于某些因素给市场上所有的证券都带来经济损失可能性的风险,

它的不可分散程度通常用 β 系数来计量。如果将市场上全部证券看作一个市场证券组合，某一个证券系数的计量公式为

$$\beta_i = \frac{某种证券的风险收益率}{证券市场所有证券的平均市场收益率}$$

β 系数通常由一些投资服务机构定期计算并公布，整个证券市场的 β 系数为 1。

当 $\beta = 0.5$，说明该股票的风险只有整个市场股票风险的一半。

当 $\beta = 1$，说明该股票的风险等于整个市场股票的风险。

当 $\beta = 2.0$，说明该股票的风险是整个市场股票风险的两倍。

证券组合 β 系数的计算公式为

$$\beta_p = \sum_{i=1}^{n} w_i \beta_i$$

式中：β_p——证券投资组合的系数；

w_i——第 i 种证券在证券投资组合中所占的比重；

β_i——第 i 种证券的 β 系数；

n——证券投资组合中所包含的证券数目。

4. 证券组合的必要报酬率

$$k_i = R_F + \beta_p \times (R_M - R_F)$$

式中：k_i——证券投资组合的必要报酬率；

R_F——无风险收益率；

β_p——证券投资组合的 β 系数；

R_M——整个证券市场的平均收益率。

【例 5-25】某企业持有 A、B、C、D 四种股票组成的证券组合，该组合中它们所占的比例分别为：① 40%、30%、20%、10%；② 40%、10%、20%、30%。β 系数分别为 1.2、0.5、1.5、2，若股票市场的平均收益率为 14%，无风险收益率为 8%，计算该股票组合的 β 系数和必要收益率。

(1) $\beta_{ABCD} = 40\% \times 1.2 + 30\% \times 0.5 + 20\% \times 1.5 + 10\% \times 2$

$\qquad = 1.13$

$k_{ABCD} = 8\% \times 1.13 \times (14\% - 8\%)$

$\qquad = 8\% + 6.78\%$

$\qquad = 14.78\%$

(2) $\beta_{ABCD} = 40\% \times 1.2 + 10\% \times 0.5 + 20\% \times 1.5 + 30\% \times 2$

$\qquad = 1.43$

$k_{ABCD} = 8\% \times 1.43 \times (14\% - 8\%)$

$\qquad = 8\% + 8.58\%$

$\qquad = 16.58\%$

四、对外投资案例分析

七星公司是一家以从事电子节能控制技术及相关产品研发、生产、销售和服务于一体

的国家高新技术企业，其产品远销海内外。近年来，随着公司的不断发展，企业规模不断扩大，销售利润逐年上升，为了提高公司资产收益率，公司董事会经讨论决定，将公司一笔长期闲置资金 6000 万元进行对外投资，投资期为 3 年，为了分散风险，决定 4000 万元用于购买债券，2000 万元用于购买股票，七星公司只准备分别选择一家公司的股票和一家公司的债券进行投资。

以下为七星公司对市场的考察分析。

（1）现有 A、B、C 三家公司的股票可供选择，已知 A 公司股票现行市价为每股 3.5 元，上年每股收益为 0.2 元，股利支付率为 75%，假设留存收益均用于投资，新增投资报酬率为 24%。B 公司股票现行市价为每股 7 元，上年每股收益为 0.6 元，股利支付率为 100%，预期该公司的净利润未来不增长。C 公司股票现行市价为 4 元，上年每股收益为 0.4 元，股利支付率为 50%不变，预计该公司未来 3 年净利润第 1 年增长 14%，第 2 年增长 14%，第 3 年增长 5%，第 4 年及以后将保持每年 2%的固定增长水平。

（2）现有同日发行的 E、F 两家公司的债券可供选择，E 公司债券面值为 100 元，期限为 3 年期，票面利率为 12%，到期一次还本付息，发行价 103 元。F 公司债券面值为 100 元，期限为 3 年，票面利率为 9%，到期一次还本付息，发行价 94 元。

假设七星公司要求的必要报酬率为 10%，请帮助七星公司做出股票和债券的投资决策。

（1）分析 A、B、C 三只股票的内在价值。

$$A 公司股利增长率 = \frac{0.2 \times 25\% \times 24\% \times 75\%}{0.2 \times 75\%} = 6\%$$

则

$$A 公司股票的内在价值 V_A = \frac{0.2 \times 75\% \times (1+6\%)}{10\% - 6\%} = 3.98（元）$$

$$B 公司股票的内在价值 V_B = \frac{0.6}{10\%} = 6（元）$$

C 公司预期第 1 年的股利 = $0.4 \times 50\% \times (1+14\%) = 0.23$（元）

C 公司预期第 2 年的股利 = $0.23 \times (1+14\%) = 0.26$（元）

C 公司预期第 3 年的股利 = $0.26 \times (1+5\%) = 0.27$（元）

C 公司股票的内在价值：

$$V_C = 0.23 \times (P/F, 10\%, 1) + 0.26 \times (P/F, 10\%, 2) + 0.27 \times (P/F, 10\%, 3) + \frac{0.27 \times (1+2\%)}{10\% - 2\%} \times (P/F, 10\%, 3)$$

$$= 3.21（元）$$

由于 A 公司股票的内在价值（3.98 元）高于其市价（3.5 元），故 A 公司的股票值得投资。由于 B 公司股票的内在价值（6 元）低于其市价（7 元），C 公司股票的内在价值（3.21 元）低于其市价（4 元），故 B 公司和 C 公司的股票都不值得投资。

（2）分析 E、F 公司债券的内在价值。

E 公司债券的内在价值 = $(100 \times 12\% \times 3 + 100) \times (P/F, 10\%, 3) = 102.177$（元）

F 公司债券的内在价值 = $(100 \times 9\% \times 3 + 100) \times (P/F, 10\%, 3) = 95.415$（元）

由于 E 公司债券的发行价 103 元高于其内在价值 102.177 元，而 F 公司债券的发行价 94 元低于其内在价值 95.415 元，因此，投资 F 公司的债券更有利。

思 考 题

1. 企业筹资渠道和筹资方式有哪些？
2. 什么是资本成本？资本成本的作用是什么？
3. 简述经营杠杆与经营风险的关系。
4. 简述财务杠杆与财务风险的关系。
5. 如何确定最优资本结构？
6. 比较股票投资和债券投资的特点。
7. 什么是证券投资组合？证券投资组合包括哪些风险？

业务计算题

1. 某公司拟筹资 6000 万元，投资于一条新的生产线，准备采用以下三种方式筹资。

（1）向银行借款 2000 万元，借款年利率为 5%，借款手续费为 1%。

（2）按面值发行债券 3000 万元，债券年利率为 8%，债券发行费用占发行总额的 5%。

（3）按面值发行普通股股票 1000 万元，预计第一年股利率为 8%，以后每年的增长率为 2%，股票发行费用为 100 万元。

该公司适用的所得税税率为 25%，预计该项目投产后，每年可获收益 500 万元。

要求：

（1）计算个别资本成本。

（2）计算该方案的加权平均资本成本。

（3）分析此方案的可行性如何。

2. 某公司 20××年年初的负债及所有者权益总额为 9000 万元，其中，公司债券为 1000 万元（按面值发行，票面年利率为 8%，每年年末付息，三年后到期）；普通股股本为 4000 万元（面值 1 元，4000 万股）；资本公积为 2000 万元；其余为留存收益。20××年，该公司为扩大生产规模，需要再筹集 1000 万元资金，有以下两个筹资方案可供选择。

方案一：增加发行普通股股票，预计每股发行价格为 5 元。

方案二：增加发行同类公司债券，按面值发行，票面年利率为 8%。

预计 20××年可实现息税前利润 2000 万元，该公司适用的所得税税率为 25%。

要求：

（1）计算增发股票方案的下列指标：20××年增发普通股股份数；20××年全年债券利息。

（2）计算增发公司债券方案下的 20××年全年债券利息。

（3）计算每股利润的无差异点并据此进行筹资决策。

3. 某公司 2020 年销售产品 10 万件，单价为 50 元，单位变动成本为 30 元，固定成本总额为 100 万元。公司负债 60 万元，年利息率为 12%，该公司适用的所得税税率为 25%。

要求：

（1）计算该公司 2020 年的边际贡献。
（2）计算该公司 2020 年的息税前利润。
（3）计算该公司的联合杠杆系数。

4. 已知某企业只生产一种产品，年销售量 5 万件，每件单价为 100 元，变动成本率为 70%，固定成本总额为 50 万元。企业总资产为 80 万元，负债 30 万元，利率为 10%，普通股股票 50 万股，每股面值 1 元，该公司适用的所得税税率为 25%。

要求：

（1）计算息税前利润（EBIT）。
（2）计算每股收益（EPS）。
（3）计算经营杠杆系数（DOL）。
（4）计算财务杠杆系数（DFL）。
（5）计算联合杠杆系数（DTL）。（计算结果保留小数点后两位）

5. 某公司进行一项股票投资，需要投入资金 200 000 元，该股票准备持有 5 年，每年可获得现金股利 10 000 元，根据调查分析，该股票的 β 系数为 1.5，目前市场上国库券的利率为 6%，股票市场上的股票市场风险报酬率为 4%。

要求：该股票 5 年后市价大于多少时该股票现在才值得购买？

6. 甲公司持有 A、B、C 三种股票，在由上述股票组成的证券投资组合中，各股票所占的比重分别为 50%、30% 和 20%，其 β 系数分别为 2.0、1.0 和 0.5。市场收益率为 15%，无风险收益率为 10%。A 股票当前每股市价为 12 元，刚收到上一年度派发的每股 2 元的现金股利，预计股利以后每年将增长 8%。

要求：

（1）计算甲公司证券组合的 β 系数。
（2）计算甲公司证券组合的风险收益率。
（3）计算甲公司证券组合的必要投资收益率。
（4）计算投资 A 股票的必要投资收益率。
（5）利用股票估价模型分析以当前价格出售 A 股票是否对甲公司有利。

7. A 企业于 2020 年 1 月 5 日以每张 1020 元的价格购买 B 企业发行的利随本清的企业债券。该债券的面值为 1000 元，期限为 3 年，票面年利率为 10%，不计复利。购买时市场年利率为 8%，不考虑所得税。

要求：

（1）利用债券估价模型评价 A 企业购买此债券是否合算。
（2）如果 A 企业于 2021 年 1 月 5 日将该债券以 1130 元的市价出售，计算该债券的投资收益率。

8. 2020 年 7 月 1 日，甲企业打算购买 W 公司 2019 年 1 月 1 日以 960 元价格折价发行的、每张面值为 1000 元的债券，票面利率为 10%，4 年到期，到期一次还本付息。

要求：

（1）假定 2020 年 7 月 1 日，W 公司债券的市价为 1100 元，甲企业购买后准备持有至债券到期日，计算甲企业的到期收益率。

（2）若甲企业于 2020 年 7 月 1 日以 1100 元的价格购买该债券，于 2021 年 1 月 1 日以 1300 元的价格将该债券出售，计算甲企业持有债券期间的收益率。

思政案例讨论题

2021 年，恒大集团的债务风波似有愈演愈烈之势，破产重组传闻、恒大集团财富兑付危机、销售回款恶化等诸多消息不断牵动市场情绪。

恒大集团作为中国排名第二的房地产开发商，是以民生地产为基础，文化旅游、健康养生为两翼，新能源汽车为龙头的世界 500 强企业集团。2021 年，中报显示恒大集团总负债为 1.95 万亿元，其中流动负债为 1.51 万亿元。恒大集团怎么会沦落到今天"债务缠身"的地步呢？让我们来看看，这些年恒大集团都做了些什么。

第一，近年来，恒大集团不断地从银行贷款，并投入到拿地造房的潮流中。现在恒大集团坐拥土地储备 2.93 亿平方米，在全国 223 个城市有 778 个在建项目。也就是说，恒大集团拿地建房的钱主要都是通过高息融资而来，债务雪球越滚越大，一发不可收拾。

第二，尽管恒大集团欠了银行这么多贷款，但如果按照过去的思路，恒大集团也不会出现债务危机，因为只要债务到期之前，恒大集团可以再融资，用融来的资金支付之前到期的欠债，拆东墙补西墙，恒大集团总能够化险为夷。

但从 2020 年 8 月份开始，央行给房企划出了融资的三道红线来限制房企的贷款规模。而之前疯狂拿地扩张的恒大集团肯定是三条红线全都踩到了。这意味着，恒大集团虽然位列国内房企前三甲，而融资渠道却被封堵了，这个欠新债还旧债的游戏就玩不下去了。

第三，如果仅仅是在房地产领域扩张，估计恒大集团的债务规模也很难达到近两万亿元的规模，但恒大集团还要搞多元化扩张，比如拥有职业足球队、销售矿泉水、电动汽车和理财产品（恒大财富），而在多元化扩张投入了大量资金后，却没能给恒大集团带来它所需的现金流，也就是说，恒大集团的多元化扩张基本上都是烧钱的，并不赚钱，而且带来了巨额的债务。

第四，除了高杠杆、高负债的方式扩张，还有恒大集团的高息分红。在目前世界发达国家普遍在零利率或负利率的情况下，恒大集团之前在香港发行债券，利率高达惊人的 10%。更让人看不懂的是，恒大集团上市以来每年都向股东和高管们巨额分红。据统计，恒大集团累计分红达一千多亿元，大量的现金分红的资金都流向了恒大集团高管们和股东的腰包，这也导致了恒大集团根本无力偿还欠款利息和本金。

请问：

（1）恒大集团的融资策略出于什么动机？恒大集团管理者在融资决策中的主要失误是

什么？他们应该怎样做？

（2）恒大集团的融资危机中最大的受害人是谁？接下来恒大集团应该怎样做才能尽可能减轻损失？这一事件对我们专业从业者有何警示意义？

（3）恒大集团迅速扩大商业版图，在做房地产的同时不断投入资金在体育、金融、汽车等行业，这样的投资策略主要存在什么问题？我们在做投资决策时主要应该考虑哪些因素？如果企业投资不当，会产生怎样的后果？

（4）恒大集团的高息分红对投资者有何影响？你认为这种做法是真正对投资者负责吗？

资料来源：恒大集团遭遇债务危机[EB/OL]．（2020-09-24）．https://finance.ifeng.com/c/801tKeVEttm．
恒大为什么会发展到今天这种境地？主要有四大原因[EB/OL]．（2021-10-01）．https://xw.qq.com/cmsid/20211003A06R4U00．

习题参考答案

第六章 经营决策与全面预算

本章导读

本章主要阐述了经营决策的概念、分类、程序和方法，介绍了全面预算的编制程序和方法。通过本章的学习，能够运用本量利分析的基本模型进行盈亏平衡点分析、实现目标利润的保利分析以及利润的敏感性分析；能够分析解决短期经营决策中的实际问题；能够熟练运用项目投资决策的财务评价方法；了解全面预算的内容和编制流程，掌握企业销售预算、生产预算、直接材料预算以及直接人工预算等的编制。

学习目标

1. 理解本量利分析的概念、基本模型及其假设。
2. 运用本量利分析方法进行短期经营决策。
3. 掌握项目投资决策的评价方法。
4. 掌握全面预算的编制程序和方法。

问题导引

A公司是一家服装生产企业，有三条生产线，同时生产并销售西服、女装和童装，产品的成本核算资料比较完善，根据目前掌握的资料，西服属于亏损产品，女装和童装属于盈利产品。作为公司的总经理，面临日益激烈的市场竞争，请思考以下三个问题。

（1）如何确定公司的盈亏平衡点？如何实现目标利润？

（2）公司应如何解决亏损产品的问题？亏损产品一定要停产吗？

（3）在新的经营年度开始之前，为了保证生产经营活动的顺利进行，公司应如何根据"以销定产"的现代市场经营管理理念，做好销售预算、生产预算、财务预算的编制工作？

第一节 经营决策

一、经营决策概述

（一）经营决策的概念与分类

经营决策是指企业为了实现一定的目标，在占有完备资料的基础上充分考虑各种可能的情况，运用科学的理论和方法进行必要的计算、分析和判断以后，从若干备选方案中选取一个最优方案的过程。按照不同的标准可将经营决策分为不同的种类。

1. 按时间长短不同，经营决策可分为短期决策和长期决策

短期决策是指决策方案对企业经济效益的影响在一年以内，通常只涉及一年（或一个营业周期）以内的收支和盈亏的决策，包括产品品种最优组合的决策、零部件自制还是外购的决策等。长期决策是指那些对企业生产经营活动产生影响的时间超过一年（或一个营业周期），并在较长时期内对企业的收支和盈亏产生影响的决策。长期决策一般是指需要投入大量资金的项目决策，涉及企业的发展方向和未来生产规模，资金回收周期长，对企业发展具有战略意义，如对原固定资产进行更新或改造的决策。

2. 按决策的重复程度不同，经营决策可分为程序化决策和非程序化决策

程序化决策是指呈现重复和例行状态的决策，即当一个问题发生时，不需要重新进行的决策，只要按照事先规定好的一个系统化的程序、规则或政策去做即可。非程序化决策是指复杂的、不是经常重复出现的、非例行的决策，即当决策人员遇到新出现的问题时，没有事先准备好的解决方法可以参照或遵循，需要根据要解决的问题重新进行决策，如新产品的开发或进一步加工的选择等决策就属于非程序化决策。

3. 按决策方案之间的关系不同，经营决策可分为接受或拒绝方案决策、互斥方案决策和组合方案决策

接受或拒绝方案决策，只需要对一个备选方案做出接受或拒绝的选择，因而又称为单一方案决策或采纳与否决策。这种类型的决策各自独立存在，不受其他任何方案影响，如亏损产品是否停产的决策。互斥方案决策，是指在两个或两个以上相互排斥的备选方案中选出唯一一个方案的决策，属于多方案决策，如零部件是自制还是外购的决策、新产品品种选择的决策等。组合方案决策，是指在多个备选方案中选出一组最优的组合方案，属于多方案决策。这种类型的决策主要适用于在企业资源总量受到一定限制时，选择一组最优的组合方案，使企业的综合经济效益达到最大。在进行长期投资决策时，组合方案决策应用较为普遍。

（二）经营决策的步骤

企业在进行经营决策时一般按以下步骤进行。

（1）明确决策目标。决策目标是决策分析的出发点和归宿点，经营决策是为了解决企业已经发生或者将要发生的问题，决策时首先需要弄清一项决策要解决什么问题，要达到何种目的。决策的目标应该具体，便于主管人员考虑和采取相应方案。

（2）设计备选方案。为了得到最优的决策，必须根据决策目标设计出各种在技术上先进、经济上合理的可行方案，以便进行比较，从中选择最优方案。

（3）收集与备选方案有关的资料。在收集与决策方案相关的信息时，可以将定量信息与定性信息相结合，将财务信息与非财务信息相结合。

（4）比较和评价备选方案。在提出备选方案以后，要利用收集的相关资料对各种备选方案采用定量方法进行可行性分析，从不同的侧面论证各方案在技术上和经济上的先进性、合理性与可能性，对各方案做出初步评价。

（5）选择最优方案。选择最优方案是经营决策的关键环节。在初步评价的基础上，还要进一步对各方案进行定性分析，考虑各种非计量或非财务性因素的影响，从而确定最优方案。一般情况下，最优方案是优点最多、缺点最少的方案。

（6）方案的实施与反馈。在组织实施决策方案的过程中，可能会出现未预料到的情况与问题，因此需要建立信息反馈系统。如果在方案实施过程中，主、客观条件发生了变化，决策者就需要根据反馈信息对原定方案进行必要的修正，以尽量防止或减少失误，保证决策目标的顺利实现。

（三）影响企业经营决策的因素

企业在进行经营决策时只有充分考虑影响经营决策的各种因素，并根据市场需求来确定生产组织方式、产品的品种、产量和价格等经营方向与方针，才能做出正确、有效的决策。通常情况下，影响企业经营决策的因素主要包括以下几个方面。

1. 相关收入

相关收入是指与特定决策方案相联系，能对决策产生重大影响，决策时必须予以充分考虑的收入。如果某项收入只属于某个经营决策方案，即若有这个方案存在，就会发生这项收入，若该方案不存在，就不会发生这项收入，那么，这项收入就是相关收入。如果无论是否存在某决策方案均会发生某项收入，则该项收入就是与决策方案无关的收入。在短期经营决策中，不考虑无关收入，否则，可能导致决策失误，而在长期经营决策中，则需要考虑无关收入。

2. 相关成本

相关成本是指与特定决策方案相关联的成本。与决策相关联的成本是未来将发生的成本，也是一种有差别的未来成本。只有可供选择的不同方案存在预计成本差异时，这项成本才是与决策有关的相关成本，如差量成本、边际成本、专属成本等。

3. 相关业务量

相关业务量是指在短期经营决策中必须重视的、与特定决策方案相联系的产量或销量。在是否增加某种产品的生产决策中，相关业务量是指增产的数量。在半成品深加工的决策中，如果半成品与产成品的投入产出关系不是一比一，则两个方案的相关产量就会不一样，因此进行经营决策时不能忽视相关业务量的确定。

二、短期经营决策

（一）短期经营决策的依据

短期经营决策是指企业为了有效地组织现有生产经营活动，合理利用经济资源，以期在不远的将来取得最佳经济效益而进行的决策。企业短期经营决策一般不改变企业现有的生产能力，不增加或少量增加固定资产的投资，侧重于从资金、成本、业务量以及利润等方面分析，探讨如何充分利用现有资源以取得尽可能多的经济效益。企业短期经营决策最基本的依据是本量利模型。

本量利模型（cost-volume-profit，CVP）的全称是成本—业务量—利润之间的数量模型，是指在成本性态分类的基础上，通过数学模型和图解的方式来揭示成本、业务量（销售量或销售额）、销售单价和利润等变量之间的内在规律性关系。在短期经营决策中利用本量利模型进行定量分析，可帮助企业进行生产决策、定价决策和投资决策等，为企业预测、决策、规划、控制和业绩考评提供依据。本量利的基本模型为

目标利润=销售收入总额-总成本

企业总成本按照成本性态可以划分为固定成本和变动成本。成本性态（cost behavior）反映一定条件下成本总额的变动与业务量之间的关系。固定成本是在一定时期和一定业务量范围内，其成本总额不随业务量的变动而发生变动，但是单位固定成本会随着业务量的增加而相应地减少；变动成本是只在一定时期和业务量范围内，其成本总额随着业务量的变动而呈正比例变动，但是单位变动成本保持不变。因此，本量利分析的基本模型可进一步变换为

目标利润=销售收入总额-(变动成本总额+固定成本总额)
=销售单价×销售量-单位变动成本×销售量-固定成本总额
=(销售单价-单位变动成本)×销售量-固定成本总额

需要注意的是，本量利分析是在一定的基本假定的前提下进行的，这些基本假定包括：① 成本性态分析假定，即企业能够按照成本性态将总成本划分为固定成本和变动成本；② 相关范围假定，是指在相关业务量范围内，固定成本总额不随产量的变动而变动，变动成本总额随产量的变动而变动；③ 线性模型假定，是假定在一定时期和业务量范围内，成本函数表现为线性方程；④ 产销平衡和品种结构假定，是假定产品的生产量与销售量平衡，而且各种产品销售额在企业总销售额中所占权重不变；⑤ 营业利润假定，本量利分析中计算的利润仅仅为营业利润，并未考虑营业外收支及所得税费用的影响。在现实的市场经济条件下，企业生产经营活动面临各种各样的变数，短期经营决策必须在考虑各种变数的基础上进行本量利分析。

（二）企业短期经营决策的主要内容

企业短期经营决策的主要内容包括生产决策和定价决策。

1. 生产决策

在激烈的市场竞争中，如何进行产品生产决策，是确保企业在激烈竞争中立于不败之

地的重要环节。生产决策是指在生产领域中,对生产什么、生产多少以及如何生产等几个方面的问题做出的决策,如盈亏平衡点决策、目标利润决策、产品品种决策、新产品开发决策、产品深加工决策、亏损产品决策、零部件自制或外购决策等。

(1)盈亏平衡点决策。盈亏平衡点(break even point,BEP),是指企业利润为零的业务量点。盈亏平衡点通常表现为盈亏平衡点销售量或盈亏平衡点销售额。

相关链接 6-1　贡献毛益

① 单一品种下盈亏平衡点的确定。在单一品种生产条件下,企业生产并销售该产品在盈亏平衡状态的利润为零,同时也是贡献毛益总额与固定成本总额相等的状态,则根据本量利模型可以推导出

$$盈亏平衡点销售量 = \frac{固定成本总额}{单位售价 - 单位变动成本}$$

$$盈亏平衡点销售额 = 单位售价 \times 盈亏平衡点销售量 = \frac{固定成本总额}{单位贡献毛益率}$$

在单一品种生产条件下,企业产品的单位售价、单位变动成本、固定成本因素的变动都会对盈亏平衡点产生影响。

【例6-1】佳佳乐公司开发一种新产品即将投放市场,预计市场售价为20元/件,生产该产品年固定成本总额是30 000元,单位变动成本是14元/件。

(1)计算该产品的盈亏平衡点销售量和盈亏平衡点销售额。

(2)假定佳佳乐公司打算将产品的单位售价从原来的20元提高到21.5元,其他因素保持不变,试计算提价后的盈亏平衡点。

(3)假定由于原材料采购成本上升,导致产品单位变动成本从14元/件上升到15元/件,其他因素不变,试计算单位变动成本上升后的盈亏平衡点。

(4)假定佳佳乐公司进行固定资产的更新改造,使得生产该产品的年固定成本总额从3万元上升到3.6万元,其他因素不变,试计算固定成本上升后的盈亏平衡点。

根据题意,

(1)目前该产品的盈亏平衡点销售量和盈亏平衡点销售额为

$$盈亏平衡点销售量 = \frac{30\,000}{20-14} = 5000(件)$$

$$盈亏平衡点销售额 = 20 \times 5000 = 100\,000(元)$$

(2)其他因素不变,提高销售单价后,该产品的盈亏平衡点销售量和盈亏平衡点销售额为

$$盈亏平衡点销售量 = \frac{30\,000}{21.5-14} = 4000（件）$$

$$盈亏平衡点销售额 = 21.5 \times 4000 = 86\,000（元）$$

（3）其他因素不变，单位变动成本上升后，该产品的盈亏平衡点销售量和盈亏平衡点销售额为

$$盈亏平衡点销售量 = \frac{30\,000}{20-15} = 6000（件）$$

$$盈亏平衡点销售额 = 20 \times 6000 = 120\,000（元）$$

（4）其他因素不变，固定成本上升后，该产品的盈亏平衡点销售量和盈亏平衡点销售额为

$$盈亏平衡点销售量 = \frac{36\,000}{20-14} = 6000（件）$$

$$盈亏平衡点销售额 = 20 \times 6000 = 120\,000（元）$$

上述分析都是假定单一因素变动的前提下进行的，在实际工作中，企业可能会同时采取多种措施，并通过改变多种因素来调整盈亏平衡点。

② 多品种下盈亏平衡点的确定。在多品种生产条件下，由于不同品种的盈亏平衡点销售量不能直接相加，企业通常是假定产品品种结构不变的前提下（即各种产品销售额在企业总销售额中所占权重不变），先计算其盈亏平衡点总的销售额，然后再计算各种产品的盈亏平衡点销售量。在多品种生产条件下，盈亏平衡点计算常用的方法有综合贡献毛益率法。

在综合贡献毛益率法下，假设各种产品的销售额在全部产品销售总额中所占的比重保持不变，根据企业的综合贡献毛益率计算多种产品盈亏平衡点，以下为具体计算步骤。

第一步，计算企业的综合贡献毛益率。

$$综合贡献毛益率 = \sum（各种产品的贡献毛益率 \times 该产品的销售比重）$$

第二步，计算企业的综合盈亏平衡点销售额。

$$综合盈亏平衡点销售额 = \frac{固定成本总额}{综合贡献毛益率}$$

第三步，计算各产品的盈亏平衡点销售额。

$$某产品的盈亏平衡点销售额 = 综合盈亏平衡点销售额 \times 该产品的销售比重$$

第四步，计算各产品的盈亏平衡点销售量。

$$某产品的盈亏平衡点销售量 = \frac{该产品的盈亏平衡点销售额}{该产品的单位售价}$$

【例6-2】天天企业20×1年生产甲、乙、丙三种产品，其有关资料如表6-1所示。

表6-1 天天企业产品资料表

项目	甲产品	乙产品	丙产品
预计产销数量/件	6000	4000	1500
产品单位售价/（元/件）	10	20	40
预计产品销售额/元	60 000	80 000	60 000
单位变动成本/（元/件）	6	15	32
固定成本总额/元	28 000		

根据上述资料，用综合贡献毛益率法计算该企业的综合盈亏平衡点销售额和各产品的

盈亏平衡点销售量。

第一步，计算企业的综合贡献毛益率。

甲产品的贡献毛益率 $= \dfrac{10-6}{10} \times 100\% = 40\%$

乙产品的贡献毛益率 $= \dfrac{20-15}{20} \times 100\% = 25\%$

丙产品的贡献毛益率 $= \dfrac{40-32}{40} \times 100\% = 20\%$

甲产品的销售比重 $= \dfrac{60\,000}{60\,000+80\,000+60\,000} \times 100\% = 30\%$

乙产品的销售比重 $= \dfrac{80\,000}{60\,000+80\,000+60\,000} \times 100\% = 40\%$

丙产品的销售比重 $= \dfrac{60\,000}{60\,000+80\,000+60\,000} \times 100\% = 30\%$

综合贡献毛益率 $= \sum$（各种产品的贡献毛益率×该产品的销售比重）
$= 40\% \times 30\% + 25\% \times 40\% + 20\% \times 30\% = 28\%$

第二步，计算企业的综合盈亏平衡点销售额。

综合盈亏平衡点销售额 $= \dfrac{28\,000}{28\%} = 100\,000$（元）

第三步，计算各产品的盈亏平衡点销售额。

甲产品的盈亏平衡点销售额 = 100 000×30% = 30 000（元）

乙产品的盈亏平衡点销售额 = 100 000×40% = 40 000（元）

丙产品的盈亏平衡点销售额 = 100 000×30% = 30 000（元）

第四步，计算各产品的盈亏平衡点销售量。

甲产品的盈亏平衡点销售量 $= \dfrac{30\,000}{10} = 3000$（件）

乙产品的盈亏平衡点销售量 $= \dfrac{40\,000}{20} = 2000$（件）

丙产品的盈亏平衡点销售量 $= \dfrac{30\,000}{40} = 750$（件）

相关链接 6-2　安全边际与保本作业率

（2）目标利润决策。目标利润决策，也称为保利点决策，是指在保证目标利润实现的前提下展开的本量利分析决策。在进行目标利润决策时为了简化分析，在揭示任何一个因素与目标利润之间的关系时，通常假定其他因素是已知或不变。

① 目标利润下的业务量决策。实现目标利润应完成的业务量，又称为保利点业务量，通常有实现目标利润的销售量和实现目标利润的销售额两种表现形式。其计算公式为

$$实现目标利润的销售量 = \frac{固定成本总额 + 目标利润}{单位售价 - 单位变动成本}$$

$$实现目标利润的销售额 = \frac{固定成本总额 + 目标利润}{单位贡献毛益率}$$

或

$$实现目标利润的销售额 = 单位售价 \times 实现目标利润的销售量$$

【例6-3】红星公司生产A产品，其单位售价为40元/件，单位变动成本为25元/件，固定成本总额为20 000元。该公司年度目标利润确定为100 000元。

根据上述资料，可以计算出该企业为实现目标利润应完成的销售量和销售额。

$$实现目标利润的销售量 = \frac{20\,000 + 100\,000}{40 - 25} = 8000（件）$$

$$实现目标利润的销售额 = 40 \times 8000 = 320\,000（元）$$

② 目标利润下的成本决策。在企业目标利润一定的情况下，假设产品的单位售价与销售量受到市场的约束而无法改变，则应考虑将变动成本与固定成本控制在一定的水平，以保证目标利润的实现。其计算公式为

$$目标利润下的单位变动成本 = \frac{销售收入总额 - 固定成本总额 - 目标成本}{销售量}$$

$$目标利润下的固定成本 = 销售收入总额 - 变动成本总额 - 目标利润$$

【例6-4】仍以例6-3的资料为例，假定红星公司当期最大产量仅为7500件，其他有关单位售价、固定成本及销售利润情况不变。

根据上述资料，可以计算出该企业为实现目标利润应控制的单位变动成本水平。

$$目标利润下的单位变动资本 = \frac{40 \times 7500 - 20\,000 - 100\,000}{7500} = 24（元/件）$$

假如该企业生产A产品的单位变动成本已无法降低，则

$$目标利润下的固定资本 = (40 - 25) \times 7500 - 100\,000 = 12\,500（元）$$

③ 目标利润下的价格决策。在企业目标利润一定的情况下，如果销售量与成本分别受到市场需求与企业生产条件的约束而无法改变，此时就应考虑以怎样的价格销售产品才可以实现目标利润。其计算公式为

$$目标利润下的产品销售单价 = \frac{变动成本总额 + 固定成本总额 + 目标利润}{销售数量}$$

【例6-5】仍以例6-3的资料为例，假定红星公司因受市场萎缩的影响，当期只能产销产品7500件，其他有关单位变动成本、固定成本及目标利润等情况不变。

根据上述资料，可以计算出该企业为实现目标利润应制定的产品销售单价。

$$目标利润下的产品销售单价 = \frac{25 \times 7500 + 20\,000 + 100\,000}{7500} = 41（元/件）$$

相关链接6-3　利润的敏感性分析

（3）产品品种决策。产品品种决策是指在现有生产条件下应选择生产什么产品，才能取得最大经济效益的决策问题。在通常情况下，企业的机器设备可以用于生产多种产品，需要进行产品品种决策。进行产品品种决策可采用的方法比较多，主要有边际贡献法、利润总额对比法等。

【例6-6】某公司现有生产设备可用于A、B、C三种产品的生产，相关资料如表6-2所示。该公司为获取最大的经济效益，应选择哪种产品进行生产呢？

表6-2　产品生产资料

项　目	A产品	B产品	C产品
销售量/件	10 000	14 000	6500
单位售价/（元/件）	8	6	12
单位变动成本/（元/件）	5	4	8
固定成本总额/元	12 000		

根据上述资料，以下分别按照不同的方法进行产品品种决策。
① 使用边际贡献法。
A产品的边际贡献总额=10 000×(8-5)=30 000（元）
B产品的边际贡献总额=14 000×(6-4)=28 000（元）
C产品的边际贡献总额=6500×(12-8)=26 000（元）
由计算结果可知，A产品所创造的边际贡献最大，应选择A产品进行生产。
② 使用利润总额对比法。
A产品的利润总额=10 000×(8-5)-12 000=18 000（元）
B产品的利润总额=14 000×(6-4)-12 000=16 000（元）
C产品的利润总额=6500×(12-8)-12 000=14 000（元）
由计算结果可知，生产A产品的利润总额最大，应选择A产品进行生产。

（4）新产品开发决策。新产品开发决策是指利用企业现有的剩余生产能力开发某种在市场上有销路的新产品，这种决策不涉及长期资金的投入，仅以充分利用现有生产能力获取短期最大利润为目标。此类决策主要使用边际贡献法进行分析，在不增加专属成本的情况下，选择边际贡献最大的产品进行生产。

【例6-7】某企业现有用于新产品生产的剩余生产工时2000小时，有甲、乙、丙三种新产品可供投入生产，均不需追加专属成本。但由于剩余生产能力有限，该企业只能选择一种新产品投入生产。有关甲、乙、丙三种产品单位机器标准工时、销售单价和单位变动成本的预测资料如表 6-3 所示。

表 6-3 产品生产资料表

项 目	甲 产 品	乙 产 品	丙 产 品
单位机器标准工时/小时	20	10	5
销售单价/（元/件）	100	60	35
单位变动成本/（元/件）	65	45	25
固定成本总额/元	2200		

在本例中，开发生产甲、乙、丙三种产品均不增加专属成本，应该选择边际贡献最大的产品进行生产。采用边际贡献法编制计算表，如表 6-4 所示。

表 6-4 边际贡献计算表　　　　　　　　　　　　　单位：元

项 目	甲 产 品	乙 产 品	丙 产 品
最大产量/件	2000÷20=100	2000÷10=200	2000÷5=400
销售单价/（元/件）	100	60	35
单位变动成本/（元/件）	65	45	25
单位边际贡献/（元/件）	35	15	10
边际贡献总额/元	3500	3000	4000

计算表明，丙产品的边际贡献大于甲产品和乙产品的边际贡献，因此应该生产丙产品。

如果开发新产品需要增加专属固定成本，在决策时就应该以各种产品的边际贡献总额减去专属固定成本后的剩余边际贡献总额为依据。

（5）产品深加工决策。在产品生产决策中，企业往往会面临对半成品或联产品究竟是直接出售还是进一步加工后再出售的决策问题。可以直接出售的半成品成本属于与决策无关的沉没成本，决策分析中需要考虑的只是进一步加工成为产成品后所增加的收入（即差量收入）能否超过进一步加工时所追加的成本（即差量成本）。如果差量收入大于差量成本，应选择进一步加工后再出售的方案；反之，应选择直接出售半成品和联产品的方案。

【例 6-8】某企业每年生产 A 半成品 2000 件，销售价格为每件 100 元，单位变动生产成本为 60 元，全年固定成本总额为 60 000 元。A 半成品也可以进一步加工为 B 产成品。如果把 A 半成品加工为 B 产成品，则每件需追加变动成本 35 元，B 产成品的销售单价为150 元。目前企业具备进一步加工 2000 件 A 半成品的能力，该能力无其他用途。若选择进一步加工还需购置一台专用设备，购置成本为 30 000 元，预计寿命为 5 年，预计净残值为零，此设备按照年限平均法计提折旧。

根据上述资料进行分析计算，编制差量利润分析表，如表 6-5 所示。

表 6-5 差量利润分析表　　　　　　　　　　　　　单位：元

项 目	进一步加工为 B 产品	直接出售 A 半成品	差 额
相关收入	150×2000=300 000	100×2000=200 000	100 000
相关成本			
变动成本	35×2000=70 000		70 000
专属成本	30 000÷5=6000		6000
差量利润			24 000

差量利润=24 000 元>0

因此，应该将 A 半成品进一步加工成 B 产成品，这样可以使该企业多获利 24 000 元。

（6）亏损产品决策。一般认为亏损产品应该停产，但是，从管理会计的角度分析，若亏损产品的固定成本无法转移出去，只要亏损产品的边际贡献大于零，就不应该停产；如果亏损产品的边际贡献小于零，就应该停产。因为亏损产品停产只能减少变动成本，而不能减少其负担的固定成本，亏损产品一旦停产，在亏损产品的固定成本无法转移的情况下，其固定成本全部需要由其他产品产生的边际贡献来负担，此时，企业总的营业利润不仅不会增加，反而会减少。

【例6-9】某公司本年度同时生产 A、B、C 三种产品，固定成本按各种产品的销售额比例进行分配，有关资料如表 6-6 所示。

表 6-6　损益计算表（C 产品停产前）　　　　　　　　　　　　　单位：元

项　　目	A 产品	B 产品	C 产品	合　　计
销售收入	22 000	18 000	20 000	60 000
变动成本	8000	7000	10 500	25 500
边际贡献	14 000	11 000	9500	34 500
固定成本	11 000	9000	10 000	30 000
净利润	3000	2000	−500	4500

问题：C 产品亏损额为 500 元，假定其固定成本无法转移，那么是否应该停产 C 产品呢？

分析：假定 C 产品的固定成本无法转移，停产 C 产品后的损益计算如表 6-7 所示。

表 6-7　损益计算表（C 产品停产后）　　　　　　　　　　　　　单位：元

项　　目	A 产品	B 产品	合　　计
销售收入	22 000	18 000	40 000
变动成本	8000	7000	15 000
边际贡献	14 000	11 000	25 000
固定成本	16 500	13 500	30 000
净利润	−2500	−2500	−5000

计算结果表明，如果停产 C 产品，企业将由盈利 4500 元转为亏损 5000 元，原因在于尽管 C 产品是亏损产品，但能为公司提供 9500 元的边际贡献，补偿一部分固定成本。如果停产 C 产品，则其无法转移的固定成本总额 10 000 元全部由 A、B 两种产品分摊，使这两种产品的利润额相应减少，整个企业的利润也相应减少。因此，C 产品不应该停产。

（7）零部件自制或外购决策。生产企业常常面临所需零部件是自制还是外购的决策问题。无论是自制还是外购，所需零部件的数量都是一样的，产生的收益相同。生产决策中的零部件自制或外购决策是在现有设备闲置且没有更好用途的情况下进行的，要解决的是剩余生产能力的利用问题，不涉及新设备的购买等长期投资问题。一般地，企业会对自制和外购方案的相关成本进行比较，选择成本较低的方案。其中，自制方案的相关成本主要包括生产零部件过程中的变动成本、可能发生的专属成本和机会成本等；外购方案的相关成本包括为购买零部件而支付的买价、订货费、运费等。

【例 6-10】某电视机厂生产电视机每年需要 A 零件 3000 个，若从市场上购买，每个

A 零件的购买成本为 50 元,若该厂的生产车间自制 A 零件,预计每个 A 零件的生产需要耗费直接材料 20 元、直接人工 10 元、变动制造费用 8 元、固定制造费用 6 元。

(1) 如果该厂具备生产 A 零件的能力且无法转移,则固定制造费用为无关成本。

自制零件单位变动成本=20+10+8=38(元)

外购零件单位成本=50(元)

自制 A 零件可节约成本=(50−38)×3000=36 000(元)

自制 A 零件可节约成本 36 000 元,因此应该选择自制零件方案。

(2) 如果该厂具备生产 A 零件的能力,但生产能力可以转移用于生产 B 零件,每年可节约 B 零件的购买成本 30 000 元。若选择自制 A 零件,该厂必须考虑失去的 B 零件购买成本 30 000 元,将此作为自制 A 零件的机会成本。

自制零件总成本=38×3000+30 000=144 000(元)

外购零件总成本=50×3000=150 000(元)

因为自制零件总成本小于外购零件总成本,因此应该选择自制零件方案。

(3) 如果该厂尚不具备生产 A 零件的能力,若自制 A 零件需要购买相关专用设备,专属成本为 45 000 元。如果选择自制方案,决策时必须考虑购买专用设备的专属成本 45 000 元。

自制零件总成本=38×3000+45 000=159 000(元)

外购零件总成本=50×3000=150 000(元)

因为自制零件总成本大于外购零件总成本,因此应该选择外购零件方案。

2. 定价决策

在市场经济条件下,产品和劳务价格的确定是一项重要的决策,直接影响企业利润的获得。为了做出正确的定价决策,企业决策者应充分考虑影响价格的各种因素,采用不同的定价策略和定价方法为产品和劳务制定合理、适当的价格。

(1) 以成本为导向的定价决策。成本是产品定价决策的基本依据,也是价格的最低经济界限。以成本为导向的定价决策原理是价格必须首先补偿成本,然后再考虑利润等其他因素。以成本为导向的定价决策的主要方法是成本加成定价法,其计算公式为

$$单位产品价格=单位产品成本×(1+成本加成率)$$

$$成本加成率=\frac{单位产品销售毛利}{单位产品完全成本(或单位变动成本)}$$

其中,单位产品成本可以是单位产品的完全成本,包括直接材料、直接人工、变动制造费用和固定制造费用,也可以是单位产品的变动成本,包括直接材料、直接人工、变动制造费用、变动销售费用以及变动管理费用。

【例 6-11】某公司新投产 A、B 两种产品,其中,A 产品预计年产销量 1000 件,单位产品生产耗用直接材料费 200 元、直接人工费 60 元、制造费用 40 元;B 产品预计年产销量 800 件,单位产品生产耗用直接材料费 65 元、直接人工费 35 元、变动制造费用 20 元。经过研究分析确定,A 产品采用完全成本加成法定价,成本加成率为 30%;B 产品采用变动成本加成法定价,成本加成率为 100%。分析计算结果为

A 产品目标售价=(200+60+40)×(1+30%)=390(元)

B 产品目标售价=(65+35+20)×(1+100%)=240(元)

成本加成定价法思路清晰,应用简单,易于理解,但是这种方法只根据产品成本确定

价格，没有考虑其他价格的因素，如市场对产品的接受程度、消费者的反应等。因此，在实际应用中，应该在考虑影响价格的其他因素基础上，对成本加成定价法确定的产品价格进行适当调整，使定价结果更符合实际情况。

（2）以市场为导向的定价决策。以市场为导向的定价决策就是通过分析产品价格与销售量之间的关系来确定产品最优销售价格的一种决策方法。以市场为导向的定价决策确定最优价格的方法有公式法和列表法两种。

① 公式法是指通过对价格和销售量之间的关系进行预测，建立收入和成本及销售量之间的函数关系方程式，当收入函数与成本函数均是产销量的连续可导函数时，通过对收入和成本方程式求导来确定产品的最优销售价格和最优销售量的一种方法。销售价格为最优价格时，边际收入等于边际成本，即边际利润等于零，此时，利润总额最大。

【例 6-12】 某企业生产并销售甲产品，根据对价格和销售量之间的关系进行预测，确定甲产品的单位销售价格 P（price）与销售量 x 之间的函数关系式为

$p = 500 - 20x$

总成本 TC（total cost）与销售量之间的函数关系为

$TC = 800 + 20x + 20x^2$

总收入 TR（total revenue）的方程为

$TR = Px = (500 - 20x) \times x = 500x - 20x^2$

根据边际收入和边际成本的定义，边际收入 MR（marginal revenue）是总收入对销售量 x 的导数，边际成本 MC（marginal cost）是总成本对销售量 x 的导数，即

$MR = \dfrac{dTR}{dx} = 500 - 40x$

$MC = \dfrac{dTC}{dx} = 20 + 40x$

当边际收入等于边际成本时，企业的总利润达到最大，即

$500 - 40x = 20 + 40x$

$x = 6$

即销售量为 6 个单位时企业获得的利润最大。

因此，最优销售价格 $p = 500 - 20 \times 6 = 380$（元）

最大利润 $= (500x - 20x^2) - (800 + 20x + 20x^2) = 2280 - 1640 = 640$（元）

② 列表法是指当收入函数和成本函数都是离散型时，通过列表试算各种可能的销售价格和销售数量所对应的利润，确定利润最大时的销售数量和销售价格为最优销售数量和销售价格的一种方法。

【例 6-13】 根据例 6-12 中的收入和成本方程，列表计算边际收入、边际成本和边际利润，如表 6-8 所示。

表 6-8 边际贡献计算表 单位：元

销售单价 p	销售量 x	销售收入 TR	边际收入 MR	总成本 TC	边际成本 MC	边际贡献 MP	总利润 P
480	1	480	—	840	—	—	−360
460	2	920	440	920	80	360	0

续表

销售单价 p	销售量 x	销售收入 TR	边际收入 MR	总成本 TC	边际成本 MC	边际贡献 MP	总利润 P
440	3	1320	400	1040	120	280	280
420	4	1680	360	1200	160	200	480
400	5	2000	320	1400	200	120	600
380	6	2280	280	1640	240	40	640
360	7	2520	240	1920	280	−40	600
340	8	2720	200	2240	320	−120	480
320	9	2880	160	2600	360	−200	280
300	10	3000	120	3000	400	−280	0

在离散状态下，利用列表法确定产品销售价格时，当边际利润等于 0 时，可找到最优售价，如果无法找到边际利润等于 0 的点，则最优销售价格的位置应该在边际利润为不小于 0 的最小值的地方。从表 6-8 中可得，销售量为 6 个单位时总利润达到最大，即 640 元，对应的销售单价 380 元为最优销售价格，这与使用公式法计算的结果相同，也验证了列表法计算结果的正确性。当销售量大于 6 个单位时，边际效益随之下降，利润减少。以市场为导向的定价决策以微分极值原理作为理论依据，计算结果也比较精确。在实践中，销售价格与销售量的函数关系以及总成本的函数关系很难准确估计，因此在实际工作中使用这种定价方法具有很大难度。

（3）以需求为导向的定价决策。以需求为导向的定价决策是指以消费者对商品的需求程度和可能支付的价格水平为依据确定产品价格的一种决策方法。需求导向定价以消费需求为重点，通过分析市场需求、消费心理等多种因素，研究价格与需求的关系及对利润的影响来进行定价决策。

$$需求的价格弹性系数 = \frac{需求量变化百分比}{价格变化百分比}$$

上述公式表明了价格每增加（或减少）一个百分比时，需求量所降低（或增加）的百分比。因此，需求的价格弹性系数恒为负值，可以使用其绝对值 $|E|$ 来反映需求与价格变动水平之间的关系。

当 $|E|>1$ 时，需求量变化百分比大于价格变化百分比，此时称为弹性大或富有弹性，表明价格以较小幅度变动时，需求量产生较大幅度的变动。

当 $|E|<1$ 时，需求量变化百分比小于价格变化百分比，此时称为弹性小或缺乏弹性，表明虽然价格以较大幅度变动，需求量的变动幅度却很小。

当 $|E|=1$ 时，需求量变化百分比等于价格变化百分比，此时称为单一弹性，表明需求量受价格变动影响产生变动的幅度与价格本身变动幅度完全一致。

需求的价格弹性系数反映了产品价格与需求量之间反方向变动水平的大小。对于弹性大的产品，销售量对价格变动的反应非常灵敏，降低价格会大大提高需求量，通过适当降低价格，可达到薄利多销、增加利润的目的；对于弹性小的产品，当价格变动时，需求量相应的增减变动幅度很小，在条件允许的范围内应适当调高价格，以便在有限的销售量内获得厚利；对于需求单一弹性的产品，不再适用以需求为导向的定价策略，只能选择其他的定价策略。

三、长期经营决策

长期经营决策也称为长期发展战略决策,是有关企业全局性、整体性的重大决策。《管理会计基本指引》第二十条规定,"投融资管理领域应用的管理会计工具方法包括但不限于贴现现金流法、项目管理、资本成本分析等";本教材所探讨的长期经营决策仅指属于直接投资范畴的企业内部投资——项目投资决策。

(一)项目投资决策的依据

1. 项目投资的现金流量

估算现金流量是项目投资决策的基础,也是决策过程中最为关键且难度最大的环节。项目投资的现金流量是在投资决策中一个项目引起的企业现金支出和现金收入增加的数量。项目投资决策中的现金流量一般由以下三部分构成。

(1)初始现金流量。初始现金流量是指开始投资时发生的现金流量,一般包括如下几个部分:固定资产的投资、无形资产的投资、垫支的流动资金、其他与长期投资有关的费用等。

(2)营业现金流量。营业现金流量包括项目在其寿命期内由于生产经营所带来的现金流入和流出的数量。营业期间的现金流入量一般指营业现金收入,现金流出量指营业现金支出及缴纳的税金等,不包括折旧或摊销等计入营业成本的非付现成本。

(3)终结现金流量。终结现金流量是指投资项目完结时所发生的现金流量,主要包括固定资产的残值收入或变价收入(扣除需要缴纳的税金等支出后的净收入)、原来垫支在各种流动资产上的资金收回等。

2. 项目投资现金流量的估算

通常,在估计项目的现金流量时应做如下假设:① 无论是自有资金还是借入资金,均暂不考虑利息;② 项目原始总投资无论是一次投入还是分期投入,均视为在建设期内投入;③ 项目主要固定资产的折旧年限(或使用年限)与项目的经营期相同;④ 现金流所涉及的价值指标均按照年初或年末的时点处理,建设投资在建设期内有关年度的年初发生,垫支的流动资金在经营期的第一年年初发生,经营期内各年的营业收入、付现成本、折旧(摊销等)等项目的确认均在年末发生,项目最终报废或清理(中途出售项目除外),回收流动资金均发生在经营期最后一年年末。

项目投资现金流入量主要包括营业收入、补贴收入、回收固定资产残值和回收流动资金等产出量。

项目投资现金流出量主要包括建设投资、流动资金投资、经营成本、维持运营投资、税金及附加、企业所得税等投入量。

项目投资的现金净流量(net cash flow,记作 NCF_t)是指在项目计算期内建设项目每年现金流入量与每年现金流出量之间的差额,其计算公式为

某项目年现金净流量=该年现金流入量(cash inflow)-该年现金流出量(cash outflow)
$$= CI_t - CO_t (t = 0,1,2,\cdots,n)$$

在会计实务中,项目投资现金流量的估算既包括无建设期的项目,也包括有建设期的项目,无建设期项目投资现金流量的估算相对比较简单。

【例6-14】某公司进行一项投资,其中固定资产投资60万元,在期初一次性投入,使用寿命6年,采用直线法计提折旧,期末无残值。期初垫支营运资金7万元,在终结点回收。使用该设备每年给企业带来营业收入40万元,付现成本20万元。该企业所得税税率为25%,则该项目每年的现金流量如表6-9所示。

表6-9 某公司项目投资的现金流量测算 单位:万元

年 份	0	1	2	3	4	5	6
固定资产投资	−60						
垫支营运资金	−7						
营业现金流量		17.5	17.5	17.5	17.5	17.5	17.5
固定资产残值							0
营运资金回收							7
合 计	−67	17.5	17.5	17.5	17.5	17.5	24.5

现金净流量=营业收入−付现成本−所得税=营业收入−(营业成本−折旧)−所得税
　　　　　=营业收入−营业成本+折旧−所得税=净利润+折旧

折旧额 = $\frac{60}{6}$ = 10(万元)

每年营业现金流量=净利润+折旧=(40−20−10)×(1−25%)+10=17.5(万元)

【例6-15】企业拟进行一次项目投资,项目建设期2年,建设期固定资产投资1100万元,于建设第1年的年初和年末平均分2次投入;无形资产投资30万元,于建设起点一次投入;流动资金投资20万元,于投产开始时垫付。该项目经营期10年。固定资产的预计使用寿命10年,按直线法折旧,期末有100万元净残值。无形资产于投产后分5年平均摊销。流动资金在项目终结时一次全部收回,预计投产后每年可使企业新增100万元息税前利润。该企业适用的所得税税率为25%。根据上述资料,可对该项目各项指标进行估算。

项目计算期=2+10=12(年)

固定资产原值为1100万元

投产后第1~10年每年的折旧额=(1100−100)÷10=100(万元)

投产后第1~5年每年的无形资产摊销额=30÷5=6(万元)

建设期现金净流量估计:

NCF_0= −550−30=−580(万元); NCF_1= −550(万元); NCF_2=−20(万元)

经营期现金净流量估计:

$NCF_{3\sim7}$ = 100×(1−25%)+(100+6) =181(万元)

$NCF_{8\sim12}$= 100×(1−25%)+100 = 175(万元)

终结期现金净流量的估计:

NCF_{12}=175+20=195(万元)

(二)项目投资决策的评价方法

1. 项目投资决策的非贴现法

项目投资决策的非贴现法是不考虑货币时间价值因素进行项目投资决策的方法,决策时常用的指标包括投资回收期、会计收益率等。

（1）投资回收期。投资回收期，简称回收期，是指以项目投资经营现金净流量抵偿原始总投资所需要的全部时间。

如果某一项目营业期内前若干年每年现金净流量相等，且其合计大于或等于建设期发生的原始投资合计，可按以下简化公式直接求出投资回收期

$$投资回收期 = \frac{建设期发生的原始投资合计}{营业期内前若干年相等的现金净流量}$$

【例 6-16】 某投资项目建设期为 1 年，初始投资 1000 万元在建设期期初一次性投入，项目营业期为 10 年，每年的现金净流量为 200 万元。

根据上述资料，投资回收期的计算如下：

建设期=1 年，投产后 2～11 年现金净流量相等

营业期内每年现金净流量 $NCF_{2\sim 11}$=200（万元）

建设发生的原始投资合计=1000（万元）

投资回收期（所得税前）=1000÷200 = 5（年）

在实践中，项目营业期内前若干年内每年的现金净流量常常是不相等的，可以采用列表法计算投资回收期。所谓列表法是指通过列表计算累计现金净流量的方式来确定投资回收期的方法。

【例 6-17】 某投资项目建设期为 1 年，初始投资 1000 万元在建设期期初一次性投入，项目营业期为 10 年。营业期 1～10 年，每年的现金净流量分别为 100 万元、180 万元、250 万元、320 万元、360 万元、400 万元、320 万元、280 万元、250 万元、210 万元，计算其累计现金流量如表 6-10 所示。

表 6-10 某固定资产投资项目现金流量表（项目投资） 单位：万元

项目计算期	建设期		营业期							合计
（第 t 年）	0	1	2	3	4	5	6	…	10	11	
初始投资	−1000	0									−1000
营业期现金净流量			100	180	250	320	360	…	250	210	2670
累计现金净流量	−1000	−1000	−900	−720	−470	−150	210	…	…	…	1670

包括建设期的投资回收期=最后一项为负值的累计现金净流量对应的年数+

最后一项为负值的累计现金净流量绝对值÷下一年度现金净流量

包括建设期的投资回收期=5+150÷360=5.42（年）

不包括建设期的投资回收期=5.42−1=4.42（年）

采用投资回收期方法进行项目投资决策，只有投资回收期指标小于或等于基准投资回收期的项目投资才具有财务可行性。该方法的优点是计算比较简单，便于理解，缺点是没有考虑资金时间价值因素和回收期满后继续产生的现金净流量。

（2）会计收益率。会计收益率是指项目投资的年平均净利润与原始投资额的比值。其计算公式为

$$会计收益率 = \frac{年平均净利润}{原始投资额}$$

【例 6-18】 某项目的初始投资额为 600 万元，使用寿命为 5 年，第 1 年～第 5 年每年的净利润分别为 130 万元、180 万元、230 万元、190 万元、170 万元，则该项投资的会计收益率为

$$会计收益率 = \frac{(130+180+230+190+170) \div 5}{600} \times 100\% = 30\%$$

采用会计收益率这一指标时,应事先确定一个投资要求的必要报酬率,只有高于必要报酬率的会计收益率方案才能入选。当存在多个互斥方案时,应选择会计收益率最高的方案。采用会计收益率进行项目投资决策的优点是考虑了项目期的全部利润,计算公式简单,易于理解;缺点是没有考虑资金时间价值因素,也无法直接利用现金净流量的信息。

2. 项目投资决策的贴现法

项目投资决策的贴现法是考虑货币时间价值因素进行项目决策的方法,决策时常用的指标包括净现值、现值指数和内含报酬率。

(1) 净现值。净现值(net present value,NPV)是指投资方案未来现金流入量现值总额与未来现金流出量现值总额之间的差额。其计算公式为

$$NPV = \sum_{t=1}^{n} \frac{NCF_t}{(1+k)^t} - \sum_{t=0}^{n} \frac{C_t}{(1+k)^t}$$

式中:NPV——净现值;

NCF_t——第 t 年的现金净流量;

C_t——第 t 年的投资额;

k——预定折现率;

n——项目预计使用年限。

采用净现值进行项目投资决策时,净现值为正数,表明该项目投资的预期报酬率大于预定的折现率;净现值为负数,表明该项目投资的预期报酬率小于预定的折现率。在只有一个备选方案的项目决策中,净现值大于零时采纳,净现值小于或等于零时不予采纳。在有多个备选方案互斥选择决策中,选择净现值大于零中的最大者。

【例6-19】某投资项目现金净流量如下:NCF_0 为 -1000 万元,NCF_1 为 0 万元,$NCF_{2\sim5}$ 为 300 万元,NCF_6 为 500 万元。假定该投资项目的基准折现率为 10%。

根据上述资料,按公式法计算的该项目净现值为

$$NPV = 300 \times (P/A, 10\%, 4) \times (P/F, 10\%, 1) + 500 \times (P/F, 10\%, 6) - 1000$$
$$= 300 \times 3.1699 \times 0.9091 + 500 \times 0.5645 - 1000$$
$$= 146.78$$

净现值指标的优点是综合考虑了资金时间价值、项目计算期内全部现金净流量信息和投资风险;缺点是无法从动态的角度直接反映投资项目的实际收益率水平,与投资回收期指标相比,计算过程比较烦琐。

(2) 现值指数。现值指数(profitability index,PI),也称为现值比率或获利指数,是指投资项目的净现值与原始投资现值总和的比率。现值指数的计算公式为

$$现值指数(PI) = \frac{\sum_{t=1}^{n} \frac{NCF_t}{(1+k)^t}}{\sum_{t=0}^{n} \frac{C_t}{(1+k)^t}}$$

式中:NCF_t——第 t 年的现金净流量;

C_t——第 t 年的投资额;

k——预定折现率;

n——项目预计使用年限。

现值指数如果大于 1，表明项目投资未来现金流入的现值大于未来现金流出的现值；现值指数如果小于 1，表明项目投资未来现金流入的现值小于未来现金流出的现值。在只有一个备选方案的项目决策中，现值指数大于 1 时采纳，现值指数小于或等于 1 时不予采纳。在有多个互斥备选方案的项目决策中，选择现值指数大于 1 中的最大者。

【例 6-20】某项目建设期为 1 年，初始投资额为 1000 万元，在建设期期初和期末平均分两次投入，项目建成使用年限为 5 年，每年的现金净流量为 300 万元，资本成本率为 10%，该项目的现值指数计算如下：

$$PI = \frac{300 \times (P/A, 10\%, 5) \times (P/F, 10\%, 1)}{500 + 500 \times (P/F, 10\%, 1)} = \frac{300 \times 3.7908 \times 0.9091}{500 + 500 \times 0.9091} = 1.083$$

现值指数法的优点是考虑了货币时间价值，能够真实地反映投资的获利能力；因采用相对数指标，便于对初始投资额不同的项目进行比较。现值指数法的缺点是无法直接反映投资项目的实际收益率。

（3）内含报酬率。内含报酬率（internal rate return，IRR），是使投资项目的净现值等于零时的折现率 k，即 IRR=k。内含报酬率的计算公式为

$$\sum_{t=1}^{n} \frac{NCF_t}{(1+k)^t} - \sum_{t=0}^{n} \frac{C_t}{(1+k)^t} = 0$$

式中：NCF_t——第 t 年的现金净流量；

C_t——第 t 年的投资额；

k——内含报酬率；

n——项目预计使用年限。

在实务中，项目投产后各年现金净流量可能相等，也可能不相等。

① 如果项目投产后各年现金净流量相等，假设项目的全部投资均于建设起点一次投入，建设期为零，可以直接利用年金现值系数计算内含报酬率。

营业期每年相等的现金净流量（NCF）×年金现值系数$(P/A,k,n)$-投资总额 = 0

$$年金现值系数 = \frac{投资总额}{营业期每年相等的现金净流量}$$

【例 6-21】某项目初始投资额为 40 万元，在项目初期一次性投入，项目使用年限为 5 年，每年现金净流量为 12 万元，则该项目的内含报酬率为

年金现值系数=40÷12=3.3333

查表可知：

$(P/A, 15\%, 5) = 3.3522$

$(P/A, 16\%, 5) = 3.2743$

由此可知，采用的内含报酬率在 15%和 16%之间，假设 k=15%+x%，则采用内插法计算内含报酬率的过程如下：

内含报酬率	年金现值系数
15%	3.3522
15%+x%	3.3333
16%	3.2743

$$\frac{15\% + x\% - 15\%}{16\% - 15\%} = \frac{3.3333 - 3.3522}{3.2743 - 3.3522}$$

$x\% = 0.2426\%$

$r = 15\% + x\% = 15\% + 0.2426\% = 15.2426\%$

② 如果经营期各年的现金净流量不等，需要通过多次测试寻找出使该项目的净现值一正一负相邻的两个折现率，然后使用内插法求出内含报酬率。以下为具体应用步骤。

第一步，先自行设定一个折现率 k_1，代入计算净现值的公式，求出按 k_1 为折现率的净现值 NPV_1，并进行下面的判断。

第二步，若净现值 $NPV_1 = 0$，则内含报酬率 $IRR = k_1$，计算结束；若净现值 $NPV_1 > 0$，则内含报酬率 $IRR > k_1$，应重新设定 $k_2 > k_1$，再将 k_2 代入有关计算净现值的公式，求出 k_2 为折现率的净现值 NPV_2，继续进行下一轮的判断；若净现值 $NPV_1 < 0$，则内含报酬率 $IRR < k_1$，应重新设定 $k_2 < k_1$，再将 k_2 代入有关计算净现值的公式，求出 k_2 为折现率的净现值 NPV_2，继续进行下一轮的判断。

第三步，经过逐次测试判断，有可能找到内含报酬率 IRR。每一轮判断的原则相同。若设 k_j 为第 j 次测试的折现率，NPV_j 为按 k_j 计算的净现值，则有

当 $NPV_j > 0$ 时，$IRR > k_j$，继续测试；

当 $NPV_j < 0$ 时，$IRR < k_j$，继续测试；

当 $NPV_j = 0$ 时，$IRR = k_j$，测试完成。

第四步，若经过有限次测试，已无法继续利用有关货币时间价值系数表，仍未求得内含报酬率 IRR，则可利用最为接近零的两个净现值正负临界值 NPV_m、NPV_{m+1} 及其相应的折现率 k_m、k_{m+1} 四个数据，应用内插法计算近似的内含报酬率。

如果以下关系成立：

$$NPV_m > 0$$
$$NPV_{m+1} < 0$$
$$k_m < k_{m+1}$$
$$k_{m+1} - k_m \leq d (2\% \leq d < 5\%)$$

可以按下列具体公式计算内含报酬率 IRR：

$$IRR = k_m + \frac{NPV_m - 0}{NPV_m - NPV_{m+1}} \times (k_{m+1} - k_m)$$

【例 6-22】某投资项目只能用一般方法计算内部报酬率。按照逐次测试逼近法的要求，自行设定折现率并计算净现值，据此判断调整折现率。经过 5 次测试，得到表 6-11 所示的数据（计算过程略）。

表 6-11　逐次测试逼近法数据资料　　　　　　　　　　价值单位：万元

测试次数 j	设定折现率 k_j	净现值 NPV_j（按 k_j 计算）
1	10%	918.3839
2	30%	−192.7991
3	20%	217.3128
4	24%	39.3177
5	26%	−30.1907

以下为计算该项目的内部报酬率（IRR）的步骤。

$NPV_m = 39.3177 > NPV_{m+1} = -30.1907$

$k_m = 24\% < k_{m+1} = 26\%$

$26\% - 24\% = 2\% < 5\%$

$24\% < \text{IRR} < 26\%$

应用内插法：

$$\text{IRR} = 24\% + \frac{39.3177 - 0}{39.3177 - (-30.1907)} \times (26\% - 24\%) = 25.13\%$$

采用内含报酬率方法，只有当该指标大于或等于基准折现率时，投资项目才具有财务可行性。内含报酬率的优点是既可以从动态的角度直接反映投资项目的实际收益率水平，又不受基准收益率高低的影响，比较客观。内含报酬率的缺点是计算过程复杂，尤其当营业期内大量追加投资时，有可能导致多个内含报酬率出现，或偏高或偏低，缺乏实际意义。

第二节　全　面　预　算

一、全面预算概述

（一）全面预算的概念

全面预算是企业未来一定时期内全部经济活动正式计划的数量说明，它以货币等形式展示未来某一特定期间内企业全部经营活动的各项目标及其所需资源。全面预算需要在预测与决策的基础上调配相应的资源，将企业未来的销售、生产、成本、现金流量等方面的情况具体地、系统地反映出来，以便有效地组织与协调企业的全部生产经营活动，完成企业的既定目标。制定全面预算的过程主要是预算计划的数字化、表格化、明细化的表达。

（二）全面预算的分类

全面预算所涉及的内容和方法非常广泛，按照预算的经济内容，可将全面预算分为业务预算、财务预算和资本支出预算（投资预算）三大类。业务预算也称为营业预算，是指对企业日常的生产经营活动所编制的预算，主要包括销售预算、生产预算、直接材料预算、直接人工预算、制造费用预算、生产成本预算、销售及管理费用预算等。财务预算是指根据其他预算所涉及的有关现金收付、经营财务成果和企业财务状况等变动所编制的预算，包括现金预算、预计利润表、预计资产负债表。资本支出预算是指对企业购买资产、扩大生产规模或更新改造等资本性支出进行的预算，包括固定资产购置预算、固定资产更新及改造预算、新产品开发预算、扩大生产经营规模预算等。

（三）全面预算的作用

全面预算把整个企业各方面的工作严密地组织起来，并纳入统一计划之中，从而更好地控制企业的日常经营活动。全面预算在企业经营管理中发挥着重大作用，科学合理的全面预算是企业检查各部门、各层次经济责任和计划任务完成情况，考核与评价其他工作业绩与经营效果的重要标准。

二、全面预算的编制程序和编制方法

（一）全面预算的编制程序

全面预算的编制是一项涉及面广、工作量大、时间性强、操作复杂的工作，为了保证预算编制的科学性和高效运行，在编制全面预算时应遵循以下基本程序：① 下达目标。企业最高领导机构根据企业经营规划和有关预算决策资料，提出企业在一定时期内的经营总目标，并分解下达至各基层的预算执行单位和各职能部门。② 编制上报。基层经营管理人员根据单位的实际情况拟订尽可能详细的预算草案并交所属职能部门审查。③ 审查平衡。各职能部门汇总、协调本部门的预算，分别编制出销售、生产、财务等预算报送企业预算委员会。预算委员会审查、平衡各预算，从而汇总出企业的全面预算，并报送企业最高决策层或预算审议机构。④ 审议批准。企业最高决策层或预算审议机构通过或责令修改预算，将通过的预算提交董事会或上级主管单位审批。⑤ 下达执行。预算经过董事会或上级主管单位批准后下达给各执行单位执行。

（二）全面预算的编制方法

全面预算的编制应以销售预算为起点，在考虑现有库存与期末库存的基础上，进行生产预算的编制；然后按照生产预算确定直接材料预算、直接人工预算、制造费用预算；继而编制销售费用预算和管理费用预算。产品生产预算和现金预算是有关预算的汇总，资产负债表预算和利润表预算是全部预算的综合。

1. 销售预算

销售预算是编制全面预算的关键。在市场经济条件下，企业以销定产，只有明确了预算期内所要销售的产品数量，才能确定产量。只有产量确定后，原材料的采购量、所需生产人员的数量，以及所需的制造费用才能随之确定，预计的销售费用和管理费用也在一定程度上取决于预计销售量。

销售预算应以利润的实现为根本目的，以市场预测资料为依据，其内容包括销售数量、单价和销售收入的预测。其中，销售数量可以根据市场预测销售合同量以及企业的生产能力来确定；单价是由定价决策来确定的。在编制销售预算的同时，应进行预计现金收入的计算，为编制现金预算提供必要的资料。

2. 生产预算

生产预算根据销售预算编制，其主要内容是根据预计销售量、期初和期末存货量来预计生产量。预计生产量的计算公式为

$$\text{预计生产量}=(\text{预计销售量}+\text{预计期末存货量})-\text{预计期初存货量}$$

3. 直接材料预算

直接材料预算是以生产预算为基础编制，显示预算期内直接材料数量和金额的计划。编制直接材料预算与编制生产预算一样，也要考虑预算期期初与期末的存货水平。预计材料采购量的计算公式为

$$\text{预计材料采购量}=\text{预计生产需用量}+\text{预计期末存货量}-\text{预计期初存货量}$$

式中：预计生产需用量根据生产量预算中各期预计生产量和单位产品材料消耗定额来确定。为了便于以后编制现金预算，通常要预计每期材料采购的现金支出，每期现金支出包括偿还上期的应付账款和支付本期的采购货款。

4. 直接人工预算

直接人工预算是指在生产预算的基础上，对各期生产预算中所需的直接人工工时、小时工资率进行的规划和测算。预算期直接人工成本计算公式为

预算期直接人工成本=预算期生产量×预算期单位产品生产工时×小时工资率

该预算编制较为简单，主要由生产部门负责，但财会部门和劳动人事部门应及时向生产部门提供其编制预算所需的资料。预计产量数据来自生产预算；单位产品所需的直接人工工时数，可根据规定的劳动定额或历史资料来确定；单位产品人工工时和小时工资率数据，可以从标准成本资料中获得。由于直接人工工资都需要使用现金支付，因此不需要另外预计现金支出，可直接参加现金预算的汇总。

5. 制造费用预算

制造费用预算是指在生产预算的基础上，对各生产部门生产预算所需的各种间接生产费用分别编制的预算，包括生产成本中除直接材料和直接人工以外的生产费用项目。其中，固定性制造费用部分与生产量无直接联系，可以在上年实际固定制造费用的基础上，考虑预算期内的变化趋势做出适当调整后进行预计；变动性制造费用是以生产预算为基础来编制的，与生产量有直接的联系，如果有完善的标准成本资料，用单位产品的标准成本与产量相乘，即可得到相应的预算金额。如果没有标准成本资料，就需要逐项预计计划产量需要的各种制造费用。

在实际工作中，为了提供现金预算资料，在编制制造费用预算的同时，还要预计制造费用现金支出，主要列示各预算期需要用现金支付的制造费用数额。由于折旧费不需用现金支付，故应将折旧费排除在外。

6. 产品成本预算

产品成本预算是生产预算、直接材料预算、直接人工预算、制造费用预算的汇总。编制产品成本预算就是为了综合反映计划期内生产产品预计的成本水平，同时也为正确计量预计损益表中的产品营业成本和预计资产负债表中的期末材料存货及期末产品存货项目提供数据。产品成本预算的主要内容是产品的单位成本和总成本，有关数据来自直接材料预算、直接人工预算和制造费用预算，生产数量数据来自生产预算，销售量来自销售预算。

7. 销售及管理费用预算

销售费用预算的编制应以销售预算为基础；管理费用多属于固定成本，因此管理费用预算一般以过去的实际开支为基础，按预算期内的可预见变化来调整，要分析企业的业务成绩和经济状况，务必做到费用合理化。

8. 财务预算的编制

财务预算可以综合反映各项预算对企业财务的影响，又可称为总预算。在预算期内，如果发生重大的、长期性投资活动，如厂房设备的购置、改建、扩建以及技术更新改造等，企业还必须逐项分别编制资本支出预算。如果企业在预算期内没有发生重大的、长期性投

资活动,则下一步需要进一步汇总编制各种财务预算,主要包括现金预算、预计损益表和预计资产负债表。

(1)现金预算。现金预算综合了所有预算活动预计对现金的影响,它应该列示预算期内的所有现金流入和流出情况。现金预算由四个部分组成:现金收入、现金支出、现金多余或不足以及资金的筹集和运用。现金预算的数据几乎全部来自前面所述的各个分预算。

"现金收入"部分的主要来源是销货取得的现金收入,"销货现金收入"的数据来自销售预算,期初的"现金余额"是在编制预算时预计的,"可供使用现金"是现金期初余额和本期现金收入之和。

"现金支出"部分包括预算期的各项现金支出。"直接材料""直接人工""制造费用""销售及管理费用"的数据分别来自前述相关预算,而对于所得税、股利分配、购置设备等现金支出,需要另行编制预算。

"现金多余或不足"部分列示了"可供使用现金合计"与"现金支出合计"的差额。如果差额为正数,说明可供使用现金量大于现金支出,多余的现金可用于偿还银行借款,也可用于短期投资;如果差额为负数,则说明可供使用现金量小于现金支出,现金出现不足,需要向银行取得新的借款。

这四者的关系可概括为

期初现金余额+本期现金收入=本期可供使用现金

本期可供使用现金−本期现金支出=本期现金多余或不足

本期现金多余或不足+借入款项−偿还借款−借款利息=预计期末现金余额

"资金筹集和运用"部分取决于预计现金的不足或多余。

(2)预计损益表。预计损益表能够综合反映企业预算期间的预算经营成果,编制预计损益表的目的主要是综合反映企业整个预算期间的经营管理活动的财务成果、需要履行的纳税义务,以及通过留存收益能否帮助企业解决融资来源问题。预计损益表是在汇总销售、成本、销售及管理费用、营业外收入和支出、资本支出等预算的基础上加以编制的。通过编制预计损益表,可以了解企业预期的盈利水平。如果预计损益表中的预算利润与最初设定的目标利润有较大差异,就需要调整部门预算,设法达到目标,或者经管理层批准后修改目标利润。

(3)预计资产负债表。预计资产负债表列示的是企业预算期期末的预计资产、预计负债和预计所有者权益,是以货币单位反映预算期末财务状况的预算报表,预计资产负债表中的项目除上年期末数(或本年期初数)事先已知外,其余项目均是在上述各项预算的基础上分析填列,即根据销售、生产、资本等预算的有关数据,通过一定的分析调整而编制的。

(三)全面预算的编制示例

【例6-23】ABC公司计划在20×2年度生产并销售甲产品,计划销售价格为90元/件。根据销售合同,20×2年度总的销售量为6200件。各个季度的销售量分别为:一季度1100件,二季度1600件,三季度2000件,四季度1500件。每个季度销售收款为本季度销售额的60%,其余货款将在下个月收回。年初应收账款余额为45 000元,将于20×2年第一季度全额收回。

根据上述资料编制ABC公司20×2年度销售预算及现金收入预算,如表6-12所示。

表 6-12　ABC 公司 20×2 年度销售预算及现金收入预算

项　　目	第 一 季 度	第 二 季 度	第 三 季 度	第 四 季 度	合　　计
预计销售量/件	1100	1600	2000	1500	6200
销售单价/（元/件）	90	90	90	90	90
预计销售额/元	99 000	144 000	180 000	135 000	558 000
预计现金收入					
期初应收账款/元	45 000				45 000
第一季度销售收入/元	59 400 ①	39 600 ②			99 000
第二季度销售收入/元		86 400 ③	57 600		144 000
第三季度销售收入/元			108 000	72 000	180 000
第四季度销售收入/元				81 000	81 000
现金收入合计	104 400	126 000	165 600	153 000	549 000

注：①=99 000×60%（当期收款60%）=59 400（元）
　　②=99 000−59 400=99 000×(1−60%)=39 600（元）
　　③=144 000×60%=86 400（元）

【例 6-24】 接例 6-23 资料，假定 ABC 公司各季末的产成品按下一季度销售量的 10% 计算。根据会计历史资料推断，预计 20×1 年年末产品存货为 100 件，20×2 年年末产品存货为 120 件，则编制的 20×2 年度生产预算如表 6-13 所示。

表 6-13　ABC 公司 20×2 年度生产预算　　　　　　　　　　　　　　　单位：件

项　　目	第 一 季 度	第 二 季 度	第 三 季 度	第 四 季 度	合　　计
预计销售量	1100	1600	2000	1500	6200
加：预计期末存货量	160	200	150	120	120
预计需求量合计	1260	1800	2150	1620	6320
减：预计期初存货量	100	160	200	150	100
预计生产量	1160	1640	1950	1470	6220

在生产预算的编制过程中，预计销售量来自销售预算，预计期初存货量中的年初数等于上年年末存货量，其他各期期初数来自上期的预计期末存货量，预计期末存货量一般是按下期预计销售量的一定百分比来确定的，本例中按下期预计销售量的 10% 来确定。

【例 6-25】 接例 6-24 资料，假定 ABC 公司生产产品耗用 M 材料，单位产品材料消耗定额为 3 千克，材料单价分别为 10 元。每季末的材料存货按下季生产需用量的 30% 计算；各季度期初存料与上季度期末存货量相等。根据有关资料，20×2 年年初 M 材料存货量为材料 1030 千克，预计年末材料存货量为 1980 千克，预计每季度材料采购金额中，有 50% 在当季度付款，其余在下季度支付。20×2 年年初，M 材料应付采购账款为 9400 元。

根据上述资料编制 ABC 公司材料采购预算和现金支出预算，如表 6-14 所示。

表 6-14　ABC 公司 20×2 年度材料采购预算和现金支出预算

季　　度	第 一 季 度	第 二 季 度	第 三 季 度	第 四 季 度	合　　计
预计产量/件	1160	1640	1950	1470	6220
M 单耗/（千克/件）	3	3	3	3	3
预计需用量/千克	3480	4920	5850	4410	18 660

续表

季　　度	第 一 季 度	第 二 季 度	第 三 季 度	第 四 季 度	合　　计
加：期末存料量/千克	1476	1755	1323	1980	1980
减：期初存料量/千克	1030	1476	1755	1323	1030
预计采购量/千克	3926	5199	5418	5067	19 610
预计采购金额/元	39 260	51 990	54 180	50 670	196 100
期初应付账款/元	9400				9400
第一季度采购额/元	19 630	19 630			39 260
第二季度采购额/元		25 995	25 995		51 990
第三季度采购额/元			27 090	27 090	54 180
第四季度采购额/元				25 335	25 335
现金支出合计	29 030	45 625	53 085	52 425	180 165

【例 6-26】承前例，ABC 公司生产甲产品所需人工工时为 5 小时/件，单位小时人工成本为 2 元/小时，有关生产预算如表 6-13 所示。

根据上述资料编制直接人工预算，如表 6-15 所示。

表 6-15　ABC 公司 20×2 年度直接人工预算

项　　目	第 一 季 度	第 二 季 度	第 三 季 度	第 四 季 度	合　　计
预计产量/件	1160	1640	1950	1470	6220
单位产品工时/小时	5	5	5	5	5
人工总工时/小时	5800	8200	9750	7350	31 100
每小时人工成本/元	2	2	2	2	2
人工总成本/元	11 600	16 400	19 500	14 700	62 200

【例 6-27】承前例，ABC 公司的制造费用可以分为固定性制造费用和变动性制造费用两部分，预计 20×2 年度固定性制造费用为 7464 元，其中包含折旧费 6000 元，变动性制造费用预算按预计产量和预计变动性制造费用分配率计算。单位甲产品所耗工时为 5 小时，有关生产预算如表 6-13 所示，其他相关资料如表 6-16 所示。

表 6-16　ABC 公司 20×2 年度费用明细表

项　　目	小时费用分配率	单位产品耗费/小时	单位产品费用分配额
间接材料费	1	5	5
间接人工费	2	5	10
维修费	0.5	5	2.5
水电费	0.3	5	1.5
合计	3.8		19

根据上述资料编制制造费用预算及现金支出预算，如表 6-17 所示。

表 6-17　ABC 公司 20×2 年度制造费用预算

项　　目	第 一 季 度	第 二 季 度	第 三 季 度	第 四 季 度	合　　计
预计生产量/件	1160	1640	1950	1470	6220
变动性制造费用：					
间接材料费	5800	8200	9750	7350	31 100

续表

项　　目	第一季度	第二季度	第三季度	第四季度	合　　计
间接人工费	11 600	16 400	19 500	14 700	62 200
修理费	2900	4100	4875	3675	15 550
水电费	1740	2460	2925	2205	9330
小计	22 040	31 160	37 050	27 930	118 180
固定性制造费用	1866	1866	1866	1866	7464
合计	23 906	33 026	38 916	29 796	125 644
减：折旧	1500	1500	1500	1500	6000
预计现金支出	22 406	31 526	37 416	28 296	119 644

注：① 20×2年度固定性制造费用为7464元，平均每个季度为：$\frac{7464}{4}=1866$（元）

② 20×2年度固定资产折旧费6000元，平均每个季度为：$\frac{6000}{4}=1500$（元）

【例 6-28】承前例，参照 ABC 公司对甲产品的销售量、生产量、期末存货量以及直接材料、直接人工、制造费用的预算资料，编制该公司 20×2 年度产品成本预算如表 6-18 所示。

表 6-18　ABC 公司 20×2 年度产品成本预算

项　　目	单位成本			生产成本 (6220 件)	期末存货 (120 件)	销货成本 (6200 件)
	每千克或每小时成本	投入量	成本			
直接材料	10	3 千克	30	186 600	3600	186 000
直接人工	2	5 小时	10	62 200	1200	62 000
变动性制造费用	3.8	5 小时	19	118 180	2280	117 800
固定性制造费用	0.24	5 小时	1.2	7464	144	7440
合计			60.2	374 444	7224	373 240

注：①"固定性制造费用"的单位成本 $=\frac{7464}{6220}=1.2$（元/件）

②"固定资产折旧费"的每小时成本 $=\frac{1.2}{5}=0.24$（元/小时）

【例 6-29】承前例，ABC 公司的销售及管理费用具体项目如表 6-19 所示，其中固定部分每个季度均衡发生，变动部分按产品销售量进行分配。

表 6-19　ABC 公司 20×2 年度费用明细表

固定性销售及管理费用		变动性销售及管理费用	
项　　目	全年费用	项　　目	单位分配率
差旅费	1000	销售人员工资	1.0
房屋租金	500	运输费	0.3
办公费	300	销售佣金	0.5
广告费	450	其他	0.2
业务招待费	750		
合计	3000	合计	2.0

根据上述资料编制销售及管理费用预算如表 6-20 所示。

表 6-20　ABC 公司 20×2 年度销售及管理费用预算　　　　　　　　单位：元

项　目	第 一 季 度	第 二 季 度	第 三 季 度	第 四 季 度	合　计
预计销售量	1100	1600	2000	1500	6200
单位变动性销售及管理费用	2	2	2	2	2
变动性销售及管理费用	2200	3200	4000	3000	12 400
固定性销售及管理费用	750	750	750	750	3000
合计	2950	3950	4750	3750	15 400

注："固定性销售及管理费用"：全年 3000 元，平均每个季度 750 元。

【例 6-30】 承前例，假设 ABC 公司 20×2 年度的经营目标利润为 300 000 元，预算期应纳所得税额以目标利润为依据测算，按季度平均支付，所得税税率为 25%。经董事会决定，每季度支付现金股利 20 000 元。该公司年初现金余额为 4000 元，各期期末现金余额不得低于 3000 元，现金不足时可以从银行借入，借款额为 1000 元的倍数，所有借款发生在季初，所有偿还发生在季末，借款年利率为 10%，利息在还款时支付。所需的其他资料见前述各个分预算。

根据上述资料编制该公司的现金预算，如表 6-21 所示。

表 6-21　ABC 公司 20×2 年度现金预算　　　　　　　　单位：元

项　目	第 一 季 度	第 二 季 度	第 三 季 度	第 四 季 度	合　计
期初现金余额	4000	3664	3413	5012	4000
加：销售现金收入（见表 6-12）	104 400	126 000	165 600	153 000	549 000
可供使用现金	108 400	129 664	169 013	158 012	553 000
减：各项支出：					
直接材料（见表 6-14）	29 030	45 625	53 085	52 425	180 165
直接人工（见表 6-15）	11 600	16 400	19 500	14 700	62 200
制造费用（见表 6-17）	22 406	31 526	37 416	28 296	119 644
销售及管理费用（见表 6-20）	2950	3950	4750	3750	15 400
所得税	18 750	18 750	18 750	18 750	75 000
股利	20 000	20 000	20 000	20 000	80 000
支出合计	104 736	136 251	153 501	137 921	532 409
现金多余或不足	3664	−6587	15 512	20 091	20 591
加：向银行借款		10 000			
减：还银行借款			10 000		
减：借款利息			500		
期末现金余额	3664	3413	5012	20 091	20 091

注：① "所得税"：(300 000×25%)÷4=18 750（元）。
② 假设所有借款发生在季初，所有偿还发生在季末。

本例中，该公司需要保持现金金额不低于 3000 元，不足部分需要向银行借款，且借款的金额为 1000 元的倍数。因此，第二季度借款额为

借款额=最低现金金额+现金不足=3000+6587=9587≈10 000（元）

第三季度现金充足时，季末用于偿还第二季度季初的银行借款并支付6个月的利息。

利息=10 000×10%×(6÷12)=500（元）

另外，编制现金预算时应该注意，必须保持最低现金余额，否则，只能部分归还借款。因为已经编制了现金预算，所以就没有必要再编制预计现金流量表了。

【例6-31】承前例，ABC公司有关甲产品销售收入、销售成本及相关费用资料参见前述各表。根据相关资料编制该公司20×2年度预计损益表，如表6-22所示。

表6-22　ABC公司20×2年度预计损益表　　　　　　　　　　　　单位：元

项　　目	金　　额
营业收入（见表6-12）	558 000
营业成本（见表6-18）	373 240
毛利	184 760
销售及管理费用（见表6-20）	15 400
利息（见表6-21）	500
利润总额	168 860
所得税（估计）	75 000
税后净收益	93 860

表6-22中，"营业收入"项目的数据来自销售收入预算；"营业成本"项目的数据来自销售成本预算；"毛利"项目的数据为前两项的差额；"销售及管理费用"项目的数据来自销售及管理费用预算；"利息"项目的数据来自现金预算；"所得税"项目的数据是在利润规划时估计的，并已经列入现金预算。

【例6-32】承前例，ABC公司有关甲产品销售、生产、资本等预算的有关数据资料参见前述各表。编制ABC公司20×2年12月31日预计资产负债表如表6-23所示。

表6-23　ABC公司20×2年12月31日预计资产负债表　　　　　　单位：元

资　　产	预　算　数	负债及所有者权益	预　算　数
流动资产：		流动负债：	
库存现金（见表6-21）		短期借款	
应收账款（见表6-12）		应付账款（见表6-14）	
原材料（见表6-14）		应交税费	
库存商品（见表6-18）		负债合计	
流动资产合计			
固定资产：		所有者权益：	
固定资产原值		股本	
累计折旧（见表6-17）		留存收益	
固定资产合计		所有者权益合计	
资产合计		负债及所有者权益合计	

在表6-23中，库存现金、原材料、库存商品、累计折旧等项目的期末数来自前面相关预算，其他项目的计算公式为

期末应收账款=本期销售额×(1-本期收现率)

期末应付账款=本期采购额×(1-本期付现率)
期末留存收益=期初未分配利润+（本期利润-本期股息）

编制预计资产负债表的目的就是判断预算反映的财务状况的稳定性和流动性。如果通过对预计资产负债表的分析后发现某些财务比率不佳，则在必要时可修改相关预算。

总之，全面预算是在预测与决策的基础上，按照规定的目标和内容，对企业未来的销售、生产、成本、现金流量等方面以计划的形式具体地、系统地反映出来，以便有效地组织与协调企业的全部生产经营活动，完成企业的既定目标。

思 考 题

1. 什么是本量利分析？本量利分析的基本假设是什么？
2. 如何确定单一品种及多品种生产条件下的盈亏平衡点？
3. 影响盈亏平衡点的主要因素有哪些？各有关因素是如何影响盈亏平衡点的？
4. 什么是短期经营决策？短期经营决策包括哪些主要内容？如何进行短期经营决策？
5. 企业项目投资决策中的现金流量一般由哪几部分构成？
6. 企业项目投资决策的评价指标有哪些？如何利用净现值和现值指数进行决策？
7. 全面预算的主要内容有哪些？编制全面预算时应遵循哪些基本原则？
8. 为什么说销售预算是编制全面预算的基础和关键？
9. 财务预算的编制内容包括哪些？如何编制？

业务计算题

1. 某企业生产和销售甲、乙两种产品，其单价分别为8元和12元，边际贡献率分别为10%和20%，全年生产两种产品的固定成本总额为9000元，假设甲、乙两种产品预计销售量均为10 000件。

根据所给资料分别计算以下结果。

要求：

（1）该企业的盈亏平衡点的销售额。

（2）甲、乙两种产品盈亏临界点的销售量。

（3）该企业的安全边际额和预计利润。

2. 假设某企业生产甲产品需耗用A零部件4000个。若该企业的生产车间自制A零件，预计每个A零件的生产需要耗费直接材料12元、直接人工3元、变动性制造费用7元、固定性制造费用10元；如果从市场上购买，每个A零件的购买成本为30元。

要求：根据以下不同情况做出A零件是自制还是外购的决策。

（1）该企业具备生产A零件的能力且无法转移。

(2) 该企业尚不具备生产 A 零件的能力,若自制 A 零件需要投入相关专用设备,专属成本为 40 000 元。

3. 某企业组织多品种经营,其中有一种变动成本率为 80%的产品于 20×1 年亏损了 10 000 元,其完全销售成本为 110 000 元。假定 20×2 年市场销售、成本水平均不变。

要求:

(1) 假定与该亏损产品有关的生产能力无法转移,20×2 年是否继续生产该亏损产品?

(2) 假定与该亏损产品有关的生产能力可临时对外出租,租金收入为 25 000 元,则 20×2 年是否应当继续生产该亏损产品?

4. 某企业投资 100 万元购入一套无须安装即可投产设备,同时垫支流动资金 10 万元来进行一新产品生产,该设备生产寿命期为 5 年,采用直线法计提折旧,期末设备残值为 10 万元。该产品每年给企业增加销售收入 80 万元,增加付现成本 50 万元,垫支的流动资金于期末全部收回,企业资金成本率为 10%,所得税税率为 25%。

要求:

(1) 计算确定该项目的每年现金净流量。

(2) 计算该项目的净现值。

(3) 如果不考虑其他因素,你认为该项目应否被接受?(已知$(P/F,10\%,5)=0.6209$;$(F/A,10\%,5)=6.1051$;$(P/A,10\%,4)=3.1699$;$(F/A,10\%,5)=6.1051$)

5. 某固定资产项目需在建设起点一次性投入资金 210 万元,建设期为 2 年,第二年末完工,并于完工后投入流动资金 30 万元。预计该固定资产投产后,企业各年的经营净利润净增加 60 万元。该固定资产的使用寿命期为 5 年,按直线法折旧,期满有固定资产残值收入 10 万元,垫支的流动资金于项目终结时一次收回,该项目的资本成本率为 10%。(已知$(P/F,10\%,1)=0.9091$;$(P/F,10\%,2)=0.8264$;$(P/F,10\%,7)=0.5132$;$(P/A,10\%,2)=1.7355$;$(P/A,10\%,6)=4.3553$)

要求:计算该项目各年的现金净流量,并利用净现值指标对项目的财务进行可行性评价(计算结果保留小数点后两位数)。

6. 假定 ABC 公司在计划年度(20×2 年)只生产并销售一种产品,已知 20×2 年度销售预算如表 6-24 所示。

表 6-24　ABC 公司 20×2 年度销售预算

季　　度	1	2	3	4	全　年
预计销售量/件	1200	1500	1800	2200	6700
销售单价/(元/件)	80	80	80	80	80

其他资料如下。

(1) 据估计产品每季的销售收入中有 70%能于当季收到现金,其余 30%要到下季收回。基期(20×2 年)末的应收账款余额为 45 000 元。

(2) 假定该公司各季末库存的产成品按下一季度销售量的 10%计算。根据会计历史资料推断,预计 20×1 年年末产品存货为 120 件,20×2 年年末产品存货为 200 件。

要求:编制 ABC 公司 20×2 年度销售预算和生产预算。

思政案例讨论题

郑州百文股份有限公司的前身为郑州市百货文化用品公司，1989年在合并郑州市百货公司和郑州市钟表文化用品公司的基础上，向社会公开发行股票成立了郑州百货文化用品股份公司。经营范围包括：汽车（不含小轿车）、服饰、绣品、鞋、机械电子设备、五金交电、建筑及装饰材料、食品、饮料、烟、生物制品（不含药品）的销售；运输、旅游、餐饮娱乐（限所属分支机构）；室内外装饰施工；批准的进出口业务及中外合资经营、合作生产和三来一补业务。

1992年6月增资扩股后，郑州百货文化用品股份公司更名为郑州百文股份有限公司，1996年4月，经中国证监会批准，在上海证券交易所上市，成为郑州市第一家上市企业。1996年，经中国证监会批准发行A股，在上海证券交易所挂牌交易。1997年，主营业务规模和资产收益率等指标在所有商业上市公司中排第一，成为国内上市企业100强。

1997年，郑州百文股份有限公司营建的营销网络已延伸到全国大部分省份，下设20个专业分公司，120个商品经营部，经营商品31 000种，成为河南省最大的家电、日用百货批发商。后来，郑州百文股份有限公司又买断长虹的产品，并以赊销方式向下游零售商或批发商供应。

郑州百文股份有限公司在上市之初，其资产负债率已达68.9%。上市之后，公司没有及时调整资产结构，反而走上大规模扩张之路。1997年，郑州百文股份有限公司资产规模以60.12%的增速高速发展，但股东权益只增长了24.94%，资产负债率高达87.97%，在当时上市公司中资产负债率排名第四。同期，公司的销售利润率只有0.69%，远低于当时的商业上市公司的平均水平3.77%。

这样低的利润率远不能弥补其高额负债所带来的潜在经营风险，为公司今后的亏损埋下了导火线。1998年配股后，郑州百文股份有限公司在全国9个城市和地区建立了12家配售中心，支出达12个亿，更加重了其债务负担，到1999年中期，其资产负债率达到1340.185%，这种杠杆效应加大了公司的亏损，最终走上了不归之路。

请问：

（1）根据企业经营决策的相关内容，分析郑州百文股份有限公司自身经营决策中存在的问题。

（2）查阅相关法律，思考郑州百文股份有限公司的衰落带给人们的警示。

习题参考答案

参 考 文 献

[1] 周晓苏. 会计学[M]. 2版. 北京：清华大学出版社，2013.
[2] 陈红，姚荣辉. 基础会计[M]. 北京：清华大学出版社，2014.
[3] 陈信元. 会计学[M]. 4版. 上海：上海财经大学出版社，2013.
[4] 林钢，朱小平，于富生. 会计学[M]. 2版. 北京：中国人民大学出版社，2014.
[5] 夏冬林. 会计学[M]. 4版. 北京：清华大学出版社，2014.
[6] 中国注册会计师协会. 会计[M]. 北京：中国财政经济出版社，2017.
[7] 杨丹. 中级财务管理[M]. 2版. 大连：东北财经大学出版社，2013.
[8] 荆新，王化成，刘俊彦. 财务管理学[M]. 7版. 北京：中国人民大学出版社，2015.
[9] 骆永菊，郑蔚文. 财务管理学实用教程[M]. 2版. 北京：北京大学出版社，2012.
[10] 常叶青，吴丽梅，沈亚军. 财务管理学[M]. 北京：清华大学出版社，2017.
[11] 财政部会计资格评价中心. 财务管理[M]. 北京：中国财政经济出版社，2014.
[12] 王雄元. 管理会计[M]. 大连：东北财经大学出版社，2008.
[13] 谢达理，汤炎非. 管理会计[M]. 北京：高等教育出版社，2016.
[14] 武晓玲，田高良. 企业财务分析[M]. 北京：北京大学出版社，2013.
[15] 黄爱玲，韩永斌. 会计学基础[M]. 大连：东北财经大学出版社，2021.
[16] 林素燕，雷新途. 会计学[M]. 北京：清华大学出版社，2017.
[17] 钱润红，胡北忠，邱静. 会计学[M]. 2版. 北京：科学出版社，2020.
[18] 史国英. 会计学（非专业用）[M]. 北京：清华大学出版社，2021.
[19] 牟文，王灿，李子扬. MBA会计学[M]. 北京：经济管理出版社，2021.
[20] 张新民. 从报表看企业：数字背后的秘密[M]. 3版. 北京：中国人民大学出版社，2017.
[21] 刘永泽，陈文铭. 会计学[M]. 6版. 大连：东北财经大学出版社，2018.
[22] 吕学典，董红. 基础会计学[M]. 5版. 北京：高等教育出版社，2019.
[23] 朱小平，周华，秦玉熙. 初级会计学[M]. 10版. 北京：中国人民大学出版社，2019.
[24] 徐经长，孙蔓莉，周华. 会计学[M]. 6版. 北京：中国人民大学出版社，2019.
[25] 葛军. 会计学原理[M]. 6版. 北京：高等教育出版社，2020.
[26] 陈国辉，迟旭升. 基础会计[M]. 7版. 大连：东北财经大学出版社，2021.
[27] 企业会计准则编审委员会. 企业会计准则：条文讲解与实务运用[M]. 上海：立信会计出版社，2020.
[28] 中华人民共和国财政部. 企业会计准则应用指南：2021年版[M]. 上海：立信会计出版社，2021.
[29] 严碧荣，方明. 财务分析[M]. 北京：人民邮电出版社，2014.

附录A 复利终值系数表

期数	1%	2%	3%	4%	5%	6%	7%	8%	9%	10%
1	1.0100	1.0200	1.0300	1.0400	1.0500	1.0600	1.0700	1.0800	1.0900	1.1000
2	1.0201	1.0404	1.0609	1.0816	1.1025	1.1236	1.1449	1.1664	1.1881	1.2100
3	1.0303	1.0612	1.0927	1.1249	1.1576	1.1910	1.2250	1.2597	1.2950	1.3310
4	1.0406	1.0824	1.1255	1.1699	1.2155	1.2625	1.3108	1.3605	1.4116	1.4641
5	1.0510	1.1041	1.1593	1.2167	1.2763	1.3382	1.4026	1.4693	1.5386	1.6105
6	1.0615	1.1262	1.1941	1.2653	1.3401	1.4185	1.5007	1.5869	1.6771	1.7716
7	1.0721	1.1487	1.2299	1.3159	1.4071	1.5036	1.6058	1.7138	1.8280	1.9487
8	1.0829	1.1717	1.2668	1.3686	1.4775	1.5938	1.7182	1.8509	1.9926	2.1436
9	1.0937	1.1951	1.3048	1.4233	1.5513	1.6895	1.8385	1.9990	2.1719	2.3579
10	1.1046	1.2190	1.3439	1.4802	1.6289	1.7908	1.9672	2.1589	2.3674	2.5937
11	1.1157	1.2434	1.3842	1.5395	1.7103	1.8983	2.1049	2.3316	2.5804	2.8531
12	1.1268	1.2682	1.4258	1.6010	1.7959	2.0122	2.2522	2.5182	2.8127	3.1384
13	1.1381	1.2936	1.4685	1.6651	1.8856	2.1329	2.4098	2.7196	3.0658	3.4523
14	1.1495	1.3195	1.5126	1.7317	1.9799	2.2609	2.5785	2.9372	3.3417	3.7975
15	1.1610	1.3459	1.5580	1.8009	2.0789	2.3966	2.7590	3.1722	3.6425	4.1772
16	1.1726	1.3728	1.6047	1.8730	2.1829	2.5404	2.9522	3.4259	3.9703	4.5950
17	1.1843	1.4002	1.6528	1.9479	2.2920	2.6928	3.1588	3.7000	4.3276	5.0545
18	1.1961	1.4282	1.7024	2.0258	2.4066	2.8543	3.3799	3.9960	4.7171	5.5599
19	1.2081	1.4568	1.7535	2.1068	2.5270	3.0256	3.6165	4.3157	5.1417	6.1159
20	1.2202	1.4859	1.8061	2.1911	2.6533	3.2071	3.8697	4.6610	5.6044	6.7275
21	1.2324	1.5157	1.8603	2.2788	2.7860	3.3996	4.1406	5.0338	6.1088	7.4002
22	1.2447	1.5460	1.9161	2.3699	2.9253	3.6035	4.4304	5.4365	6.6586	8.1403
23	1.2572	1.5769	1.9736	2.4647	3.0715	3.8197	4.7405	5.8715	7.2579	8.9543
24	1.2697	1.6084	2.0328	2.5633	3.2251	4.0489	5.0724	6.3412	7.9111	9.8497
25	1.2824	1.6406	2.0938	2.6658	3.3864	4.2919	5.4274	6.8485	8.6231	10.835
26	1.2953	1.6734	2.1566	2.7725	3.5557	4.5494	5.8074	7.3964	9.3992	11.918
27	1.3082	1.7069	2.2213	2.8834	3.7335	4.8223	6.2139	7.9881	10.245	13.110
28	1.3213	1.7410	2.2879	2.9987	3.9201	5.1117	6.6488	8.6271	11.167	14.421
29	1.3345	1.7758	2.3566	3.1187	4.1161	5.4184	7.1143	9.3173	12.172	15.863
30	1.3478	1.8114	2.4273	3.2434	4.3219	5.7435	7.6123	10.063	13.268	17.449
40	1.4889	2.2080	3.2620	4.8010	7.0400	10.286	14.975	21.725	31.409	45.259
50	1.6446	2.6916	4.3839	7.1067	11.467	18.420	29.457	46.902	74.358	117.39
60	1.8167	3.2810	5.8916	10.520	18.679	32.988	57.946	101.26	176.03	304.48

续表

期数	12%	14%	15%	16%	18%	20%	24%	28%	32%	36%
1	1.1200	1.1400	1.1500	1.1600	1.1800	1.2000	1.2400	1.2800	1.3200	1.3600
2	1.2544	1.2996	1.3225	1.3456	1.3924	1.4400	1.5376	1.6384	1.7424	1.8496
3	1.4049	1.4815	1.5209	1.5609	1.6430	1.7280	1.9066	2.0972	2.3000	2.5155
4	1.5735	1.6890	1.7490	1.8106	1.9388	2.0736	2.3642	2.6844	3.0360	3.4210
5	1.7623	1.9254	2.0114	2.1003	2.2878	2.4883	2.9316	3.4360	4.0075	4.6526
6	1.9738	2.1950	2.3131	2.4364	2.6996	2.9860	3.6352	4.3980	5.2899	6.3275
7	2.2107	2.5023	2.6600	2.8262	3.1855	3.5832	4.5077	5.6295	6.9826	8.6054
8	2.4760	2.8526	3.0590	3.2784	3.7589	4.2998	5.5895	7.2058	9.2170	11.703
9	2.7731	3.2519	3.5179	3.8030	4.4355	5.1598	6.9310	9.2234	12.167	15.917
10	3.1058	3.7072	4.0456	4.4114	5.2338	6.1917	8.5944	11.806	16.060	21.647
11	3.4785	4.2262	4.6524	5.1173	6.1759	7.4301	10.657	15.112	21.199	29.439
12	3.8960	4.8179	5.3503	5.9360	7.2876	8.9161	13.215	19.343	27.983	40.038
13	4.3635	5.4924	6.1528	6.8858	8.5994	10.699	16.386	24.759	36.937	54.451
14	4.8871	6.2613	7.0757	7.9875	10.147	12.839	20.319	31.691	48.757	74.053
15	5.4736	7.1379	8.1371	9.2655	11.974	15.407	25.196	40.565	64.359	100.71
16	6.1304	8.1372	9.3576	10.748	14.129	18.488	31.243	51.923	84.954	136.97
17	6.8660	9.2765	10.761	12.468	16.672	22.186	38.741	66.461	112.14	186.28
18	7.6900	10.575	12.376	14.463	19.673	26.623	48.039	85.071	148.02	253.34
19	8.6128	12.056	14.232	16.777	23.214	31.948	59.568	108.89	195.39	344.54
20	9.6463	13.744	16.367	19.461	27.393	38.338	73.864	139.38	257.92	468.57
21	10.804	15.668	18.822	22.575	32.324	46.005	91.592	178.41	340.45	637.26
22	12.100	17.861	21.645	26.186	38.142	55.206	113.57	228.36	449.39	866.67
23	13.552	20.362	24.892	30.376	45.008	66.247	140.83	292.30	593.20	1178.7
24	15.179	23.212	28.625	35.236	53.109	79.497	174.63	374.14	783.02	1603.0
25	17.000	26.462	32.919	40.874	62.669	95.396	216.54	478.90	1033.6	2180.1
26	19.040	30.167	37.857	47.414	73.949	114.48	268.51	613.00	1364.3	2964.9
27	21.325	34.390	43.535	55.000	87.260	137.37	332.96	784.64	1800.9	4032.3
28	23.884	39.205	50.066	63.800	102.97	164.84	412.86	1004.3	2377.2	5483.9
29	26.750	44.693	57.576	74.009	121.50	197.81	511.95	1285.6	3137.9	7458.1
30	29.960	50.950	66.212	85.850	143.37	237.38	634.82	1645.5	4142.1	10 143
40	93.051	188.88	267.86	378.72	750.38	1469.8	5455.9	19 427	66 521	*
50	289.00	700.23	1083.7	1 670.7	3 927.4	9100.4	46 890	*	*	*
60	897.60	2595.9	4384.0	7 370.2	20 555	56 348	*	*	*	*

注：*>99 999。

计算公式：复利终值系数=$(1+i)^n$，$S=P(1+i)^n$。

P——现值或初始值；i——报酬率或利率；n——计息期数；S——终值或本利和。

附录 B 复利现值系数表

期数	1%	2%	3%	4%	5%	6%	7%	8%	9%	10%
1	0.9901	0.9804	0.9709	0.9615	0.9524	0.9434	0.9346	0.9259	0.9174	0.9091
2	0.9803	0.9612	0.9426	0.9246	0.9070	0.8900	0.8734	0.8573	0.8417	0.8264
3	0.9706	0.9423	0.9151	0.8890	0.8638	0.8396	0.8163	0.7938	0.7722	0.7513
4	0.9610	0.9238	0.8885	0.8548	0.8227	0.7921	0.7629	0.7350	0.7084	0.6830
5	0.9515	0.9057	0.8626	0.8219	0.7835	0.7473	0.7130	0.6806	0.6499	0.6209
6	0.9420	0.8880	0.8375	0.7903	0.7462	0.7050	0.6663	0.6302	0.5963	0.5645
7	0.9327	0.8706	0.8131	0.7599	0.7107	0.6651	0.6227	0.5835	0.5470	0.5132
8	0.9235	0.8535	0.7894	0.7307	0.6768	0.6274	0.5820	0.5403	0.5019	0.4665
9	0.9143	0.8368	0.7664	0.7026	0.6446	0.5919	0.5439	0.5002	0.4604	0.4241
10	0.9053	0.8203	0.7441	0.6756	0.6139	0.5584	0.5083	0.4632	0.4224	0.3855
11	0.8963	0.8043	0.7224	0.6496	0.5847	0.5268	0.4751	0.4289	0.3875	0.3505
12	0.8874	0.7885	0.7014	0.6246	0.5568	0.4970	0.4440	0.3971	0.3555	0.3186
13	0.8787	0.7730	0.6810	0.6006	0.5303	0.4688	0.4150	0.3677	0.3262	0.2897
14	0.8700	0.7579	0.6611	0.5775	0.5051	0.4423	0.3878	0.3405	0.2992	0.2633
15	0.8613	0.7430	0.6419	0.5553	0.4810	0.4173	0.3624	0.3152	0.2745	0.2394
16	0.8528	0.7284	0.6232	0.5339	0.4581	0.3936	0.3387	0.2919	0.2519	0.2176
17	0.8444	0.7142	0.6050	0.5134	0.4363	0.3714	0.3166	0.2703	0.2311	0.1978
18	0.8360	0.7002	0.5874	0.4936	0.4155	0.3503	0.2959	0.2502	0.2120	0.1799
19	0.8277	0.6864	0.5703	0.4746	0.3957	0.3305	0.2765	0.2317	0.1945	0.1635
20	0.8195	0.6730	0.5537	0.4564	0.3769	0.3118	0.2584	0.2145	0.1784	0.1486
21	0.8114	0.6598	0.5375	0.4388	0.3589	0.2942	0.2415	0.1987	0.1637	0.1351
22	0.8034	0.6468	0.5219	0.4220	0.3418	0.2775	0.2257	0.1839	0.1502	0.1228
23	0.7954	0.6342	0.5067	0.4057	0.3256	0.2618	0.2109	0.1703	0.1378	0.1117
24	0.7876	0.6217	0.4919	0.3901	0.3101	0.2470	0.1971	0.1577	0.1264	0.1015
25	0.7798	0.6095	0.4776	0.3751	0.2953	0.2330	0.1842	0.1460	0.1160	0.0923
26	0.7720	0.5976	0.4637	0.3607	0.2812	0.2198	0.1722	0.1352	0.1064	0.0839
27	0.7644	0.5859	0.4502	0.3468	0.2678	0.2074	0.1609	0.1252	0.0976	0.0763
28	0.7568	0.5744	0.4371	0.3335	0.2551	0.1956	0.1504	0.1159	0.0895	0.0693
29	0.7493	0.5631	0.4243	0.3207	0.2429	0.1846	0.1406	0.1073	0.0822	0.0630
30	0.7419	0.5521	0.4120	0.3083	0.2314	0.1741	0.1314	0.0994	0.0754	0.0573
35	0.7059	0.5000	0.3554	0.2534	0.1813	0.1301	0.0937	0.0676	0.0490	0.0356
40	0.6717	0.4529	0.3066	0.2083	0.1420	0.0972	0.0668	0.0460	0.0318	0.0221
45	0.6391	0.4102	0.2644	0.1712	0.1113	0.0727	0.0476	0.0313	0.0207	0.0137
50	0.6080	0.3715	0.2281	0.1407	0.0872	0.0543	0.0339	0.0213	0.0134	0.0085
55	0.5785	0.3365	0.1968	0.1157	0.0683	0.0406	0.0242	0.0145	0.0087	0.0053

续表

期数	12%	14%	15%	16%	18%	20%	24%	28%	32%	36%
1	0.8929	0.8772	0.8696	0.8621	0.8475	0.8333	0.8065	0.7813	0.7576	0.7353
2	0.7972	0.7695	0.7561	0.7432	0.7182	0.6944	0.6504	0.6104	0.5739	0.5407
3	0.7118	0.6750	0.6575	0.6407	0.6086	0.5787	0.5245	0.4768	0.4348	0.3975
4	0.6355	0.5921	0.5718	0.5523	0.5158	0.4823	0.4230	0.3725	0.3294	0.2923
5	0.5674	0.5194	0.4972	0.4761	0.4371	0.4019	0.3411	0.2910	0.2495	0.2149
6	0.5066	0.4556	0.4323	0.4104	0.3704	0.3349	0.2751	0.2274	0.1890	0.1580
7	0.4523	0.3996	0.3759	0.3538	0.3139	0.2791	0.2218	0.1776	0.1432	0.1162
8	0.4039	0.3506	0.3269	0.3050	0.2660	0.2326	0.1789	0.1388	0.1085	0.0854
9	0.3606	0.3075	0.2843	0.2630	0.2255	0.1938	0.1443	0.1084	0.0822	0.0628
10	0.3220	0.2697	0.2472	0.2267	0.1911	0.1615	0.1164	0.0847	0.0623	0.0462
11	0.2875	0.2366	0.2149	0.1954	0.1619	0.1346	0.0938	0.0662	0.0472	0.0340
12	0.2567	0.2076	0.1869	0.1685	0.1372	0.1122	0.0757	0.0517	0.0357	0.0250
13	0.2292	0.1821	0.1625	0.1452	0.1163	0.0935	0.0610	0.0404	0.0271	0.0184
14	0.2046	0.1597	0.1413	0.1252	0.0985	0.0779	0.0492	0.0316	0.0205	0.0135
15	0.1827	0.1401	0.1229	0.1079	0.0835	0.0649	0.0397	0.0247	0.0155	0.0099
16	0.1631	0.1229	0.1069	0.0930	0.0708	0.0541	0.0320	0.0193	0.0118	0.0073
17	0.1456	0.1078	0.0929	0.0802	0.0600	0.0451	0.0258	0.0150	0.0089	0.0054
18	0.1300	0.0946	0.0808	0.0691	0.0508	0.0376	0.0208	0.0118	0.0068	0.0039
19	0.1161	0.0829	0.0703	0.0596	0.0431	0.0313	0.0168	0.0092	0.0051	0.0029
20	0.1037	0.0728	0.0611	0.0514	0.0365	0.0261	0.0135	0.0072	0.0039	0.0021
21	0.0926	0.0638	0.0531	0.0443	0.0309	0.0217	0.0109	0.0056	0.0029	0.0016
22	0.0826	0.0560	0.0462	0.0382	0.0262	0.0181	0.0088	0.0044	0.0022	0.0012
23	0.0738	0.0491	0.0402	0.0329	0.0222	0.0151	0.0071	0.0034	0.0017	0.0008
24	0.0659	0.0431	0.0349	0.0284	0.0188	0.0126	0.0057	0.0027	0.0013	0.0006
25	0.0588	0.0378	0.0304	0.0245	0.0160	0.0105	0.0046	0.0021	0.0010	0.0005
26	0.0525	0.0331	0.0264	0.0211	0.0135	0.0087	0.0037	0.0016	0.0007	0.0003
27	0.0469	0.0291	0.0230	0.0182	0.0115	0.0073	0.0030	0.0013	0.0006	0.0002
28	0.0419	0.0255	0.0200	0.0157	0.0097	0.0061	0.0024	0.0010	0.0004	0.0002
29	0.0374	0.0224	0.0174	0.0135	0.0082	0.0051	0.0020	0.0008	0.0003	0.0001
30	0.0334	0.0196	0.0151	0.0116	0.0070	0.0042	0.0016	0.0006	0.0002	0.0001
35	0.0189	0.0102	0.0075	0.0055	0.0030	0.0017	0.0005	0.0002	0.0001	*
40	0.0107	0.0053	0.0037	0.0026	0.0013	0.0007	0.0002	0.0001	*	*
45	0.0061	0.0027	0.0019	0.0013	0.0006	0.0003	0.0001	*	*	*
50	0.0035	0.0014	0.0009	0.0006	0.0003	0.0001	*	*	*	*
55	0.0020	0.0007	0.0005	0.0003	0.0001	*	*	*	*	*

注：*<0.0001。

计算公式：复利现值系数=$(1+i)^{-n}$，$P = \dfrac{S}{(1+i)^n} = S(1+i)^{-n}$。

P——现值或初始值；i——报酬率或利率；n——计息期数；S——终值或本利和。

附录 C 年金终值系数表

期数	1%	2%	3%	4%	5%	6%	7%	8%	9%	10%
1	1.0000	1.0000	1.0000	1.0000	1.0000	1.0000	1.0000	1.0000	1.0000	1.0000
2	2.0100	2.0200	2.0300	2.0400	2.0500	2.0600	2.0700	2.0800	2.0900	2.1000
3	3.0301	3.0604	3.0909	3.1216	3.1525	3.1836	3.2149	3.2464	3.2781	3.3100
4	4.0604	4.1216	4.1836	4.2465	4.3101	4.3746	4.4399	4.5061	4.5731	4.6410
5	5.1010	5.2040	5.3091	5.4163	5.5256	5.6371	5.7507	5.8666	5.9847	6.1051
6	6.1520	6.3081	6.4684	6.6330	6.8019	6.9753	7.1533	7.3359	7.5233	7.7156
7	7.2135	7.4343	7.6625	7.8983	8.1420	8.3938	8.6540	8.9228	9.2004	9.4872
8	8.2857	8.5830	8.8923	9.2142	9.5491	9.8975	10.260	10.637	11.029	11.436
9	9.3685	9.7546	10.159	10.583	11.027	11.491	11.978	12.488	13.021	13.580
10	10.462	10.950	11.464	12.006	12.578	13.181	13.816	14.487	15.193	15.937
11	11.567	12.169	12.808	13.486	14.207	14.972	15.784	16.646	17.560	18.531
12	12.683	13.412	14.192	15.026	15.917	16.870	17.889	18.977	20.141	21.384
13	13.809	14.680	15.618	16.627	17.713	18.882	20.141	21.495	22.953	24.523
14	14.947	15.974	17.086	18.292	19.599	21.015	22.551	24.215	26.019	27.975
15	16.097	17.293	18.599	20.024	21.579	23.276	25.129	27.152	29.361	31.773
16	17.258	18.639	20.157	21.825	23.658	25.673	27.888	30.324	33.003	35.950
17	18.430	20.012	21.762	23.698	25.840	28.213	30.840	33.750	36.974	40.545
18	19.615	21.412	23.414	25.645	28.132	30.906	33.999	37.450	41.301	45.599
19	20.811	22.841	25.117	27.671	30.539	33.760	37.379	41.446	46.019	51.159
20	22.019	24.297	26.870	29.778	33.066	36.786	40.996	45.762	51.160	57.275
21	23.239	25.783	28.677	31.969	35.719	39.993	44.865	50.423	56.765	64.003
22	24.472	27.299	30.537	34.248	38.505	43.392	49.006	55.457	62.873	71.403
23	25.716	28.845	32.453	36.618	41.431	46.996	53.436	60.893	69.532	79.543
24	26.974	30.422	34.427	39.083	44.502	50.816	58.177	66.765	76.790	88.497
25	28.243	32.030	36.459	41.646	47.727	54.865	63.249	73.106	84.701	98.347
26	29.526	33.671	38.553	44.312	51.114	59.156	68.677	79.954	93.324	109.18
27	30.821	35.344	40.710	47.084	54.669	63.706	74.484	87.351	102.72	121.10
28	32.129	37.051	42.931	49.968	58.403	68.528	80.698	95.339	112.97	134.21
29	33.450	38.792	45.219	52.966	62.323	73.640	87.347	103.97	124.14	148.63
30	34.785	40.568	47.575	56.085	66.439	79.058	94.461	113.28	136.31	164.49
40	48.886	60.402	75.401	95.026	120.80	154.76	199.64	259.06	337.88	442.59
50	64.463	84.579	112.80	152.67	209.35	290.34	406.53	573.77	815.08	1163.9
60	81.670	114.05	163.05	237.99	353.58	533.13	813.52	1253.2	1944.8	3034.8

续表

期数	12%	14%	15%	16%	18%	20%	24%	28%	32%	36%
1	1.0000	1.0000	1.0000	1.0000	1.0000	1.0000	1.0000	1.0000	1.0000	1.0000
2	2.1200	2.1400	2.1500	2.1600	2.1800	2.2000	2.2400	2.2800	2.3200	2.3600
3	3.3744	3.4396	3.4725	3.5056	3.5724	3.6400	3.7776	3.9184	4.0624	4.2096
4	4.7793	4.9211	4.9934	5.0665	5.2154	5.3680	5.6842	6.0156	6.3624	6.7251
5	6.3528	6.6101	6.7424	6.8771	7.1542	7.4416	8.0484	8.6999	9.3983	10.146
6	8.1152	8.5355	8.7537	8.9775	9.4420	9.9299	10.980	12.136	13.406	14.799
7	10.089	10.731	11.067	11.414	12.142	12.916	14.615	16.534	18.696	21.126
8	12.300	13.233	13.727	14.240	15.327	16.499	19.123	22.163	25.678	29.732
9	14.776	16.085	16.786	17.519	19.086	20.799	24.713	29.369	34.895	41.435
10	17.549	19.337	20.304	21.322	23.521	25.959	31.643	38.593	47.062	57.352
11	20.655	23.045	24.349	25.733	28.755	32.150	40.238	50.399	63.122	78.998
12	24.133	27.271	29.002	30.850	34.931	39.581	50.895	65.510	84.320	108.44
13	28.029	32.089	34.352	36.786	42.219	48.497	64.110	84.853	112.30	148.48
14	32.393	37.581	40.505	43.672	50.818	59.196	80.496	109.61	149.24	202.93
15	37.280	43.842	47.580	51.660	60.965	72.035	100.82	141.30	198.00	276.98
16	42.753	50.980	55.718	60.925	72.939	87.442	126.01	181.87	262.36	377.69
17	48.884	59.118	65.075	71.673	87.068	105.93	157.25	233.79	347.31	514.66
18	55.750	68.394	75.836	84.141	103.74	128.12	195.99	300.25	459.45	700.94
19	63.440	78.969	88.212	98.603	123.41	154.74	244.03	385.32	607.47	954.28
20	72.052	91.025	102.44	115.38	146.63	186.69	303.60	494.21	802.86	1298.8
21	81.699	104.77	118.81	134.84	174.02	225.03	377.46	633.59	1060.8	1767.4
22	92.503	120.44	137.63	157.42	206.34	271.03	469.06	812.00	1401.2	2404.7
23	104.60	138.30	159.28	183.60	244.49	326.24	582.63	1040.4	1850.6	3271.3
24	118.16	158.66	184.17	213.98	289.49	392.48	723.46	1332.7	2443.8	4450.0
25	133.33	181.87	212.79	249.21	342.60	471.98	898.09	1706.8	3226.8	6053.0
26	150.33	208.33	245.71	290.09	405.27	567.38	1114.6	2185.7	4260.4	8233.1
27	169.37	238.50	283.57	337.50	479.22	681.85	1383.1	2798.7	5624.8	11 198
28	190.70	272.89	327.10	392.50	566.48	819.22	1716.1	3583.3	7425.7	15 230
29	214.58	312.09	377.17	456.30	669.45	984.07	2129.0	4587.7	9802.9	20 714
30	241.33	356.79	434.75	530.31	790.95	1181.9	2640.9	5873.2	12 941	28 172
40	767.09	1342.0	1779.1	2360.8	4163.2	7343.9	22 729	69 377	207 874	609 890
50	2400.0	4994.5	7217.7	10 436	21 813	45 497	195 373	819 103	*	*
60	7471.6	18 535	29 220	46 058	114 190	281 733	*	*	*	*

注：*>999 999.99。

计算公式：年金终值系数 $= \dfrac{(1+i)^n - 1}{i}$，$S = A \dfrac{(1+i)^n - 1}{i}$。

A——每期等额支付（或收入）的金额；i——报酬率或利率；n——计息期数；S——年金终值或本利和。

附录 D 年金现值系数表

期数	1%	2%	3%	4%	5%	6%	7%	8%	9%	10%
1	0.9901	0.9804	0.9709	0.9615	0.9524	0.9434	0.9346	0.9259	0.9174	0.9091
2	1.9704	1.9416	1.9135	1.8861	1.8594	1.8334	1.8080	1.7833	1.7591	1.7355
3	2.9410	2.8839	2.8286	2.7751	2.7232	2.6730	2.6243	2.5771	2.5313	2.4869
4	3.9020	3.8077	3.7171	3.6299	3.5460	3.4651	3.3872	3.3121	3.2397	3.1699
5	4.8534	4.7135	4.5797	4.4518	4.3295	4.2124	4.1002	3.9927	3.8897	3.7908
6	5.7955	5.6014	5.4172	5.2421	5.0757	4.9173	4.7665	4.6229	4.4859	4.3553
7	6.7282	6.4720	6.2303	6.0021	5.7864	5.5824	5.3893	5.2064	5.0330	4.8684
8	7.6517	7.3255	7.0197	6.7327	6.4632	6.2098	5.9713	5.7466	5.5348	5.3349
9	8.5660	8.1622	7.7861	7.4353	7.1078	6.8017	6.5152	6.2469	5.9952	5.7590
10	9.4713	8.9826	8.5302	8.1109	7.7217	7.3601	7.0236	6.7101	6.4177	6.1446
11	10.3676	9.7868	9.2526	8.7605	8.3064	7.8869	7.4987	7.1390	6.8052	6.4951
12	11.2551	10.5753	9.9540	9.3851	8.8633	8.3838	7.9427	7.5361	7.1607	6.8137
13	12.1337	11.3484	10.6350	9.9856	9.3936	8.8527	8.3577	7.9038	7.4869	7.1034
14	13.0037	12.1062	11.2961	10.5631	9.8986	9.2950	8.7455	8.2442	7.7862	7.3667
15	13.8651	12.8493	11.9379	11.1184	10.3797	9.7122	9.1079	8.5595	8.0607	7.6061
16	14.7179	13.5777	12.5611	11.6523	10.8378	10.1059	9.4466	8.8514	8.3126	7.8237
17	15.5623	14.2919	13.1661	12.1657	11.2741	10.4773	9.7632	9.1216	8.5436	8.0216
18	16.3983	14.9920	13.7535	12.6593	11.6896	10.8276	10.0591	9.3719	8.7556	8.2014
19	17.2260	15.6785	14.3238	13.1339	12.0853	11.1581	10.3356	9.6036	8.9501	8.3649
20	18.0456	16.3514	14.8775	13.5903	12.4622	11.4699	10.5940	9.8181	9.1285	8.5136
21	18.8570	17.0112	15.4150	14.0292	12.8212	11.7641	10.8355	10.0168	9.2922	8.6487
22	19.6604	17.6580	15.9369	14.4511	13.1630	12.0416	11.0612	10.2007	9.4424	8.7715
23	20.4558	18.2922	16.4436	14.8568	13.4886	12.3034	11.2722	10.3711	9.5802	8.8832
24	21.2434	18.9139	16.9355	15.2470	13.7986	12.5504	11.4693	10.5288	9.7066	8.9847
25	22.0232	19.5235	17.4131	15.6221	14.0939	12.7834	11.6536	10.6748	9.8226	9.0770
26	22.7952	20.1210	17.8768	15.9828	14.3752	13.0032	11.8258	10.8100	9.9290	9.1609
27	23.5596	20.7069	18.3270	16.3296	14.6430	13.2105	11.9867	10.9352	10.0266	9.2372
28	24.3164	21.2813	18.7641	16.6631	14.8981	13.4062	12.1371	11.0511	10.1161	9.3066
29	25.0658	21.8444	19.1885	16.9837	15.1411	13.5907	12.2777	11.1584	10.1983	9.3696
30	25.8077	22.3965	19.6004	17.2920	15.3725	13.7648	12.4090	11.2578	10.2737	9.4269
35	29.4086	24.9986	21.4872	18.6646	16.3742	14.4982	12.9477	11.6546	10.5668	9.6442
40	32.8347	27.3555	23.1148	19.7928	17.1591	15.0463	13.3317	11.9246	10.7574	9.7791
45	36.0945	29.4902	24.5187	20.7200	17.7741	15.4558	13.6055	12.1084	10.8812	9.8628
50	39.1961	31.4236	25.7298	21.4822	18.2559	15.7619	13.8007	12.2335	10.9617	9.9148
55	42.1472	33.1748	26.7744	22.1086	18.6335	15.9905	13.9399	12.3186	11.0140	9.9471

续表

期数	12%	14%	15%	16%	18%	20%	24%	28%	32%	36%
1	0.8929	0.8772	0.8696	0.8621	0.8475	0.8333	0.8065	0.7813	0.7576	0.7353
2	1.6901	1.6467	1.6257	1.6052	1.5656	1.5278	1.4568	1.3916	1.3315	1.2760
3	2.4018	2.3216	2.2832	2.2459	2.1743	2.1065	1.9813	1.8684	1.7663	1.6735
4	3.0373	2.9137	2.8550	2.7982	2.6901	2.5887	2.4043	2.2410	2.0957	1.9658
5	3.6048	3.4331	3.3522	3.2743	3.1272	2.9906	2.7454	2.5320	2.3452	2.1807
6	4.1114	3.8887	3.7845	3.6847	3.4976	3.3255	3.0205	2.7594	2.5342	2.3388
7	4.5638	4.2883	4.1604	4.0386	3.8115	3.6046	3.2423	2.9370	2.6775	2.4550
8	4.9676	4.6389	4.4873	4.3436	4.0776	3.8372	3.4212	3.0758	2.7860	2.5404
9	5.3282	4.9464	4.7716	4.6065	4.3030	4.0310	3.5655	3.1842	2.8681	2.6033
10	5.6502	5.2161	5.0188	4.8332	4.4941	4.1925	3.6819	3.2689	2.9304	2.6495
11	5.9377	5.4527	5.2337	5.0286	4.6560	4.3271	3.7757	3.3351	2.9776	2.6834
12	6.1944	5.6603	5.4206	5.1971	4.7932	4.4392	3.8514	3.3868	3.0133	2.7084
13	6.4235	5.8424	5.5831	5.3423	4.9095	4.5327	3.9124	3.4272	3.0404	2.7268
14	6.6282	6.0021	5.7245	5.4675	5.0081	4.6106	3.9616	3.4587	3.0609	2.7403
15	6.8109	6.1422	5.8474	5.5755	5.0916	4.6755	4.0013	3.4834	3.0764	2.7502
16	6.9740	6.2651	5.9542	5.6685	5.1624	4.7296	4.0333	3.5026	3.0882	2.7575
17	7.1196	6.3729	6.0472	5.7487	5.2223	4.7746	4.0591	3.5177	3.0971	2.7629
18	7.2497	6.4674	6.1280	5.8178	5.2732	4.8122	4.0799	3.5294	3.1039	2.7668
19	7.3658	6.5504	6.1982	5.8775	5.3162	4.8435	4.0967	3.5386	3.1090	2.7697
20	7.4694	6.6231	6.2593	5.9288	5.3527	4.8696	4.1103	3.5458	3.1129	2.7718
21	7.5620	6.6870	6.3125	5.9731	5.3837	4.8913	4.1212	3.5514	3.1158	2.7734
22	7.6446	6.7429	6.3587	6.0113	5.4099	4.9094	4.1300	3.5558	3.1180	2.7746
23	7.7184	6.7921	6.3988	6.0442	5.4321	4.9245	4.1371	3.5592	3.1197	2.7754
24	7.7843	6.8351	6.4338	6.0726	5.4509	4.9371	4.1428	3.5619	3.1210	2.7760
25	7.8431	6.8729	6.4641	6.0971	5.4669	4.9476	4.1474	3.5640	3.1220	2.7765
26	7.8957	6.9061	6.4906	6.1182	5.4804	4.9563	4.1511	3.5656	3.1227	2.7768
27	7.9426	6.9352	6.5135	6.1364	5.4919	4.9636	4.1542	3.5669	3.1233	2.7771
28	7.9844	6.9607	6.5335	6.1520	5.5016	4.9697	4.1566	3.5679	3.1237	2.7773
29	8.0218	6.9830	6.5509	6.1656	5.5098	4.9747	4.1585	3.5687	3.1240	2.7774
30	8.0552	7.0027	6.5660	6.1772	5.5168	4.9789	4.1601	3.5693	3.1242	2.7775
35	8.1755	7.0700	6.6166	6.2153	5.5386	4.9915	4.1644	3.5708	3.1248	2.7777
40	8.2438	7.1050	6.6418	6.2335	5.5482	4.9966	4.1659	3.5712	3.1250	2.7778
45	8.2825	7.1232	6.6543	6.2421	5.5523	4.9986	4.1664	3.5714	3.1250	2.7778
50	8.3045	7.1327	6.6605	6.2463	5.5541	4.9995	4.1666	3.5714	3.1250	2.7778
55	8.3170	7.1376	6.6636	6.2482	5.5549	4.9998	4.1666	3.5714	3.1250	2.7778

注：计算公式：年金现值系数 $=\dfrac{1-(1+i)^{-n}}{i}$，$P=A\dfrac{1-(1+i)^{-n}}{i}$。

A——每期等额支付（或收入）的金额；i——报酬率或利率；n——计息期数；P——年金现值或本利和。

附录 E 一般企业财务报表格式
（适用于已执行新金融准则、新收入准则和新租赁准则的企业）

一、关于比较信息的列报

按照《企业会计准则第 28 号——会计政策、会计估计变更和差错更正》和《企业会计准则第 30 号——财务报表列报》的规定，企业变更会计政策或发生重要的前期差错更正，采用追溯调整法的，应当对可比会计期间的比较数据进行相应调整。企业首次执行新金融准则、新收入准则或新租赁准则，按照衔接规定，对因会计政策变更产生的累积影响数调整首次执行当年年初留存收益及财务报表其他相关项目金额，不调整可比期间信息的，应当对首次执行当期的财务报表的本期数或期末数按照本附件的报表项目列报，对可比会计期间未调整的比较数据按照附件 1 的报表项目列报。

为了提高信息在会计期间的可比性，向报表使用者提供与理解当期财务报表更加相关的比较数据，企业可以增加列报首次执行各项新准则当年年初的资产负债表。企业无论是否增加列报首次执行当年年初的资产负债表，均应当按照相关规定，在附注中分别披露首次执行各项新准则对当年年初财务报表相关项目的影响金额及调整信息。

二、关于资产负债表

资产负债表

会企 01 表

编制单位：＿＿＿年＿＿月＿＿日　　　　　　　　　　　　　单位：元

资　产	期末余额	上年年末余额	负债和所有者权益（或股东权益）	期末余额	上年年末余额
流动资产：			流动负债：		
货币资金			短期借款		
交易性金融资产			交易性金融负债		
衍生金融资产			衍生金融负债		
应收票据			应付票据		
应收账款			应付账款		
应收款项融资			预收款项		

续表

资产	期末余额	上年年末余额	负债和所有者权益（或股东权益）	期末余额	上年年末余额
预付款项			合同负债		
其他应收款			应付职工薪酬		
存货			应交税费		
合同资产			其他应付款		
持有待售资产			持有待售负债		
一年内到期的非流动资产			一年内到期的非流动负债		
其他流动资产			其他流动负债		
流动资产合计			流动负债合计		
非流动资产：			非流动负债：		
债权投资			长期借款		
其他债权投资			应付债券		
长期应收款			其中：优先股		
长期股权投资			永续债		
其他权益工具投资			租赁负债		
其他非流动金融资产			长期应付款		
投资性房地产			预计负债		
固定资产			递延收益		
在建工程			递延所得税负债		
生产性生物资产			其他非流动负债		
油气资产			非流动负债合计		
使用权资产			负债合计		
无形资产			所有者权益（或股东权益）：		
开发支出			实收资本（或股本）		
商誉			其他权益工具		
长期待摊费用			其中：优先股		
递延所得税资产			永续债		
其他非流动资产			资本公积		
非流动资产合计			减：库存股		
			其他综合收益		
			专项储备		
			盈余公积		
			未分配利润		
			所有者权益（或股东权益）合计		
资产总计			负债和所有者权益（或股东权益）总计		

有关项目说明：

　　1."交易性金融资产"项目，反映资产负债表日企业分类为以公允价值计量且其变动计入当期损益的金融资产，以及企业持有的指定为以公允价值计量且其变动计入当期损益的金融资产的期末账面价值。该项目应根据"交易性金融资产"科目的相关明细科目的期末余额分析填列。自资产负债表日起超过一年到期且预期持有超过一年的以公允价值计量且其变动计入当期损益的非流动金融资产的期末账面价值,在"其他非流动金融资产"项目反映。

2."应收票据"项目,反映资产负债表日以摊余成本计量的、企业因销售商品、提供服务等收到的商业汇票,包括银行承兑汇票和商业承兑汇票。该项目应根据"应收票据"科目的期末余额,减去"坏账准备"科目中相关坏账准备期末余额后的金额分析填列。

3."应收账款"项目,反映资产负债表日以摊余成本计量的、企业因销售商品、提供服务等经营活动应收取的款项。该项目应根据"应收账款"科目的期末余额,减去"坏账准备"科目中相关坏账准备期末余额后的金额分析填列。

4."应收款项融资"项目,反映资产负债表日以公允价值计量且其变动计入其他综合收益的应收票据和应收账款等。

5."其他应收款"项目,应根据"应收利息""应收股利"和"其他应收款"科目的期末余额合计数,减去"坏账准备"科目中相关坏账准备期末余额后的金额填列。其中的"应收利息"仅反映相关金融工具已到期可收取但于资产负债表日尚未收到的利息。基于实际利率法计提的金融工具的利息应包含在相应金融工具的账面余额中。

6."持有待售资产"项目,反映资产负债表日划分为持有待售类别的非流动资产及划分为持有待售类别的处置组中的流动资产和非流动资产的期末账面价值。该项目应根据"持有待售资产"科目的期末余额,减去"持有待售资产减值准备"科目的期末余额后的金额填列。

7."债权投资"项目,反映资产负债表日企业以摊余成本计量的长期债权投资的期末账面价值。该项目应根据"债权投资"科目的相关明细科目期末余额,减去"债权投资减值准备"科目中相关减值准备的期末余额后的金额分析填列。自资产负债表日起一年内到期的长期债权投资的期末账面价值,在"一年内到期的非流动资产"项目反映。企业购入的以摊余成本计量的一年内到期的债权投资的期末账面价值,在"其他流动资产"项目反映。

8."其他债权投资"项目,反映资产负债表日企业分类为以公允价值计量且其变动计入其他综合收益的长期债权投资的期末账面价值。该项目应根据"其他债权投资"科目的相关明细科目的期末余额分析填列。自资产负债表日起一年内到期的长期债权投资的期末账面价值,在"一年内到期的非流动资产"项目反映。企业购入的以公允价值计量且其变动计入其他综合收益的一年内到期的债权投资的期末账面价值,在"其他流动资产"项目反映。

9."其他权益工具投资"项目,反映资产负债表日企业指定为以公允价值计量且其变动计入其他综合收益的非交易性权益工具投资的期末账面价值。该项目应根据"其他权益工具投资"科目的期末余额填列。

10."固定资产"项目,反映资产负债表日企业固定资产的期末账面价值和企业尚未清理完毕的固定资产清理净损益。该项目应根据"固定资产"科目的期末余额,减去"累计折旧"和"固定资产减值准备"科目的期末余额后的金额,以及"固定资产清理"科目的期末余额填列。

11."在建工程"项目,反映资产负债表日企业尚未达到预定可使用状态的在建工程的期末账面价值和企业为在建工程准备的各种物资的期末账面价值。该项目应根据"在建工程"科目的期末余额，减去"在建工程减值准备"科目的期末余额后的金额，以及"工程物资"科目的期末余额，减去"工程物资减值准备"科目的期末余额后的金额填列。

12."使用权资产"项目，反映资产负债表日承租人企业持有的使用权资产的期末账面价值。该项目应根据"使用权资产"科目的期末余额，减去"使用权资产累计折旧"和"使用权资产减值准备"科目的期末余额后的金额填列。

13."一年内到期的非流动资产"项目，通常反映预计自资产负债表日起一年内变现的非流动资产。对于按照相关会计准则采用折旧（或摊销、折耗）方法进行后续计量的固定资产、使用权资产、无形资产和长期待摊费用等非流动资产，折旧（或摊销、折耗）年限（或期限）只剩一年或不足一年的，或预计在一年内（含一年）进行折旧（或摊销、折耗）的部分，不得归类为流动资产，仍在各该非流动资产项目中填列，不转入"一年内到期的非流动资产"项目。

14."交易性金融负债"项目，反映资产负债表日企业承担的交易性金融负债，以及企业持有的指定为以公允价值计量且其变动计入当期损益的金融负债的期末账面价值。该项目应根据"交易性金融负债"科目的相关明细科目的期末余额填列。

15."应付票据"项目，反映资产负债表日以摊余成本计量的、企业因购买材料、商品和接受服务等开出、承兑的商业汇票，包括银行承兑汇票和商业承兑汇票。该项目应根据"应付票据"科目的期末余额填列。

16."应付账款"项目，反映资产负债表日以摊余成本计量的、企业因购买材料、商品和接受服务等经营活动应支付的款项。该项目应根据"应付账款"和"预付账款"科目所属的相关明细科目的期末贷方余额合计数填列。

17."其他应付款"项目，应根据"应付利息""应付股利"和"其他应付款"科目的期末余额合计数填列。其中的"应付利息"仅反映相关金融工具已到期应支付但于资产负债表日尚未支付的利息。基于实际利率法计提的金融工具的利息应包含在相应金融工具的账面余额中。

18."持有待售负债"项目，反映资产负债表日处置组中与划分为持有待售类别的资产直接相关的负债的期末账面价值。该项目应根据"持有待售负债"科目的期末余额填列。

19."租赁负债"项目，反映资产负债表日承租人企业尚未支付的租赁付款额的期末账面价值。该项目应根据"租赁负债"科目的期末余额填列。自资产负债表日起一年内到期应予以清偿的租赁负债的期末账面价值，在"一年内到期的非流动负债"项目反映。

20."长期应付款"项目，反映资产负债表日企业除长期借款和应付债券以外的其他各种长期应付款项的期末账面价值。该项目应根据"长期应付款"科目的期末余额，减去相关的"未确认融资费用"科目的期末余额后的金额，以及"专项应付款"科目的期末余额填列。

21."递延收益"项目中摊销期限只剩一年或不足一年的，或预计在一年内（含一年）进行摊销的部分，不得归类为流动负债，仍在该项目中填列，不转入"一年内到期的非流动负债"项目。

22."合同资产"和"合同负债"项目。企业应按照《企业会计准则第14号——收入》（财会〔2017〕22号）的相关规定根据本企业履行履约义务与客户付款之间的关系在资产负债表中列示合同资产或合同负债。"合同资产"项目、"合同负债"项目，应分别根据"合同资产"科目、"合同负债"科目的相关明细科目的期末余额分析填列,同一合同下的合同资产和合同负债应当以净额列示,其中净额为借方余额的,应当根据其流动性在"合同资产"或"其他非流动资产"项目中填列,已计提减值准备的,还应减去"合同资产减值准备"科目中相关的期末余额后的金额填列;其中净额为贷方余额的,应当根据其流动性在"合同负债"或"其他非流动负债"项目中填列。由于同一合同下的合同资产和合同负债应当以净额列示,企业也可以设置"合同结算"科目(或其他类似科目),以核算同一合同下属于在某一时段内履行履约义务涉及与客户结算对价的合同资产或合同负债,并在此科目下设置"合同结算——价款结算"科目反映定期与客户进行结算的金额,设置"合同结算——收入结转"科目反映按履约进度结转的收入金额。资产负债表日,"合同结算"科目的期末余额在借方的,根据其流动性在"合同资产"或"其他非流动资产"项目中填列;期末余额在贷方的,根据其流动性在"合同负债"或"其他非流动负债"项目中填列。

23. 按照《企业会计准则第 14 号——收入》(财会〔2017〕22 号)的相关规定确认为资产的合同取得成本,应当根据"合同取得成本"科目的明细科目初始确认时摊销期限是否超过一年或一个正常营业周期,在"其他流动资产"或"其他非流动资产"项目中填列,已计提减值准备的,还应减去"合同取得成本减值准备"科目中相关的期末余额后的金额填列。

24. 按照《企业会计准则第 14 号——收入》(财会〔2017〕22 号)的相关规定确认为资产的合同履约成本,应当根据"合同履约成本"科目的明细科目初始确认时摊销期限是否超过一年或一个正常营业周期,在"存货"或"其他非流动资产"项目中填列,已计提减值准备的,还应减去"合同履约成本减值准备"科目中相关的期末余额后的金额填列。

25. 按照《企业会计准则第 14 号——收入》(财会〔2017〕22 号)的相关规定确认为资产的应收退货成本,应当根据"应收退货成本"科目是否在一年或一个正常营业周期内出售,在"其他流动资产"或"其他非流动资产"项目中填列。

26. 按照《企业会计准则第 14 号——收入》(财会〔2017〕22 号)的相关规定确认为预计负债的应付退货款,应当根据"预计负债"科目下的"应付退货款"明细科目是否在一年或一个正常营业周期内清偿,在"其他流动负债"或"预计负债"项目中填列。

27. 企业按照《企业会计准则第 22 号——金融工具确认和计量》(财会〔2017〕7 号)的相关规定对贷款承诺、财务担保合同等项目计提的损失准备,应当在"预计负债"项目中填列。

28. "其他权益工具"项目,反映资产负债表日企业发行在外的除普通股以外分类为权益工具的金融工具的期末账面价值。对于资产负债表日企业发行的金融工具,分类为金融负债的,应在"应付债券"项目填列,对于优先股和永续债,还应在"应付债券"项目下的"优先股"项目和"永续债"项目分别填列;分类为权益工具的,应在"其他权益工具"项目填列,对于优先股和永续债,还应在"其他权益工具"项目下的"优先股"项目和"永续债"项目分别填列。

29. "专项储备"项目,反映高危行业企业按国家规定提取的安全生产费的期末账面价值。该项目应根据"专项储备"科目的期末余额填列。

三、关于利润表

利润表

编制单位：＿＿年＿＿月

会企02表
单位：元

项目	本期金额	上期金额
一、营业收入		
减：营业成本		
税金及附加		
销售费用		
管理费用		
研发费用		
财务费用		
其中：利息费用		
利息收入		
加：其他收益		
投资收益（损失以"-"号填列）		
其中：对联营企业和合营企业的投资收益		
以摊余成本计量的金融资产终止确认收益（损失以"-"号填列）		
净敞口套期收益（损失以"-"号填列）		
公允价值变动收益（损失以"-"号填列）		
信用减值损失（损失以"-"号填列）		
资产减值损失（损失以"-"号填列）		
资产处置收益（损失以"-"号填列）		
二、营业利润（亏损以"-"号填列）		
加：营业外收入		
减：营业外支出		
三、利润总额（亏损总额以"-"号填列）		
减：所得税费用		
四、净利润（净亏损以"-"号填列）		
（一）持续经营净利润（净亏损以"-"号填列）		
（二）终止经营净利润（净亏损以"-"号填列）		
五、其他综合收益的税后净额		
（一）不能重分类进损益的其他综合收益		
1. 重新计量设定受益计划变动额		
2. 权益法下不能转损益的其他综合收益		
3. 其他权益工具投资公允价值变动		
4. 企业自身信用风险公允价值变动		
……		

续表

项　　目	本期金额	上期金额
（二）将重分类进损益的其他综合收益		
1. 权益法下可转损益的其他综合收益		
2. 其他债权投资公允价值变动		
3. 金融资产重分类计入其他综合收益的金额		
4. 其他债权投资信用减值准备		
5. 现金流量套期储备		
6. 外币财务报表折算差额		
……		
六、综合收益总额		
七、每股收益		
（一）基本每股收益		
（二）稀释每股收益		

有关项目说明：

1. "研发费用"项目，反映企业进行研究与开发过程中发生的费用化支出，以及计入管理费用的自行开发无形资产的摊销。该项目应根据"管理费用"科目下的"研究费用"明细科目的发生额，以及"管理费用"科目下的"无形资产摊销"明细科目的发生额分析填列。

2. "财务费用"项目下的"利息费用"项目，反映企业为筹集生产经营所需资金等而发生的应予费用化的利息支出。该项目应根据"财务费用"科目的相关明细科目的发生额分析填列。该项目作为"财务费用"项目的其中项，以正数填列。

3. "财务费用"项目下的"利息收入"项目，反映企业按照相关会计准则确认的应冲减财务费用的利息收入。该项目应根据"财务费用"科目的相关明细科目的发生额分析填列。该项目作为"财务费用"项目的其中项，以正数填列。

4. "其他收益"项目，反映计入其他收益的政府补助，以及其他与日常活动相关且计入其他收益的项目。该项目应根据"其他收益"科目的发生额分析填列。企业作为个人所得税的扣缴义务人，根据《中华人民共和国个人所得税法》收到的扣缴税款手续费，应作为其他与日常活动相关的收益在该项目中填列。

5. "以摊余成本计量的金融资产终止确认收益"项目，反映企业因转让等情形导致终止确认以摊余成本计量的金融资产而产生的利得或损失。该项目应根据"投资收益"科目的相关明细科目的发生额分析填列；如为损失，以"－"号填列。

6. "净敞口套期收益"项目，反映净敞口套期下被套期项目累计公允价值变动转入当期损益的金额或现金流量套期储备转入当期损益的金额。该项目应根据"净敞口套期损益"科目的发生额分析填列；如为套期损失，以"－"号填列。

7. "信用减值损失"项目，反映企业按照《企业会计准则第22号——金融工具确认和计量》（财会〔2017〕7号）的要求计提的各项金融工具信用减值准备所确认的信用损失。该项目应根据"信用减值损失"科目的发生额分析填列。

8. "资产处置收益"项目，反映企业出售划分为持有待售的非流动资产（金融工具、长期股权投资和投资性房地产除外）或处置组（子公司和业务除外）时确认的处置利得或损失，以及处置未划分为持有待售的固定资产、在建工程、生产性生物资产及无形资产而产生的处置利得或损失。债务重组中因处置非流动资产（金融工具、长期股权投资和投资性房地产除外）产生的利得或损失和非货币性资产交换中换出非流动资产（金融工具、长期股权投资和投资性房地产除外）产生的利得或损失也包括在本项目内。该项目应根据"资产处置损益"科目的发生额分析填列；如为处置损失，以"-"号填列。

9. "营业外收入"项目，反映企业发生的除营业利润以外的收益，主要包括与企业日常活动无关的政府补助、盘盈利得、捐赠利得（企业接受股东或股东的子公司直接或间接的捐赠，经济实质属于股东对企业的资本性投入的除外）等。该项目应根据"营业外收入"科目的发生额分析填列。

10. "营业外支出"项目，反映企业发生的除营业利润以外的支出，主要包括公益性捐赠支出、非常损失、盘亏损失、非流动资产毁损报废损失等。该项目应根据"营业外支出"科目的发生额分析填列。"非流动资产毁损报废损失"通常包括因自然灾害发生毁损、已丧失使用功能等原因而报废清理产生的损失。企业在不同交易中形成的非流动资产毁损报废利得和损失不得相互抵消，应分别在"营业外收入"项目和"营业外支出"项目进行填列。

11. "（一）持续经营净利润"和"（二）终止经营净利润"项目，分别反映净利润中与持续经营相关的净利润和与终止经营相关的净利润；如为净亏损，以"-"号填列。该两个项目应按照《企业会计准则第42号——持有待售的非流动资产、处置组和终止经营》的相关规定分别列报。

12. "其他权益工具投资公允价值变动"项目，反映企业指定为以公允价值计量且其变动计入其他综合收益的非交易性权益工具投资发生的公允价值变动。该项目应根据"其他综合收益"科目的相关明细科目的发生额分析填列。

13. "企业自身信用风险公允价值变动"项目，反映企业指定为以公允价值计量且其变动计入当期损益的金融负债，由企业自身信用风险变动引起的公允价值变动而计入其他综合收益的金额。该项目应根据"其他综合收益"科目的相关明细科目的发生额分析填列。

14. "其他债权投资公允价值变动"项目，反映企业分类为以公允价值计量且其变动计入其他综合收益的债权投资发生的公允价值变动。企业将一项以公允价值计量且其变动计入其他综合收益的金融资产重分类为以摊余成本计量的金融资产，或重分类为以公允价值计量且其变动计入当期损益的金融资产时，之前计入其他综合收益的累计利得或损失从其他综合收益中转出的金额作为该项目的减项。该项目应根据"其他综合收益"科目下的相关明细科目的发生额分析填列。

15. "金融资产重分类计入其他综合收益的金额"项目，反映企业将一项以摊余成本计量的金融资产重分类为以公允价值计量且其变动计入其他综合收益的金融资产时，计入其他综合收益的原账面价值与公允价值之间的差额。该项目应根据"其他综合收益"科目下的相关明细科目的发生额分析填列。

16. "其他债权投资信用减值准备"项目，反映企业按照《企业会计准则第22号——金融工具确认和计量》（财会〔2017〕7号）第十八条分类为以公允价值计量且其变动计入其他综合收益的金融资产的损失准备。该项目应根据"其他综合收益"科目下的"信用减值准备"明细科目的发生额分析填列。

17. "现金流量套期储备"项目，反映企业套期工具产生的利得或损失中属于套期有效的部分。该项目应根据"其他综合收益"科目下的"套期储备"明细科目的发生额分析填列。

四、关于现金流量表

现金流量表

会企 03 表

编制单位：_____　　　年__月　　　　　　　　　　　　　　　　　单位：元

项　　目	本期金额	上期金额
一、经营活动产生的现金流量		
销售商品、提供劳务收到的现金		
收到的税费返还		
收到其他与经营活动有关的现金		
经营活动现金流入小计		
购买商品、接受劳务支付的现金		
支付给职工以及为职工支付的现金		
支付的各项税费		
支付其他与经营活动有关的现金		
经营活动现金流出小计		
经营活动产生的现金流量净额		
二、投资活动产生的现金流量		
收回投资收到的现金		
取得投资收益收到的现金		
处置固定资产、无形资产和其他长期资产收回的现金净额		
处置子公司及其他营业单位收到的现金净额		
收到其他与投资活动有关的现金		
投资活动现金流入小计		
购建固定资产、无形资产和其他长期资产支付的现金		
投资支付的现金		
取得子公司及其他营业单位支付的现金净额		
支付其他与投资活动有关的现金		
投资活动现金流出小计		
投资活动产生的现金流量净额		
三、筹资活动产生的现金流量		
吸收投资收到的现金		
取得借款收到的现金		
收到其他与筹资活动有关的现金		
筹资活动现金流入小计		
偿还债务支付的现金		
分配股利、利润或偿付利息支付的现金		
支付其他与筹资活动有关的现金		
筹资活动现金流出小计		
筹资活动产生的现金流量净额		
四、汇率变动对现金及现金等价物的影响		
五、现金及现金等价物净增加额		
加：期初现金及现金等价物余额		
六、期末现金及现金等价物余额		

有关项目说明：

企业实际收到的政府补助，无论是与资产相关还是与收益相关，均在"收到其他与经营活动有关的现金"项目填列。

五、关于所有者权益变动表

所有者权益变动表

编制单位：_____ 年度
会企04表
单位：元

项目	本年金额										上年金额									
	实收资本（或股本）	其他权益工具			资本公积	减：库存股	其他综合收益	专项储备	盈余公积	未分配利润	所有者权益合计	实收资本（或股本）	其他权益工具			资本公积	减：库存股	其他综合收益	专项储备	盈余公积	未分配利润	所有者权益合计
		优先股	永续债	其他									优先股	永续债	其他							
一、上年末余额																						
加：会计政策变更																						
前期差错更正																						
其他																						
二、本年初余额																						
三、本年增减变动金额（减少以"–"号填列）																						
（一）综合收益总额																						
（二）所有者投入和减少资本																						
1. 所有者投入的普通股																						
2. 其他权益工具持有者投入资本																						
3. 股份支付计入所有者权益的金额																						
4. 其他																						
（三）利润分配																						
1. 提取盈余公积																						
2. 对所有者（或股东）的分配																						
3. 其他																						
（四）所有者权益内部结转																						
1. 资本公积转增资本（或股本）																						
2. 盈余公积转增资本（或股本）																						
3. 盈余公积弥补亏损																						
4. 设定受益计划变动额结转留存收益																						
5. 其他综合收益结转留存收益																						
6. 其他																						
四、本年末余额																						

有关项目说明：

1."其他权益工具持有者投入资本"项目，反映企业发行的除普通股以外分类为权益工具的金融工具的持有者投入资本的金额。该项目应根据金融工具类科目的相关明细科目的发生额分析填列。

2."其他综合收益结转留存收益"项目，主要反映：（1）企业指定为以公允价值计量且其变动计入其他综合收益的非交易性权益工具投资终止确认时，之前计入其他综合收益的累计利得或损失从其他综合收益中转入留存收益的金额；（2）企业指定为以公允价值计量且其变动计入当期损益的金融负债终止确认时，之前由企业自身信用风险变动引起而计入其他综合收益的累计利得或损失从其他综合收益中转入留存收益的金额等。该项目应根据"其他综合收益"科目的相关明细科目的发生额分析填列。